D1987394

James P. Leynse

GOBI

Ein Mensch im Kampfgebiet zwischen Rußland und China

Verlag der
Francke-Buchhandlung GmbH
Marburg an der Lahn

ISBN 3 88224 077 6
Alle Rechte vorbehalten
Originaltitel: GOBI
© by Good News Publishers, USA
© 1979 by Verlag der Francke-Buchhandlung GmbH
3550 Marburg an der Lahn
Übersetzung aus dem Amerikanischen: Renate Pagel
Titelfoto: »Mongolischer Reiter« – ZEFA – J. Bitsch
Entwurf: Egon Schwartz
Gesamtherstellung: St.-Johannis-Druckerei, 7630 Lahr-Dinglingen
Printed in Germany 16170/1979

Inhaltsverzeichnis

1. Kapitel

Das Zelt

Petrosky, ein Offizier des Nachrichtendienstes und ein Hauptmann der russischen Armee, ritt durch die Steppe von Oeise Miao in der Inneren Mongolei. Durch die Weite des Landes wurde sein Pferd zu einem noch schnelleren Galopp angespornt. Plötzlich zog er fest an den Zügeln, so daß das Pferd auf der Stelle anhielt. Was war das für ein sonderbares Wesen, das sich auf allen Vieren auf einen Bau der Murmeltiere zubewegte? Bei jedem Schritt schüttelte es seinen Kopf und schlug mit den Pfoten in die Luft. Sollte es sich hier um einen Hund handeln?

Dann sah Petrosky, wie ein Murmeltier aufsprang. Ganz verwundert stieß es einige Pfiffe aus, schrill, als ob es sich nicht ganz wohl in seiner Haut fühlte. Ängstlich blieb es in der Nähe seines Baues, während das seltsame Wesen sich langsam, Schritt für Schritt, vorwärtsbewegte und keine Gefahr zu kennen schien. Plötzlich richtete es sich auf und hob dabei seine Vorderpfoten in die Höhe. Ein Schuß fiel, und das Murmeltier taumelte zu Boden.

Als Petrosky laut »Hallo« rief, warf sich das unbekannte Lebewesen zu Boden, wie von einem Stein getroffen. Es wirkte nun nicht mehr wie ein Hund, mit seinem aufrechten Kopf und seinen menschenähnlichen Bewegungen. Seine starken Hände hielten das Gewehr schußbereit.

Voller Neugier ritt Petrosky darauf zu und stieg dann vom Pferd: »Was machen Sie so ganz allein hier in der Steppe?« fragte er auf mongolisch.

Der junge Mann – um einen solchen handelte es sich – blickte ihn sprachlos an. Seine kräftige Gestalt beugte sich ein wenig nach vorn, und seine funkelnden Augen nahmen begierig alle Eindrücke in sich auf. Er verhielt sich geradezu freundlich, fast liebenswürdig. Als er seinen Mund öffnete, wurden gesunde, weiße Zähne sichtbar, die sich von seiner unvergleichlich braunen Haut deutlich abhoben. Seine rauhe Stimme erinnerte an das Geräusch von Hagelkörnern, die in ein leeres Gefäß fallen, aber sie wirkte keineswegs unangenehm.

»Ich heiße Gobi«, erwiderte der junge Jäger. »Ich bin der Sohn des

Fürsten Juchi, der Häuptling unseres Stammes ist. Ich bin der erstgeborene Sohn, gerade 16 Jahre alt. Nun möchte ich auch gerne wissen, wer Sie sind, woher Sie kommen und wie alt Sie sind.«

Die Antwort Gobis entsprach der orientalischen Art. Er stellte persönliche Fragen, um damit Interesse für sein Gegenüber zu bekunden. Petrosky sagte lediglich: »Mein Name ist Petrosky. Ich bin Hauptmann der russischen Armee, wie Sie an meiner Uniform erkennen können. Ich bin in der Äußeren Mongolei stationiert, daher kann ich mich in dieser Gegend nur während meiner Freizeit aufhalten.«

»Wie alt sind Sie denn?«

»Zweiundzwanzig.«

Gobi versuchte, in die Gesichtszüge seines neuen Bekannten einzudringen, in denen man im Gegensatz zu dem völlig kontrollierten Gesichtsausdruck der Orientalen sehr leicht lesen konnte. »Begleiten Sie mich zu meinem Zelt, meine Eltern werden sich bestimmt freuen, einen Weißen aus Rußland kennenzulernen.«

Petrosky folgte der Einladung und stieg wieder auf sein Pferd. Die beiden ritten durch die Wüste und galoppierten so schnell, wie sie nur konnten. Reiten ist der beliebteste Sport bei den Mongolen. Alle, seien es Männer, Frauen oder Kinder, gehen selten in ihren hohen, derben Stiefeln zu Fuß, sondern bedienen sich meistens eines Pferdes.

Petrosky entdeckte große Pferdeherden, die von einigen Nomaden bewacht wurden. Überall zeigte die Steppe Leben. Oft sah man kleine Pelztiere, vor allem Murmeltiere, die plötzlich neugierig aus ihren Erdbauten auftauchten. Ein Rudel wilder Hunde suchte das Weite, und einige Wölfe verschwanden am Horizont, als die beiden Reiter näherkamen. Hier und da schwirrten Raubvögel bedrohlich in der Luft herum. Was war das nur für ein Land? Ein Land, das noch so der Vergangenheit angehörte, in dem vieles so ursprünglich und noch wenig von moderner Zivilisation geprägt war?

Petrosky dachte an sein Vaterland: Wäre das nicht eine günstige Gelegenheit, ein Land zu erschließen und zu entwickeln? Außerdem könnte Rußland seine Machtposition weiter ausdehnen. Sein Blick fiel auf einen kleinen Fluß, der sich seinen Weg mitten durch die Steppe bahnte. Ein See lag ruhig am Fuße eines Felsens. Auf der andern Seite zeigte sich die Steppe als ungeheure Weite. Soweit das Auge blicken konnte, sah man nur Sand, feinen Sand. Obwohl es so staubig war, kam in Petrosky ein Gefühl der Wonne und des Frohsinns auf: »Eigentlich hätte ich Grund, meinem Stern, der mich in dieses Gebiet geführt hat, zu danken. Ich fühle mich dazu berufen, die Führer der Inneren Mongolei zunächst durch meine kommunistischen Gedanken zu beeinflussen und sie dann unmerklich für mich zu gewinnen. Ich bin dem Sohn des Fürsten begegnet, ihm, der in Zukunft die Regierungsgewalt innehaben wird. Ich finde ihn äußerst sympathisch. Er hat eine wunderschöne Hautfarbe, schwarzes, glänzendes Haar. In seinen Augen spiegelt sich seine Jugend, und sein wendiger Körper ist voller Lebenskraft. Er repräsentiert das Ideal eines Mongolen.«

Plötzlich hielt Gobi sein Pferd zurück und ließ es langsamer gehen: »Die Chinesen nennen unsere Steppe ›Wandernder Sand‹, und das ist sie tatsächlich. Sie ist ständig in Bewegung und verändert sich andauernd. Hier ist der Sand Herr, ein ungestümer und unberechenbarer Herr.«

Von einem Augenblick zum anderen nahm sein Gesicht einen verzweifelten Zug an, energisch fügte er hinzu: »Niemals werde ich ein Lamapriester. Niemals, nein, nie! Ein Lamapriester in einem roten Gewand mit einer gelben Schärpe über der Schulter! Ein glattrasierter Faulpelz, der in einem schmutzigen Kloster mit ungebildeten Männern zusammenlebt!«

»Aber aus welchem Grunde sollte Ihre Zukunft so aussehen? Befindet sich denn die Äußere Mongolei nicht seit 1921 unter der Führung und dem Schutz der Sowjetunion? Gehört die Innere Mongolei heute nicht zu China? Haben sich nicht beide Mächte darum verdient gemacht, die unnützen Priester und Mönche und die unzähligen Tempel abzuschaffen? Auch das Oberhaupt des Lamaismus, der ›Lebende Buddha‹, hat keine Bedeutung mehr.«

»War es aber wirklich nötig, daß Ihre Regierung in der Äußeren Mongolei die Götterbilder durch Stalinbüsten und China in der Inneren Mongolei durch riesige Bilder von Mao Tse-tung ersetzte? Ihr habt praktisch unsere Religion zerstört und viele unserer alten Bräuche und Traditionen abgeschafft.«

»Haben Sie wirklich das Recht zur Klage? Aus welchem Grund sollten Sie denn in der modernen Zeit ein Lamapriester werden?«

»Die Frage läßt sich leicht beantworten. Ich bin der Erstgeborene des Fürstengeschlechts. Seit Jahrhunderten herrscht bei uns die Sitte, daß der erste Sohn des regierenden Fürsten dem Tempel geweiht ist.«

»Ich weiß einen Ausweg aus dieser anscheinend so trostlosen Lage.«

»Mir ist auch eine Auswegmöglichkeit bekannt. Entweder werde ich Yana heiraten oder Soldat werden. Um ganz sicher zu gehen, wähle ich beide Wege. Wenn jemand verheiratet und Soldat ist, braucht er auf keinen Fall Mönch zu werden. Ich bin ein Nachkomme von Dschingis-Khan, dem größten Kriegsherrn aller Zeiten, der Sohn eines unbesiegbaren Geschlechts. Eine wilde Gans läßt nie ein zahmes Ei zurück.«

Auch während Gobi sprach, suchten seine Augen noch nach Jagdgründen. Es war seine Aufgabe, für das nötige Fleisch zu sorgen, das seine Mutter zum Kochen brauchte. Er erspähte ein Gebiet, wo es viele Baue von Murmeltieren gab.

»Bleiben Sie bitte hier! Nicht bewegen! Verursachen Sie keinen Lärm!«

Gobi stieg vom Pferd und kroch mit dem Gewehr in der Hand immer näher an das Revier der Pelztierchen heran. Schon bald kamen zwei Murmeltiere aus ihren unterirdischen Tunneln zum Vorschein. Vorsichtig näherte sich Gobi ihnen, aber sie bemerkten die drohende Gefahr und zogen sich auf der Stelle in ihren sicheren Unterschlupf zurück. Gobi ließ sich nicht so schnell entmutigen. Er streckte sich ganz flach auf dem Boden aus und wartete geduldig. Schließlich erschien wieder ein Murmeltier, die Neugierde hatte es wohl zu sehr geplagt. Es drehte sich nach jeder Seite um und schnupperte nervös umher. Zögernd wagte es sich noch etwas weiter vor, schnüffelte in der Luft und beobachtete die undeutliche Gestalt des Jägers, der wachsam und bewegungslos wie eine Katze am Boden lag.

Ein Schuß fiel, und das neugierige Tier fiel um. Gobi gab sich noch nicht zufrieden. Schon bald hatten seine Jägeraugen andere Murmeltiere erspäht, die kurze Zeit später als Beute an seinem Sattel hingen.

In der Zwischenzeit gingen Petroskys Gedanken bis ins 13. Jahrhundert zurück. In seinem Inneren tauchte das Bild Dschingis-Khans auf. Dieser hatte mit seinen riesigen Reiterscharen nicht nur drei Viertel der damals bekannten Welt erobert, sondern auch das mächtige China überwunden. Über 100 Jahre von 1260 bis 1368 befand sich China in der Hand der Mongolen. Schließlich wurden diese vertrieben und ihre geheimnisvolle Hauptstadt Karakorum zerstört. Nach dem Untergang ihrer Residenz hörte man ungefähr sechs Jahrhunderte kaum etwas von der Mongolei. Die Innere und Äußere Mongolei unterstanden der chinesischen Besatzungsmacht. Kubilai, ein Enkel Dschingis-Khans, brachte eine neue Diktatur in das Land, nämlich den Lama-Buddhismus, dessen Priester und Mönche sich sehr herrschsüchtig und anmaßend aufführten. Ihr Führer, Bodgo Gegan, der sich selbst als der »Lebende Buddha« bezeichnete, machte sich zum Herrscher mit absoluten Machtbefugnissen. Er residierte in Urga, einer Stadt in der Äußeren Mongolei, die heute Ulan Bator heißt. Bevor die Russen eindrangen, waren 40 % der Männer im Lande unverheiratet und nichtsnutzige Lamas. Der erste Sohn jeder Familie wurde gezwungen, in ein Kloster zu gehen. Fast ein Viertel des gesamten Volksvermögens gehörte den Lamas, sie waren ein Hindernis für die Erziehung, für die industrielle Entwicklung, die Landwirtschaft und den Bergbau. 1921 stieg in dieser wenig bekannten, rückständigen Welt ein begeisterter junger Reiter namens Sukhe Bator auf. Er erhielt die Befehlsgewalt über eine Armee der Rotrussen.

Eine »Revolutionäre Volkspartei« wurde gegründet und ein Freundschaftsabkommen mit Rußland unterzeichnet. Die Äußere Mongolei wurde zu einem »unabhängigen Staat« erklärt und somit der erste sowjetische Satellitenstaat, mit dem »Lebenden Buddha« als Staatsoberhaupt, das aber eine bloße Repräsentationsgestalt war.

Zwei Jahre nach der »Befreiung« starb Sukhe Bator ganz plötzlich; es hieß, die Lamas hätten ihn vergiftet. Auch der »Lebende Buddha« verschwand im darauffolgenden Jahr unter ähnlich geheimnisvollen Umständen von der Bildfläche. Die Revolutionäre Volkspartei erklärte, daß es in Zukunft keine Wiederverkörperung irgendeines Lebenden Buddha mehr geben werde, und daß der autokratische Staat, der seit Jahrhunderten die Regierungsform gewesen war, abgeschafft würde. Die Sowjetunion wartete noch bis 1932, um dann die Äußere Mongolei zur Republik zu erklären. In dieser Zeit des Umbruchs wurden manche der sonst bequemen und stets freundlichen Nomaden unruhig und aus ihrem Schlaf aufgeschreckt. Das Land kennt ungefähr 300 Sonnentage im Jahr, und daher ist es verständlich, daß Unruhe und Ärger normalerweise keine charakteristischen Merkmale der Mongolen sind. Während der Lenin- und Stalinära, sogar noch heute, leisten die Mongolen im allgemeinen ohne Widerstand den Anweisungen Folge, die ihnen von der Sowjetunion erteilt werden.

Petrosky empfand es in seinen Überlegungen als eine angenehme Unterbrechung, als die Pferde mitten auf einem Zeltplatz, der von einem Wassergraben umgeben war, haltmachten. Aus dem größten Zelt eilte ein Diener herbei, um die Pferde zu versorgen. Sobald die beiden abgestiegen waren, forderte Gobi seinen Gast auf, ins Zelt einzutreten.

»Baino!« lautete die Begrüßungsformel, die auch Petrosky erwiderte. Seine Blicke wandten sich von Gobis Eltern ab und der goldenen Buddhafigur auf dem Altar zu. Einen Augenblick ruhten seine Augen auf dem Zinnleuchter und der lackierten Kleiderkommode, dann richtete er sein Augenmerk auf die mit Kristallen behängte Öllampe.

»Darf ich meinen Gast vorstellen? Hauptmann Petrosky, Offizier der russischen Armee.« Jetzt erst setzten sich die Eltern und nahmen dabei den sogenannten Schneidersitz ein. Sie hoben ihre Hände in die Höhe, um Petrosky noch einmal mit »Sain baino« herzlich willkommen zu heißen.

»Hast du Erfolg beim Jagen gehabt, Slo?« wollte Gobis Vater wissen. (Slo war Gobis Kosename.)

»Guten Erfolg.«

Petroskys Blick fiel auf die feingewebte Brücke, die als Wandschmuck in der Tat seine Aufmerksamkeit verdiente. Nervös spielte Gobi mit den Fingern am Gürtel seines Gewandes, dann wandte er sich seinem Vater zu und teilte ihm fest entschlossen mit: »Ich möchte nach der Art meiner Vorfahren Soldat werden. Niemals Lama! Wenn du mich dazu zwingen solltest, in die Tempelgemeinde einzutreten, dann verschwinde ich mit diesem Mann hier nach Rußland!«

Fürst Juchi winkte ab. Ärger blitzte in seinen Augen auf: »Zerstöre unsere Ruhe nicht, Slo! Wir werden später darüber reden, nicht zu diesem Zeitpunkt.«

Gobi schluckte die in ihm hochsteigenden Worte des Ärgers hinunter. »Auf jeden Fall reite ich heute noch zu Yana.« Er stürzte aus dem Zelt und schlug die Tür ungestüm hinter sich zu.

Als erste faßte sich Gobis Mutter Houlun wieder. Sie erhob sich aus den Kissen und glättete ihr mir Pelz besetztes Kleid. Dann sagte sie: »Ein Baum braucht fünf Jahre, um eine Frucht hervorzubringen; aber es dauert 100 Jahre, um Gobi zu bewegen, Mönch zu werden.« Ihre sonst so hellen Augen verdunkelten sich zusehends, und das Blut pulsierte dermaßen, daß ihre Haut eine immer tiefere Färbung annahm. Sie fuhr fort: »Ich habe ein Recht, zu sagen, was ich denke.

Ich kämpfe mit aller Macht, die mir zur Verfügung steht, um Gobi von dem Zwang zu befreien, sein Leben im Kreis fauler und nichtsnutziger Mönche zu verbringen. Furchtbar, wenn ich ihn mir als Mönch mit glattrasiertem Kopf vorstelle! . . . Mein begabter Sohn soll eine Gebetsmühle drehen, im Tempel auf einer Trommel schlagen oder eine Trompete blasen, um schlafende Götter an ihre Pflichten zu erinnern? Solange sich in mir ein Funke des Widerstandes regt, wird es nie dazu kommen.«

Sie brachte ihren kostbaren Kopfschmuck in Ordnung, der aus massivem Silber, Korallen und Jade bestand. Fürst Juchi hatte nur ein müdes Lächeln als Antwort. Er stand auf, stieß den Türvorhang beiseite und starrte unentwegt in die Weite.

Nachdem er längere Zeit in diesem Zustand verharrt hatte, wandte er sich wieder seiner Frau und Petrosky zu: »Wenn ich Gobi nicht zum Eintritt in den Tempel bewegen kann, werden die obersten Priester einen anderen Nachfolger für mich bestimmen.«

»Für Sie? Einem direkten Nachkommen Dschingis-Khans? Rußland wird schon darauf achten, daß niemand es wagt, Sie auf irgendeine Art und Weise in Ihren Rechten und Machtbefugnissen anzutasten.«

Juchi erwiderte nichts. Er dachte an seinen Sohn, den er von ganzem Herzen liebte. Während er noch ganz in Gedanken versunken war, trat Gobi ins Zelt, um sich für sein heftiges Aufbrausen zu entschuldigen. Doch war er nach wie vor von der Richtigkeit seines Standpunktes vollkommen überzeugt. Er schlug Petrosky vor: »Haben Sie keine Lust, mich bei meinem Besuch zu begleiten? Ich möchte Yana und ihre Eltern aufsuchen. Sie freuen sich bestimmt, jemanden aus einem fremden Land kennenzulernen.« Freudig stimmte Petrosky zu. Nachdem die beiden sich von Gobis Eltern verabschiedet hatten, ritten sie davon. Lange bevor sie Yanas Heim erreicht hatten, wurde ihre Ankunft von den gefährlichen Wachhunden angekündigt. Je näher sie kamen, desto lauter und unentwegter zeigten diese an, daß sich Fremde näherten.

Yanas Vater begrüßte die beiden herzlich: »Welch eine Freude, daß du uns besuchst, Gobi, und dazu noch einen mir Unbekannten mitgebracht hast!«

Nach der Begrüßung wies man Petrosky einen Ehrenplatz auf einem Kissen an, das auf dem Boden lag.

Gobi suchte natürlich zunächst nach Yana. Sie erwiderte seinen

Blick, wobei ihr Gesicht so strahlte, als ob es mit Perlen und wertvollen Türkisen geschmückt sei. Ihre schlanken Finger spielten mit den Juwelen. Wenn sie die Silberfassung berührten, gab diese ein klingendes Geräusch von sich.

Petrosky kam sogleich der Gedanke, daß auch die mongolischen Mädchen die Kunst verstehen, mit Jungen zu flirten, und sich darin von anderen nicht unterscheiden.

Yana kramte einen kleinen Bronzespiegel hervor und plauderte in einer ganz kindlichen Art, wobei ihre schönen weißen Zähne voll zur Geltung kamen.

Geschickt fügte sie ihrem Kopfschmuck noch eine Blume hinzu und frischte außerdem ihre Gesichtsfarbe auf. Plötzlich brach sie ohne augenscheinlichen Anlaß in ein lautes Kichern aus, hob die Arme und ließ ihr Gewand sachte auf die Schultern fallen. Ihre dunkle Haut hob sich bemerkenswert gut von der tiefroten Seide des Kleides ab, das zusätzlich mit einem weißen Fuchspelz besetzt war. Gobi schaute sie völlig überwältigt an.

Als Yana sich erhob, war sie sich seiner bewundernden Blicke voll und ganz bewußt: »Sieh mal, Mutter, der Kessel! Ich glaube, das Hammelfleisch brennt an.« – »Dann reiche unseren Gästen doch den Fleischtopf«, gab die Gastgeberin ihrer Tochter zu verstehen.

»Einen Augenblick noch! Das Fleisch muß heiß sein, denn ich lege keinen Wert darauf, daß jemand – vor allem ein Fremder – sagt, daß ich meiner Tochter nicht gezeigt habe, wie man das Fleisch richtig zubereitet.«

Nachdem Yana den Kessel herbeigeholt hatte, tauchten alle mit den Stäbchen aus Elfenbein hinein. Petrosky wurde aufgefordert: »Sie dürfen den Schwanz nehmen, er ist immer für den Gast bestimmt.« Gobi, wohlerzogen in mongolischen Tischsitten, seufzte und grunzte laut, wodurch er seine Zufriedenheit zum Ausdruck brachte. Er hatte zwar keinen Hunger. Das Essen war jeden Tag dasselbe, aber er tat so, als ob ihm das Fett gut schmecke. Petrosky hatte seinerseits große Mühe, die Speise hinunterzuwürgen.

»Es ist nun an der Zeit, Tee zu trinken«, meinte Yanas Mutter. Sie hockte sich auf die Knie und gab in einen Eisentopf, der durch den täglichen Gebrauch ganz verrußt war, ein wenig Schaffett, einige Teeblätter, ein Stückchen Butter und eine Prise Salz.

Interessiert verfolgte Petrosky, wie das Gebräu zubereitet wurde.

Yana setzte den Topf aufs Feuer und rührte solange, bis das Getränk siedend heiß war.

»Am besten nehmen wir jetzt den Tee zu uns. Sicher wird er eine Erfrischung sein, denn er ist der beste, den ich je zubereitet habe.«

Gobi tauchte seine Finger in die Tasse und sprenkelte einige Tropfen in jede Himmelsrichtung, wobei er höflich »Gelobt sei Buddha« murmelte. Petrosky schluckte, weil ihn das Zeremoniell befremdete. So etwas hatte er bisher noch nicht erlebt. Er wurde hier mit einer ganz neuen und andersartigen Welt vertraut gemacht. Er betrachtete Yanas Haarschmuck, ihre dunklen Augen und die großen Ringe, die ihre Finger schmückten.

Er konnte sich nur mit Mühe von diesen fremdartigen Menschen trennen, aber die Pflicht rief ihn zu seinem Camp zurück. Gobi bot an, ihn ein Stück zu begleiten. Nachdem beide den Gastgebern herzlich gedankt hatten, machten sie sich auf den Weg. Sie hetzten die Pferde durchs Gelände, als ob sie von einem Wirbelsturm verfolgt würden. Nach einer Weile ließ Gobi jedoch sein Pferd im Handgalopp schreiten, und Petrosky paßte sich ihm an.

»Yana ist nach ihrer sozialen Stellung zwar keine Prinzessin wie meine Mutter, trotzdem werde ich sie eines Tages bitten, meine Frau zu werden.« Mit diesen Worten unterbrach Gobi das Schweigen.

Er wäre sicher verletzt gewesen, wenn Petrosky ihn gefragt hätte, ob er sie liebe. Bisher hatte ihm noch niemand eine solche persönliche Frage gestellt, ein Mongole redet nicht offen über ein derartiges Thema.

»Wie geschieht das?« fragte Petrosky, der nicht wußte, was er sonst sagen sollte.

»Ich werde meinen Vater veranlassen, den Wert Yanas in Kamelen auszuzahlen. Dann bin ich vom Tempeldienst frei. Sie wird ihren Stamm verlassen und als meine Braut in unsere Sippe eintreten.«

Nur widerstrebend trennten sich die beiden in der Nähe von Petroskys Lager und versprachen, sich in Kürze wieder zu treffen. Sie hatten einen aufregenden Morgen miteinander verlebt.

Im Weggehen erwähnte Gobi noch: »Heute abend werde ich mich noch einmal mit Yana treffen.«

Am nächsten Tag schon besuchte Gobi seinen neuen Bekannten. Er berichtete ihm eingehend, was er am Abend mit Yana erlebt hatte.

Er war noch ganz erfüllt davon: »Yana ist ein unberechenbares Mädchen, ich verstehe sie oft nicht. Ich erzählte ihr davon, daß ich im Begriff sei, mich der Kontrolle meines Vaters zu entziehen und ein eigenständiges Leben zu führen. Eines Tages würde ich mich nach Moskau aufmachen. Sobald ich die Lebensweise der Stadtbevölkerung eingehend und ausreichend kennengelernt hätte, würde ich zurückkehren und für unsere Stammesgefährten Häuser bauen. Ich fragte Yana, ob sie denn nicht auch gerne in einem richtigen Haus wohnen möchte.

›In einem Haus?‹ hat sie nur gesagt. ›Eingekerkert zwischen vier Wänden? Immer die Nase an die Fensterscheibe pressen müssen? Niemals werde ich da mitmachen. Ich bin fest entschlossen, ein mongolisches Mädchen zu bleiben, auch wenn du mich für altmodisch hältst. Ich will wie meine Vorfahren in einem Zelt leben.‹ Allein die Möglichkeit einer anderen Lebensführung erregte ihren Widerwillen. Sie hielt ihr Pferd an und stieg ab. Ihre Stimme wurde immer lauter und eindringlicher: ›Ich hasse diesen neuen Lebensstil! Lieber würde ich mein ganzes Leben auf dem Boden hocken als einmal auf einem Stuhl sitzen.

Vor einigen Monaten habe ich in Ulan Bator ein besonders wertvolles und kluges Zirkuspferd gesehen. Doch zu meinem Entsetzen mußte ich bald feststellen, daß es um seinen Kopf ein Lederhalsband, das mit unechten Diamanten besetzt war, trug. Der ganze Körper triefte vor Schweiß, und sein Maul schäumte. Seine Augen starrten uns mit unaussprechlicher Angst an. Gobi, du mußt bedenken, daß ich ein Mädchen bin, das in der Mongolei aufgewachsen ist. Ich kann mit meinem zukünftigen Ehemann bei jedem Wettrennen mithalten. Ich kann auf jeder stolzen Stute galoppieren, aber ich werde nie im Leben wie ein Zirkuspferd gemächlich im Handgalopp reiten.‹

Lachend erwiderte ich: ›Wenn du die Peitsche schwingst, siehst du so wütend aus, als ob du einen Bären töten könntest.‹

Nachdem ich das zu ihr gesagt hatte, verflog ihr Ärger auf der Stelle, und sie brach in ein befreiendes Lachen aus: ›Komm, wir wollen zum Teich reiten.‹ Sie wollte plötzlich baden. Wir galoppierten so schnell wie eben möglich dorthin. Als wir den Teich erreicht hatten, verschwand Yana im Schilf, um sich auszuziehen. Ihre Kleider ließ sie verstreut im Gebüsch liegen. Sie ruhte sich einen Augenblick am Ufer aus und sprang dann in die Fluten. Mit einem Satz folgte ich ihr nach und machte einen Kopfsprung, um sie einzuholen. Sie aber ist so in die listigen Abwehrkünste unserer Frauen eingeweiht, daß sie mich nie in ihre Nähe kommen ließ.

Später zündeten wir ein Feuer an, Yana spielte verträumt mit einigen kleinen Stöcken. Plötzlich ging sie zu ihrem Pferd und ritt nach Hause. Ich rief ihren Namen und folgte ihr in der hereinbrechenden Dunkelheit. Doch ich konnte sie nicht mehr einholen, daher ritt ich allein zu meinem Zelt zurück und legte mich sogleich schlafen.

Als ich heute morgen aufwachte, fühlte ich mich ganz benommen und schwach, außerdem fror ich entsetzlich. Ich reckte mich, fiel aber wegen meiner Müdigkeit auf der Stelle wieder zurück. Der Pelz und die Lappen, die auf dem Boden lagen, fühlten sich weich an. Doch ich nahm meine Umgebung gar nicht richtig wahr, meine Gedanken wandten sich der Zukunft zu. Ich dachte an die Freiheit, die ich mir zu erkaufen im Begriff war, und ein Gefühl der Wonne überflutete mich. Freiheit! Ich spielte mit diesem Gedanken, verwarf ihn, griff ihn erneut auf, vertrieb ihn und erhaschte ihn wieder. Mir war ganz seltsam zumute, ich kann das Gefühl nicht in Worte kleiden, ich war wie berauscht.«

Gobi beabsichtigte, Petrosky zu fragen, ob er ihm nicht helfen könnte, einen Weg zu finden, damit er nicht in den Tempel eintreten müsse. Aber eine innere Stimme warnte ihn, einem Fremden nicht blindlings Vertrauen zu schenken, vor allem nicht einem russischen Kommunisten. Immer wenn man sich vergewissert hatte, daß sich kein herumschnüffelnder Diener in der Nähe aufhielt, hatte man im Zelt heimlich Gespräche mit antirussischer und antichinesischer Tendenz geführt. Es war stets so gewesen, soweit Gobi sich erinnern konnte.

Sie unterhielten sich noch eine Zeitlang über Pferde und Jagd, dann machte Gobi sich auf den Heimweg.

Er wich Petrosky in den folgenden Tagen aus, obwohl er sich in Gedanken viel mit ihm beschäftigte. Am fünften Tag nach der letzten Zusammenkunft wurde Gobi schon früh wach. Wieder dachte er intensiv an Petrosky und rieb dabei seine Füße an der Buddhastatue, die auf dem Kleiderstuhl, der als Altar diente, thronte. »Sain baino«, sagte Gobi ohne Ehrerbietung. »Meinetwegen kannst du die ganze Nacht auf deinem Tiger über die dunklen Wolken reiten, wenn du mich nur in Ruhe läßt. Weder mit dir noch mit einem anderen Bild will ich etwas zu tun haben.«

»Warum machst du dich schon so früh am Morgen über die Götter lustig?« Gobi schaute in die Ecke des Zeltes, aus der die unbekannte

Stimme erklungen war. Mit seinen schläfrigen Augen erblickte er einen Pilger, der wohl durch das Gästezelt eingetreten war und schon den Topf mit dem Frühstücksfleisch geleert hatte. Er wunderte sich darüber, daß der Fremde so abgetragene Stiefel hatte: »Du hast bestimmt einen weiten Weg zu Fuß und nicht zu Pferd zurückgelegt? Ich nehme an, daß du die ganze Strecke von dem heiligen Berg in der chinesischen Provinz Shansi gewandert bist.«

»Ja, so war es. Ich mußte mich allerdings immer vor russischen oder chinesischen Agenten hüten, die mich hätten verhaften können.«

»Ich frage mich nur, wie du die Erlaubnis bekommen hast, eine solch große Strecke durch chinesisches Gebiet zu reisen. Soweit ich informiert bin, darf sich niemand mehr als zwölf Meilen ohne besondere Erlaubnis von seinem Heimatort entfernen.«

»Ich wohne in der Äußeren Mongolei, dem Land, das die Chinesen den Russen abnehmen wollen. Aus diesem Grund hat man mich mit so viel Nachsicht behandelt. Außerdem bin ich in der glücklichen Lage, einen Freund zu haben, der eine hohe Stellung in Peking bekleidet. Es ist durchaus möglich, auch unter einer kommunistischen Regierung Beziehungen zu nutzen, und das Geschäft der Begünstigung blüht hervorragend.«

»Warum bist du nach Shansi gegangen?« wollte Gobi wissen.

»Ich fühlte mich so einsam. Ich hatte keine Lust mehr, mich weiterhin in mein Schneckenhaus zu verkriechen, wie es der Lehre unseres Lama-Buddhismus entspricht. Innerhalb einer Generation haben wir uns in der Äußeren Mongolei von der althergebrachten Kamelreise zum Transportmittel Flugzeug emporgearbeitet. Ich bin daran interessiert zu erfahren, wie es euch in der Inneren Mongolei und auch, wie es der chinesischen Bevölkerung ergeht. Bei uns existieren die alte und die moderne Generation nebeneinander, es gibt enorme Unterschiede zwischen ihnen. Ich habe unsere vier Städte – Ulangom, Ulan Bator, Choibalsan, Choyren – besucht und dabei herausgefunden, daß die Menschen es schätzen gelernt haben, in festen Wohnungen zu leben. Im Sommer jedoch verläßt man die Stadt, lädt das, was man unbedingt nötig hat, auf ein Kamel und kehrt ins Zelt in der Ebene oder im Gebirge zurück. Ich möchte in Erfahrung bringen, ob auch andere Völker gleichzeitig ihre alte Tradition beibehalten und für neue Lebensformen offen sind, so wie wir, oder ob sie alles Neue kategorisch ablehnen.«

»Was hat dich besonders beeindruckt?«

»Daß der Kommunismus den Ein-Parteienstaat hervorbringt. Man ordnet sich entweder der Partei unter, oder man muß jede Opposition mit dem Leben bezahlen. Gerade das akzeptieren die Chinesen aber nicht. Sie sind auf keinen Fall fanatisch, jedoch auch nicht schnell für Neues zu gewinnen. Bildlich gesprochen, sie nehmen nicht gern einen neuen Besen anstelle des gewohnten alten, wenn sie ihr Haus in Ordnung halten wollen. Sie orientieren sich an dem bekannten Sprichwort: ›Man kann nicht mit einer Hand klatschen.‹

Überall wurde ich von Spionen und Agenten der Partei verfolgt, man trifft sie einfach überall an. Ich sage die reine Wahrheit, wenn ich behaupte, daß sie mir bis in den verborgensten Winkel nachgefolgt sind. Ständig haben sie mir nachspioniert und mich genauestens beobachtet. Wenn mir mal gerade kein der kommunistischen Idee verfallener Beamter nachforschte, dann stellte mir irgendeine rücksichtslose Dame, die für einen Häuserblock zuständig war, dumme Fragen. In der Äußeren Mongolei hatte ich mich mit wißbegierigen Beamten der zahlreichen Dienststellen, die es dort gibt, herumzuschlagen; sie versuchen, die Kontrolle über das Land immer mehr zu verstärken. In der Inneren Mongolei hatte ich es mit chinesischen Technikern zu tun, die nach den ungeheuer großen Bodenschätzen des Landes suchen. In beiden Ländern bemühen sich Agenten überall, Uran, Zinn, Gold und sichere Plätze für ihre heimlichen Nuklearversuche ausfindig zu machen.«

»Arbeiten die Russen denn mit den Chinesen zusammen?«

»Ganz im Gegenteil. Sie denunzieren einander bei der kleinsten Gelegenheit in der schrecklichsten Art und Weise. Die Rotchinesen können einfach nicht vergessen, daß die Chinesen die Äußere Mongolei über 200 Jahre in ihrem Besitz hatten, und daß dann die Sowjetunion dieses Land mit der Wüste Gobi, eins der ältesten Länder der Erde, einnahm. Sie wollen das Gebiet um jeden Preis wieder in ihren Besitz bekommen.

Der gegenseitige Machtkampf zwischen den beiden Nationen ist eine wahre Fundgrube für die Scherze unserer verschmitzten Nomaden. Während der ersten sechs Jahre nach der russischen Machtübernahme in der Äußeren Mongolei nahmen die Rotchinesen den Erfolg der Russen absichtlich nicht wahr, sie setzten alles daran, jeden Fortschritt zu ignorieren. Dann aber versuchten sie, ihre Machtstellung in etwa zurückzugewinnen. Im Jahre 1955 kam es zu ihrer ersten Kampfansage, als sie 10000 fachlich ausgebildete Techniker nach Ulan Bator schickten. 1957 antwortete die Sowjetunion damit, daß sie in der Äußeren Mongolei zwei Flughäfen anlegte und den Nomaden Traktoren, Mähmaschinen, Lastwagen und anderes im Wert von 25 Millionen Rubel gab. Die Chinesen reagierten 1958 mit einem Darlehen in Höhe von 25 Millionen Dollar, die Russen ihrerseits stellten 1959 wiederum zusätzliche Lastwagen, Erntemaschinen und über 1000 technische Berater bereit.

Im Jahre 1960 übergab der chinesische Premierminister Chou Enlai persönlich ein erneutes Darlehen in Höhe von 50 Millionen Dollar.

Außerdem stiftete er der Stadt Ulan Bator eine Baumwollspinnerei, eine Bewässerungsanlage, eine Reihe Appartementhäuser und sogar einen Zirkus. Für die Russen war das ein solches Ärgernis, daß sie ihre Unterstützung innerhalb von drei Wochen um 150 Millionen Rubel erhöhten, außerdem eine Ölraffinerie aufbauten, Geräte für die Bearbeitung von Wolle bereitstellten und zusätzlich mehrere Industrieanlagen in Ulan Bator begründeten. Dieses Schauspiel erleben wir nun schon seit Jahren, was zu unser aller Belustigung gereicht.

Allerdings brachte das alles zwangsläufig große Umwandlungsprozesse mit sich, die unsere Nomaden niemals geahnt hatten, die sie aber nicht länger übersehen konnten. Die Hochebene am Fuße des Altai-Gebirges, das sich bis in die Wüste Gobi erstreckt, ist heute mit Kollektivfeldern übersät, weil die Russen die Nomaden und ebenso die Lamas zur Kultivierung des Landes gezwungen haben. Am Anfang sträubten sich die Einwohner dagegen. Ein Großteil der Opponierenden mußte diese Haltung mit dem Leben bezahlen. Von da an brachten die Kollektivfelder einen solchen Ertrag, daß wir für das überflüssige Getreide keine Verwendung hatten. Die Russen erteilten uns den Auftrag, die überschüssige Ernte auszuführen. Man stelle sich vor: Nomaden, die früher kaum zwei Dollar ihr eigen nennen konnten, besitzen auf einmal ein eigenes Haus, ein Fahrrad oder andere Zivilisationsgüter, an die sie früher nicht im Traum gedacht hätten! Die transmongolische Eisenbahn, die russische Ingenieure erbaut haben, führt quer durch unser schönstes Weideland. Einst waren starke Ponys das schnellste Transportmittel für uns, und heutzutage reist man bequem mit dem Zug.«

»Wohnen die Leute denn gern in ihren Stadtwohnungen?«

»Und ob! Ungefähr 750000 Menschen haben ihre Zelte zugunsten von Betonbauten aufgegeben. Das moderne Ulan Bator hat eine Bevölkerung von mehr als 200000, die anderen drei Städte von je etwa 10000–20000. Die Russen konzentrieren sich auf die Stadt- und

Landgebiete und besonders auf unsere Steppe. Unentwegt unternehmen sie Feldzüge gegen die sich widerstrebenden und andersdenkenden Nomaden.«

»Wie geschieht das?«

»Durch eine ausgeklügelte Mischung von echter Freundschaft und brutaler Gewalt. Und sie haben mit dieser Taktik den gewünschten Erfolg. Tagtäglich dringen sie in unsere lebenswichtigsten Gebiete ein und bauen ein Netz von Gefolgsleuten auf.«

»Habt ihr viele Verfolgungen erdulden müssen?«

»Selbstverständlich. Die Russen müssen ja irgendwie mit den dauernden Aufständen der Lamas fertig werden und versuchen, die unzähligen heimlichen Untergrundgruppen und das Banditenwesen auszurotten. Sie müssen den gefürchteten feindlichen Bergstämmen harte Schläge versetzen. Die Banditen ziehen sich in die entlegensten Winkel der Hochebene zurück und überfallen von da aus das Land und zetteln Guerillakämpfe an. Die Lamas sind in ihrer Hartnäckigkeit nicht bereit, sich mit den anderen Widerstandsgruppen zu verbünden und im gemeinsamen Kampf den Feinden entgegenzutreten. Man begegnet dem Widerstand mit dem Mittel der Hinrichtung. Mit Versuchen, Reformen zu blockieren, verfährt man ähnlich. Marionettenartige Behörden versuchten, eine wichtige Rolle zu spielen, erwiesen sich aber immer wieder als wenig zuverlässig. Stellen Sie sich vor, innerhalb kurzer Zeit haben die Russen vier Premierminister der Äußeren Mongolei erschossen!«

»Haben sich die chinesischen Kommunisten in der Inneren Mongolei denn etwas gemäßigter aufgeführt?«

»Das kann man nicht behaupten. Der Kommunismus begegnet überall jedem Widerstand mit Verurteilung und Hinrichtung. Auf der einen Seite bringt er zwar manches Positive mit sich, aber auf der anderen Seite auch viel Böses und viel Unrecht. Diese Ideologie kennt keine sanften Methoden, die Mittel zu ihrer schnellen Verbreitung sind grausam und machen vor der Würde des Menschen keinen Halt.«

Der Fremde nahm auf dem Boden des Zeltes Platz und ließ Gobi merken, daß er keine Lust zu einer weiteren Diskussion verspüre. Nach einer Weile verließ Gobi das Zelt und schloß die Tür hinter sich. Er stieg schnell auf sein Pferd und ritt, einer inneren Eingebung folgend, zu Petroskys Lager. Nach der üblichen orientalischen Vorrede griff er sein eigentliches Anliegen auf: »Sie müssen mir jetzt helfen, Petrosky. Sie sind aufgrund Ihrer Stellung der einzige, der meinen Vater veranlassen könnte, mich freizugeben. Sie müssen ihm zu verstehen geben, daß er seinen erstgeborenen Sohn nicht in den Tempel schicken darf, und daß es einem Verbrechen gleichkommt, wenn er eine solch veraltete und zerstörerische Sitte aufrechterhält. Er wird Sie auf jeden Fall anhören und, wie ich hoffe, auch dementsprechend handeln.«

Petrosky betrachtete Gobi mit großem Interesse. Vom ersten Augenblick an hatte er ihn sympatisch gefunden. Deshalb war in ihm der Plan entstanden, diesen jungen Mann für eine führende Aufgabe in der kommunistischen Partei zu gewinnen. Er konnte es sich nicht vorstellen, daß Gobi zu einem Leben in einem Lamakloster verdammt sein sollte, wo er sich in der Gesellschaft oft homosexueller Männer befände, die dafür berüchtigt waren, überall nur ihren Profit zu suchen. Normalbürger wagten sich gar nicht mehr ohne Begleitschutz in ein Kloster.

»Ich komme sofort mit«, versprach Petrosky. »Ich werde Ihrem Vater sagen, daß das Lamasystem sowohl von unserer Sowjetunion wie von China verurteilt wird.«

»Ich begleite Sie«, erwiderte Gobi.

Es war noch Morgen, als sie Gobis Zuhause erreichten. Fürst Juchi erhob sich von seinem Lager und glättete zunächst sein Gewand. Dann trat er auf Petrosky zu, um ihn willkommen zu heißen. »Kommen Sie heute als Abgesandter Ihrer Regierung?« fragte er, nachdem er seinen Gast in der traditionell höflichen Art begrüßt hatte.

»Oh, nein. Zufällig kam ich auf einem Jagdritt hier in der Nähe vorbei. Vier russische Soldaten sind im Lager geblieben, um mir, wenn es erforderlich ist, beim Jagen Hilfe zu leisten. Warum sollte ich als Repräsentant meines Landes zu Ihnen kommen? Wird denn die Innere Mongolei nicht von China regiert? Die Äußere Mongolei hat durch einen von den Russen im Jahre 1945 unterzeichneten Vertrag die Unabhängigkeit erlangt.«

Juchi konnte nicht umhin, diesen Worten zuzustimmen. Allerdings wußte er, daß die beiden mongolischen Staaten nur den Anschein einer Eigenständigkeit besaßen, da ja alle Beamten den roten Agenten unterstanden.

»Die Äußere Mongolei hat eine eigene Flagge, einen Premierminister und eine eigene gesetzgebende Gewalt. Sie besitzt die Kontrolle über die Außenpolitik und das Militärwesen. Sie heißt offiziell Mongolische Volksrepublik. Wir Russen haben das Verdienst, aus dem Land einen demokratischen Staat gemacht zu haben, was man von China hinsichtlich der Inneren Mongolei nicht behaupten kann. Ihr könnt euch höchstens eines sogenannten wirtschaftlichen und kulturellen Vertrages rühmen.«

Vorsichtig verbarg Juchi seine ablehnende Haltung. Es ist ein typisches Charaktermerkmal der Mongolen, daß sie nicht leicht zu beeinflussen und vom festen Standpunkt abzubringen sind. Gobi allerdings war bereit, ausdrücklich zuzugestehen, daß die Sowjetunion bemerkenswerte Fortschritte in der Äußeren Mongolei erzielt hatte:

»Euer Land brachte die Industrialisierung, die unsere Nomaden dringend brauchen. Ihr habt die Armut und den Hunger, worunter so viele Menschen litten, beseitigt und den in keinem Beruf ausgebildeten Nomaden ein ordentliches Leben garantiert. Eure Agenten haben ihnen die nötige Bildung und Erziehung vermittelt, ihr habt Fabriken, Schulen und Universitäten erbaut. Das alles hat die Äußere Mongolei vorher nicht gekannt.«

»Außerdem haben wir einen staatlichen Gesundheitsdienst eingerichtet.«

»Trotz eurer positiven Leistungen handelt ihr aber im Grunde gegen die Natur der Nomaden. Ihr erwartet von ihnen völligen Gehorsam und habt aus diesem Grunde ein Regime der Polizeigewalt eingeführt, was bis dahin völlig unbekannt war.«

»Wir waren einfach dazu genötigt, besonders im Hinblick auf die Lamas, die die Leute gegen jede Neuerung negativ zu beeinflussen suchten. Nachdem wir ihre Starrheit gebrochen hatten, konnten wir soziale Veränderungen herbeiführen, um einen höheren Lebensstandard zu gewährleisten. Heute werden die Menschen nicht mehr ausgebeutet. Auch sind Laster wie Diebstahl, Spielleidenschaft usw. fast ganz ausgerottet worden.«

Fürstin Houlun stimmte dem zu.

»Ich verstehe nicht, Fürst Juchi, daß Sie weiterhin von der Idee besessen sind, Ihren Sohn einem dem Untergang bestimmten Regime übergeben zu wollen. Dieses veraltete System sollte doch völlig abgeschafft werden.«

»Ich wünschte sehr, die Innere Mongolei könnte ähnliche Fortschritte verzeichnen«, meinte Fürst Juchi. Er vermied absichtlich das strittige Thema bezüglich seines Sohnes.

»Man darf Rußland und China nicht direkt miteinander vergleichen«, warf Petrosky ein. »Es ist eine tiefe Kluft zwischen ihnen entstanden. Die Chinesen bezeichnen Rußland nicht länger als die Heimat des Kommunismus. Zudem haben sie in allzu kurzer Zeit zu viele Erfolge verbuchen können, die sie halsstarrig, gehässig und kriegslüstern gemacht haben. Sie haben unsere sowjetischen Führer mehr als einmal provoziert. Bis heute haben sie ihren Anspruch auf die Äußere Mongolei nicht aufgegeben. Sie versuchen, dort immer mehr an Popularität zu erringen.«

»China ist wirklich zu mächtig«, bemerkte Fürst Juchi.

»Sie müssen doch zugeben, daß unser sowjetisches Regime die Bevölkerung der Äußeren Mongolei nachsichtiger behandelt, als die Chinesen mit euch umgehen. Als Beweis kann ich den Fortschritt anführen, den wir den Nomaden gebracht haben. Heute sind sie keine einfachen Hirten mehr wie früher. Sehen Sie sich an, was wir aus dem dürren und unfruchtbaren Land gemacht haben. Es gibt Kollektivfarmen mit 80000 Stück Vieh. Die dort arbeitenden Familien besitzen gleichzeitig privat noch ihre eigenen Tiere. Solide Kollektive besitzen ihre eigene Schule, ein Krankenhaus, einen Tierarzt, ein Kulturhaus und manchmal sogar ein Kino. Wo können Sie Ähnliches in der Inneren Mongolei aufweisen?«

»Sie haben schon recht. Doch die Kollektivierung hat das Leben der einfachen Hirten nicht wesentlich verändert.«

»Da bin ich anderer Ansicht. Viele von ihnen haben im Laufe der Zeit genug verdient, um in eine der vier Städte überzusiedeln. Sie wohnen jetzt in Wohnblocks, während sie früher auf dem Zeltboden schlafen mußten. Sie hören Radio, ihre Frauen besitzen Nähmaschinen. Die Söhne studieren in Moskau Geologie oder werden an der Universität in Ulan Bator als Bergbauingenieure ausgebildet. Auch die Töchter besuchen heutzutage eine Schule. Bedenken Sie nur, welche Berühmtheit Ihr Sohn erlangen kann, wenn er ein Studium in Moskau absolviert und nicht lernen muß, wie man Gebete im Tempel herunterleiert. Ein Land mit traditioneller Viehzucht entwickelt sich jetzt zu einem Land der Zukunft. Es wäre sinnvoller für Sie, Fürst Juchi, diese Wandlungen zu bejahen. Was Gobi betrifft . . .«

»Ulan Bator!« Fast schrie Juchi den Namen der Stadt, um seinen

Widerwillen deutlicher zu machen. »Ulan Bator mit seinen entsetzlichen Wohnblocks!«

»Sie ersetzen viele unordentlichen Zeltreihen. Finden Sie denn nicht die Fabrikgebäude bewundernswert, die . . .«

»Natürlich«, unterbrach Gobi voller Begeisterung, »mir gefällt auch die Akademie der Wissenschaften und das Ringkampfstadion.«

»Mir sagen die Warenhäuser zu«, fügte Fürstin Houlun hinzu. »Außerdem die umherziehenden Spieler, Akrobaten, Tänzer, Stierkämpfer, ganz zu schweigen von der Oper.«

»Auf den Straßen sind die gutgekleideten jungen Männer den alten, weisen Herren in ihren umgürteten Gewändern, die ihre Stammeszugehörigkeit verraten, zahlenmäßig überlegen. Sobald man jedoch die Stadt nur etwas verläßt, stößt man auf eine vollkommen andere Welt. Man begegnet hier rothäutigen Nomaden in gelben Kleidern, sie kommen uns vor, als ob sie Hunderte von Jahren zurückgeblieben sind. Aber Sie, Fürst Juchi, haben doch wenig mit solchen ungebildeten Nomaden gemeinsam.«

»Sie nehmen, wie es scheint, keinen Anstoß daran, daß es noch einige Lamas gibt, die unsere Religion praktizieren? Ihr Russen gebt euch weniger hart als die chinesischen Kommunisten.«

»Doch, daran nehmen wir schon Anstoß.«

Fürst Juchi ging einer Antwort aus dem Wege und fragte schnell: »Warum wenden die Chinesen ein solch unausweichliches Indoktrinationssystem in unserer Inneren Mongolei an? Sie bringen unserer Jugend ihre Militärlieder bei. Sie führen unseren Jungen vor, wie man in ein Land einmarschiert, wie man Befestigungsanlagen errichtet, wie man über Stacheldraht klettert oder wie man am besten Gräben überquert. Sogar unseren Mädchen zeigen sie, wie man Wache schiebt und Handgranaten wirft. Mir kommt es vor, als ob Rotchina es darauf abgesehen hätte, aus jedem jungen Mongolen einen Soldaten zu machen, obwohl wir doch gar nicht die Absicht haben, in irgendein Land einzumarschieren und es zu erobern. Warum sollten wir auch solche Ziele vor Augen haben? Wir besitzen doch Land im Überfluß, mehr als wir jemals zu bewirtschaften imstande sind.«

»Die Ziele des chinesischen Schulsystems sind völlig anders als die bei uns Russen«, behauptete Petrosky. »Die chinesischen Schulbücher sind inhaltlich nur an der chinesischen kommunistischen Ideologie orientiert, auch die Zeitungen sind letztlich nichts anderes als Propagandamittel. Man kann sie als Papiergeschosse bezeichnen.«

»Der Kommunismus mag seinen Wert haben«, wandte Houlun ein, »er verbessert sicher unseren Lebensstandard und bringt uns Bildung und moderne Zivilisation. Allerdings bin ich nicht mit den militärischen Begleiterscheinungen einverstanden. Unsere Männer und Frauen werden dazu gezwungen, Gewehre, Stöcke und rote Fahnen zu tragen. Nicht zu vergessen die furchtbar langen Paraden, die auf die Bevölkerung Eindruck machen sollen. Ich bewundere allerdings die Vorführungen und die Plakate, die uns die Hygiene erklären und an Beispielen veranschaulichen. Auch sind wir den Chinesen für die hervorragenden Arzneimittel und ihren gut organisierten Gesundheitsdienst dankbar.«

Während des Gespräches wurden noch viele Themen angeschnitten, bis Petrosky auf einmal sagte: »Geben Sie doch die veraltete Vorstellung auf, Ihren Sohn dem Tempel zu weihen! Bitte, lassen Sie davon ab!«

Juchi erwiderte nichts, sein Schweigen erinnerte an die Stille der Bergwelt. Er lächelte lediglich und schlug ganz unvermittelt vor: »Haben Sie keine Lust, sich einen Eindruck von unserer Zeltstadt zu verschaffen?«

Gerührt nahm Petrosky die Einladung an und stieg auf sein Pferd. Fürst Juchi und Gobi warteten draußen auf ihn, um mit ihm gemeinsam zum Zeltlager zu reiten. Schnell breitete sich dort die Kunde von ihrer Ankunft aus.

Sie stiegen ab und setzten den Weg zu Fuß fort, den Leuten ihre Achtung zu erweisen.

»Ich schlage vor, daß wir zunächst zum offiziellen Hofzelt gehen«, sagte Fürst Juchi.

Yana kam hinter einem Zelt zum Vorschein, sie trug einen Eimer und machte vor den drei Männern Halt. Sie legte den Kopfschmuck so zurecht, daß sich die Juwelen vor ihren Augen hin- und herbewegten.

Petrosky war ganz beeindruckt von einer solch überwältigenden Schönheit, er blieb staunend stehen. Aus seinem Gesichtsausdruck konnte man leicht auf seine offensichtliche Bewunderung schließen, und Yana errötete bis zu den Haarwurzeln. Sie schob mit ihren zarten Händen die Perlen beiseite, so daß ihre tiefen Augen wie das Dunkel der Nacht wirkten.

»Sain baino!« Sie scherzte und lachte wie ein Mädchen, das einen Mann faszinieren möchte. Petrosky kramte eine Zigarette hervor, zündete sie an und blies ihr den Rauch ins Gesicht. Was für ein wunderbares, entzückendes, wildes Wesen! Man konnte seine Gedanken leicht erraten.

Gobi starrte die beiden an und bemerkte sofort, daß irgend etwas zwischen ihm und Yana nicht in Ordnung war. Wenn er sie sonst anschaute, war sein Glück vollkommen. In seinem jungen Alter wußte er noch nichts von Eifersucht, er wußte das in ihm aufkommende Gefühl schmerzlicher Angst noch nicht zu deuten. Yana flirtete mit einem russischen Offizier.

Zu seinem Erstaunen sah er, wie Petrosky sich vor Yana hinkniete und einige Schlücke Milch aus dem Eimer, den sie in ihren Händen hielt, nahm. Die umstehenden Mongolen blickten voller Befremden auf dieses seltsame Schauspiel. Es war für sie sehr ungewöhnlich, daß ein Mann sich vor einer Frau hinkniete. Einige Männer reagierten darauf mit Belustigung, Frauen kicherten.

»Stehen Sie auf, erheben Sie sich!« rief Gobi. Ihn ärgerte die peinliche Situation. »Am Hofzelteingang steht ein Tisch mit Buttertee und ein anderer mit Hammelfleisch für uns bereit.«

Petroskys Benehmen erweckte seinen Zorn, ebenso der glückliche Ausdruck in Yanas Augen. Sein Gesicht verdunkelte sich zusehends. Zu allem Überfluß drängte eine Schar lauter Gänse Petrosky und Yana zur Seite. Dann verschwand die letztere in einer etwas unbeholfenen Art und Weise, was wohl ihrem jugendlichen Alter zuzuschreiben war.

Gobi wehrte sich mit allen Kräften gegen die in ihm aufflammende Eifersucht. Er versuchte sich zu beruhigen: Yana ist ja ein junges Mädchen, das gerne ein bißchen flirtet, ohne daß man dem besondere Bedeutung beimessen müßte. Die Herumstehenden lachten, denn sie waren duldsame Leute, die Yana wegen ihrer Ungezwungenheit bewunderten und sich freuten, daß sie noch so sorgenfrei leben konnte.

Ohne ein Wort verlauten zu lassen, führte Juchi den russischen Besucher umher, ging mit ihm um die Zelte herum und zeigte ihm die Fellhaufen und die Sattelstöße. Dann erreichten die drei den Eingang des Hofzeltes. Sofort wärmten zwei Diener auf dem offenen Feuer einen Kessel mit Hammelfleisch und einen anderen mit Buttertee auf.

»Lassen Sie es sich gut schmecken«, lud Juchi Petrosky mit höflicher Geste ein. Dieser ließ sich nicht zweimal bitten. Mit Vergnügen langte er in den Topf, nahm von dem Fleisch und trank dazu Tee. Die anderen folgten seinem Beispiel. Aber niemandem fiel es auf, daß er keinen Geschmack an dem fetten Fleisch und am Buttertee fand, weil alle nur ganz interessiert auf seine Uniform sahen. Ehe man das Hofzelt betrat, war man verpflichtet, seine Eß- und Trinkschale zu säubern und am Gewand abzutrocknen. Petrosky war etwas erstaunt über solche ungewohnte Sitten und versetzte die anderen ebenso in großes Erstaunen, als er als einziger sein Taschentuch zum Reinigen benutzte.

Gobi warnte ihn beim Eintreten: »Passen Sie bitte auf, daß Sie nicht mit den Tauen des Zeltes in Berührung kommen, das käme einer Beleidigung unseres ganzen Lagers gleich.« Das unbekümmerte Geplauder der Stammesältesten, die sich schon im Zelt eingefunden hatten, hatte ansteckend gewirkt. Sie liebten es, dem Leben immer die angenehmen Seiten abzugewinnen. Plötzlich wurde es jedoch ganz still im Hofzelt, und jeder blieb solange auf seinem Platz stehen, bis Fürst Juchi unter dem Baldachin aus Leopardenfellen Platz genommen hatte. Gobi setzte sich an einen Ort, der mit wertvollen kleinen Teppichen ausgelegt war.

Dann setzten sich auch die anderen auf die Kissen am Boden.

Petrosky konnte kaum abwarten, bis jeder Mongole seinen Behälter mit Schnupftabak mit dem Nachbarn getauscht hatte. Dann sprang er von seinem Sitz hoch: »Wir Russen können stolz auf euch Mongolen sein. Ihr seid ein glückliches Volk, weil ihr in dem Lande des berühmten Dschingis-Khan lebt. Ihr könnt euch glücklich nennen, daß ihr einen Teil des mächtigen Asiens bildet. Asien: das Morgenland, in dem die Sonne aufgeht. Nichts anderes bedeutet der Name in der assyrischen Sprache. Es ist der größte Kontinent, er nimmt über ein Drittel der gesamten Erdoberfläche ein und macht fast zwei Drittel der Erdbevölkerung aus. Früher war die Mongolei ein bedeutendes und mächtiges Land, jetzt liegt es an euch, seinen Ruhm wieder herzustellen. Wir Russen würden euch gerne dabei helfen. Stellt euch nur vor, welche Aufgabe auf euch wartet, und welches Vorrecht es ist, eine solche Aufgabe in Angriff zu nehmen!«

Gobi konnte sich kaum mehr auf seinem Sitzkissen halten. Sprach Petrosky nicht gerade von der Bestimmung seines Lebens? Doch! Er fühlte sich in seinem Inneren aufgewühlt. War nicht der Ruf zum Handeln an sein Ohr gedrungen? Sollte er nicht mitwirken daß sein Land ein Bündnis mit der Sowjetunion einging? Doch plötzlich durchzuckte ihn der Gedanke: Petroskys Einsatz ist nicht aufrichtig, er entspringt nicht seinem Wesen, er gaukelt uns nur etwas vor. Er verfolgt lediglich das Ziel, uns durch Sicherheitsversprechen enger an den russischen Kommunismus zu binden. Seine Liebe gilt nicht meinem Volk, er will gar nicht uns helfen, sondern nur der Ausbreitung des Kommunismus. Er verfolgt die Absicht, das gesamte Asien zu erobern. Er setzt sich nur für die Anweisungen der kommunistischen Partei ein, er spielt die auf ihn zugeschnittene Rolle.

Schnell versuchte Gobi, sich von der erwachenden Enttäuschung freizumachen. Was er eben gedacht hatte, konnte doch nicht wahr sein! Es konnte doch niemals im Interesse Petroskys liegen, das Land des Wandernden Sandes zu vernichten. Ein Bündnis mit Rußland würde vielmehr von Vorteil sein. Sobald verschiedene Fäden zusammenkommen, entsteht dann nicht eine unzerreißbare Schnur?

Petrosky verstand die Kunst, andere Leute in seinen Bann zu ziehen. Mit glühenden Worten malte er ein Bild der Mongolei, wie sie von der westlichen Welt verachtet und geschmäht wurde. Seine Augen funkelten immer zorniger. Er verdammte die amerikanische Regierung, die den Weg des Kommunismus versperren wolle. Es war ihm gerade gelungen, die Mongolen für sich einzunehmen, als eine Hündin ins Zelt stürmte, die von einer Meute grausamer Verfolger gehetzt wurde. Sofort brach eine Schlägerei aus, und die Wachposten versuchten, die Eindringlinge fortzuscheuchen, aber ohne sichtbaren Erfolg. Da ergriff wiederum Petrosky das Wort: »Ihr braucht dringend eine bessere Streitmacht, damit ihr euch vor dem amerikanischen Imperialismus schützen könnt.«

Dieser Hinweis fiel bei Gobi auf fruchtbaren Boden: »Eine bessere Armee! Das könnte das Tor zur Freiheit sein. Ich hätte dann die Möglichkeit, Offizier zu werden.«

Petrosky fuhr fort: »Die Innere Mongolei braucht einen mächtigeren Militärapparat, um sich aus eigener Kraft gegen eine mögliche Besetzung zu verteidigen. Eine Volksarmee mit Offizieren, deren höherer Rang kein Aufbau von Klassenunterschieden bedeutet, welche die gleiche Verpflegung wie der einfache Soldat bekommen.«

Verpflegung! Verpflegung! Bei diesem Wort mußte Juchi seine Einwände erheben. »Wer wird denn für den Topf mit Hammelfleisch von Tausenden von Soldaten aufkommen?«

»Meine Regierung ist jederzeit bereit, euch zu unterstützen. Jedem, der in die Armee eintritt, wird Nahrung und Kleidung gestellt, ebenso erhält er eine kleine geldliche Vergütung.«

»Aber die rauhe Soldatenkluft verträgt sich nicht gut mit dem weichen Satin, den wir gewohnt sind.«

»Das mag zutreffen, doch der Khakistoff ist zur einheitlichen Uniform in der ganzen Welt geworden. Fleisch ist natürlich zart, aber Knochen sind auch erforderlich.«

»Ich persönlich verabscheue Soldaten«, meinte ein Ältester mit finsterer Miene.

Jetzt verlor Petrosky die Selbstbeherrschung und schrie erbost: »Ihr habt natürlich das Recht, mir die Ausbildung einer mongolischen Armee zu verweigern, die gegen Amerika gewappnet ist. Dann werden wir die Konsequenzen ziehen und in euer Land einmarschieren und für euch den Kampf austragen. Wir wollen in eurem Land weder China noch Amerika als unsere Nachbarn sehen.«

›Jetzt ist er auf seine wahren Beweggründe zu sprechen gekommen und möchte mit anderen Methoden sein Ziel erreichen‹, dachte Gobi. ›Mit einer langen Stange kann man schließlich jede schwer zu erlangende Frucht vom Baum holen. Vater fürchtet sich vor einer Invasion, und der Mann mit der Sichel hat den Mann mit dem Gebetsrad zum Kampf herausgefordert.‹

»Ich werde mich der Armee anschließen, um in die Fußstapfen Dschingis-Khans zu treten.« Während Gobi diese Worte aussprach, blickte er über die Menge hin. Mit der ihm angeborenen scharfsinnigen Klugheit bemerkte er sofort, wie entrüstet die Ältesten über Petroskys Aufbrausen waren und wie sie ihn verachteten, weil er seine Selbstbeherrschung verloren hatte. Er hatte ihnen eine allzu direkte und unverblümte Beschreibung der gegenwärtigen Lage und des von ihm erstrebten Zieles gegeben.

»Ich sehe nicht ein, aus welchem Grund wir nicht eine eigene Armee unterhalten sollen«, äußerte Juchi schließlich zur Verwunderung der Umstehenden. Er wartete ab, was die anderen erwiderten, aber niemand überschüttete ihn mit Vorwürfen. Es war ganz still, als er hinzufügte: »Dann soll es wohl so sein.«

»Ich selbst werde eure Offiziere und meine Leute eure Soldaten ausbilden«, entschied Petrosky.

Juchi war sprachlos. Alles war so plötzlich, so unerwartet gekommen und entsprach längst fertigen Plänen.

Petroskys Gesicht verdunkelte sich, seine Gesichtszüge wurden immer härter, und seine Stimme klang rauh: »Ich sorge dafür, daß eure Armee gut ausgebildet wird. Später werden wir dann mit den chinesischen Kommunisten zusammenarbeiten, und gemeinsam sind wir stark genug, die Macht Amerikas niederzuwerfen in ähnlicher Weise, wie eure Kinder in eine aufgeblasene Schweinsblase mit einer Dorne stechen.«

Juchi erhob sich von seinem Platz: »Gibt es noch etwas zu erörtern? Meiner Meinung nach ist alles entschieden. Wir werden eine eigene starke Armee in der Inneren Mongolei aufstellen.«

Mit einem Seufzer der Erleichterung antwortete Petrosky: »Dieser Vertrag muß ein großes Geheimnis zwischen uns sein, China darf davon nichts erfahren. Unsere russischen Ausbilder ziehen mongolische Kleidung an und bleiben im Hintergund.« Er verbeugte sich dreimal, nahm eine stramme Haltung an und verließ das Zelt.

Juchi folgte ihm. »Bleiben Sie doch noch eine Weile bei uns!« bat er ihn in höflichem Ton.

»Das geht jetzt leider nicht. Ich muß in mein Lager zurückkehren und die Nachricht sofort meiner Regierung mitteilen.«

»Ich werde Ihnen ein Schaf für den Fleischtopf ihrer Soldaten senden und ein Mädchen für das Zelt von vier Männern. So ist es unsere Sitte.«

»Wenn Sie uns ein junges Mädchen senden wollen, dann würde ich mich sehr freuen, wenn Sie mir dasjenige gäben, das ich auf dem Weg zum Hof traf.«

»Denken Sie an Yana? Sie ist aber keine Sklavin, sondern die Tochter aus einem bedeutenden Haus. Ich rate Ihnen, sich nicht mit Yana einzulassen, wenn Ihnen das Leben lieb ist.«

Nun trat auch Gobi aus dem Zelt, und Petrosky stimmte ein lautes Gelächter an, um den Schnitzer, den er sich soeben erlaubt hatte, zu verbergen. Er sah den jungen Prinzen genau an, sein dunkles Haar, seine braungebrannte Haut und seinen wohlgeformten Körper.

Er wandte sich an Juchi: »Ich bewundere die Anmut und Stärke Ihres Sohnes, seine Gesundheit und Kühnheit. Aus ihm wird bestimmt einmal ein hervorragender Soldat. Sind Sie bereit, mich zu meinem Zelt zu begleiten?« fragte er Gobi.

»Im Augenblick habe ich keine Zeit, weil ich anderes zu tun habe.«

Petrosky drängte ihn nicht weiter und verabschiedete sich schnell. Dann stieg er auf sein Pferd und ritt zu seinem Lager zurück. Juchi sah ihm nach, bis er in der Ferne verschwunden war.

»Nimm seine Versprechungen nicht für bare Münze, Gobi. Ich glaube, daß es keinen Unterschied ausmacht, ob wir unter dem chinesischen oder dem russischen Kommunismus leben. In beiden Fällen sind wir geknechtet.«

Gobi hörte seinem Vater nur mit halbem Ohr zu. Er war von den Ereignissen ganz verwirrt. Er spürte, daß er an einem Wendepunkt stand.

2. Kapitel

Ein Kieselstein bringt eine Lawine ins Rollen

Einige Tage später traf Petrosky an einem schönen, sonnigen Morgen Gobi vor seinem Zelt an. Er kauerte am Boden und schien in Nachdenken versunken zu sein.

»Warum haben Sie mich nicht besucht?« wollte er wissen.

Ohne auf die Frage einzugehen, erwiderte Gobi: »Zwei Spielmänner sind gekommen. Einer spielt auf einer einseitigen Geige und der andere schlägt dazu die Trommel. Sie sind unser lebendiges Geschichtsbuch und erzählen aufregende Geschichten von früheren Eroberungen. Manchmal bitte ich sie, ein Lied über Dschingis-Khan vorzutragen. Dann kann es geschehen, daß mein Vater davon so mitgerissen wird, daß er mich laut als seinen Nachfolger proklamiert. Viele unserer Stammesgenossen werden gleich ihrem Auftreten beiwohnen. Es wäre nett, wenn auch Sie teilnehmen könnten, oder haben Sie keine Zeit?«

»Ich nehme die Einladung mit Vergnügen an.« Petrosky freute sich; eine solche Gelegenheit durfte er sich nicht entgehen lassen.

»Sain baino«, grüßte er, als er in das Zelt eintrat. Die Nachbarn saßen dichtgedrängt auf Kissen und warteten auf die Spielmänner. Voller Verwunderung starrten sie den eben eingetretenen Gast an. »Er sieht so bleich aus«, flüsterten sie untereinander. »Seht mal sein blondes, welliges Haar und seine dunklen, blauen Augen. Habt ihr jemals in eurem Leben eine so sonderbare Hautfarbe gesehen?«

Petrosky tat so, als ob er nichts gehört hätte.

Es klingt vielleicht seltsam, daß die Orientalen einen Mann aus dem Abendland alles andere als schön finden. Sie blicken verächtlich auf das bleiche Gesicht, den knöchrigen Hals und die behaarten Glieder. Nur die »Moderneren« unter ihnen bewundern blondes Haar.

Petrosky grüßte noch einmal und verbeugte sich dabei. Sein Auge fiel auf eine Anzahl Kerzen, die in massiven Haltern steckten. Die braunen Gesichter der Herumsitzenden spiegelten den Glanz der

Kerzen wieder. »Haben Sie einen angenehmen Ritt gehabt?« fragten einige Stimmen.

Als Antwort hob Petrosky seine Daumen in die Höhe und verbeugte sich erneut. Gobis Augen zwinkerten ihm in freundschaftlicher Verbundenheit zu. Er wandte sich an seinen Vater mit dem Vorschlag: »Sollen wir nicht jetzt die Ankunft der Spielmänner feiern, Vater? Wo so viele Nachbarn versammelt sind, wollen wir zunächst Kamelmilch trinken. Sie wird uns anregen, eine gute, alte Geschichte, die wir hören werden, durch unser Klatschen rhythmisch zu begleiten.«

»Das ist eine ausgezeichnete Idee.«

Juchi befahl einem Diener, eine Schafshaut mit dem Getränk zu holen. Zu den Spielmännern gewandt, fügte er hinzu: »Singt uns etwas von meinem Vorfahren Dschingis Khan, dem man den Namen gab: ›Schöner Stahl‹!«

Eine prall gefüllte Schafshaut wurde zu Füßen des Hausherrn hingestellt. Juchi versetzte der Haut einen dumpfen Schlag, und ein Milchstrahl spritzte in eine Holzschale. Er trank als erster daraus. Houlun beugte sich nach vorne und folgte seinem Beispiel. Als nächster war Petrosky an der Reihe, aber er nippte nur an dem ihm unbekannten Getränk. Die Schale wurde herumgereicht. Mit gierigen Lippen berührten alle den silbernen Rand und kosteten von der wertvollen Milch. Die Männer nahmen große Schlücke, die Frauen nippten nur. Von überall hörte man zufriedenes Grunzen.

Das Trinkgelage dauerte solange, bis der eine Spielmann seine Geige hervorkramte und mit einem Vorspiel begann. Der Trommler folgte dem Beispiel seines Gefährten und fing dann an, die Geschichte von Dschingis-Khan vorzutragen:

»Schon bei seiner Geburt erhielt er den Namen Schöner Stahl, den er während seines ganzen Lebens zu Recht trug. Die Chinesen begrüßten ihn als Tien Mou Yen, Herrn der Erde. Auch dieser Name paßte zu ihm, denn er war der größte Khan (Khan ist ein mongolischer Herrschaftstitel), der je lebte. Er war gut anzusehen, hatte breite Schultern und eine Haut, die wie poliertes Gold glänzte. Seine Augen funkelten mehr als die Sterne am Himmel, die Tiefe des Waldes erstrahlte in seinen grünen Augen. Sein langes Haar hatte die Farbe von altem Kupfer und wurde geflochten. Seinen Hut schmückten wunderschöne Adlerfedern, rote Bänder hingen von seinen Schultern herunter und zierten das Gewand aus Zobelpelz.«

Der Geiger zupfte und klimperte auf seinem Instrument und kreischte auf einmal: »Aber sein Tem . . . perament . . .!«

»Sein Tem . . . perament?« Der Trommler stammelte das Wort ebenso langgezogen. »Nun, es war so ungestüm wie unser Wandernder Sand. Jeder Widerspruch machte ihn rasend.«

Der Trommler beschleunigte sein Tempo zusehends. Gobi war hingerissen und schrie: »Weiter, Trommler! Erzähle uns von seiner Jugend, wie er die Herde bewachte, den verirrten Schafen nachging, fischte und auf Jagd ging.«

Der Trommler lächelte über Gobis Begeisterung und fuhr mit lauter Fistelstimme fort:

»Der Junge legte weite Strecken mit seinem Vater Jesukai im Ochsenwagen zurück; sie zogen vom Sommerplatz zum Winterlager. Tagsüber befand er sich meistens im Sattel, er ritt nächtelang über schneebedeckte Fluren. Es gab Zeiten, in denen er beinahe eine Woche lang ohne jegliche feste Nahrung lebte. Sobald er dann zu seinem Zelt zurückgekehrt war, ergötzte er sich an dem für ihn zubereiteten Hammelfleisch.«

»Sain! Sain!« rief Gobi aus. Er war von der Geschichte geradezu bezaubert. So etwas zog er immer einem guten Essen vor.

»Oh, eines . . .!« kreischte der Trommler mit durchdringender Stimme.

»Oh, . . . eines Tages folgte er seinem Vater auf die Jagd. Die beiden waren den ganzen Tag herumgestreift, und die Nacht brach herein. Sie nahmen gerne die Gastfreundschaft eines benachbarten Häuptlings in Anspruch. Kaum hatte Schöner Stahl die Tür aufgestoßen, als sein Blick auf ein junges Mädchen fiel. Es war Bourtai, die Grauäugige, die Tochter des Häuptlings. Er verliebte sich in sie, obwohl er erst 13 und sie 10 Jahre alt war.«

Der Trommler schwieg, als ob die Geschichte zu Ende wäre, und bat um einen Becher Kamelmilch.

»Hör doch nicht auf! Was geschah nun?« drängte Gobi.

»Noch am gleichen Abend verhandelten die beiden Väter miteinander. Sie feilschten lange Zeit, und schließlich war die Verlobung beschlossene Sache. Am nächsten Morgen verließ sein Vater das Lager, aber Schöner Stahl blieb noch eine Weile da, um seine zukünftige Braut besser kennenzulernen.

Vier Tage später erblickte er einen Stammesgenossen, der auf seinem Pferd schneller herangaloppierte als eine vom Wind gejagte Gewitterwolke. Schon von weitem rief der Reiter: ›Es ist etwas ganz Schlimmes geschehen, dein Vater ist vergiftet worden!‹«

»Was? Vergiftet?« fragte Gobi.

Es entstand eine Pause. Doch Gobi schien die Stille kaum zu bemerken. Er sah verträumt im Zelt umher. In seinen Gedanken versetzte er sich um Jahrhunderte zurück und malte sich die Welt von damals aus. Dann sagte er zu den um ihn sitzenden Männern: »Das Leben ist noch wie einst. Unsere Reiter benutzen die gleichen Pfade wie unsere Vorfahren. Die Jahrhunderte haben im Grunde nur geringfügige Veränderungen mit sich gebracht, mit der einen großen Ausnahme, daß wir nicht mehr die Herrscher über das größte Reich Asiens sind. Der Ruhm der Vergangenheit steht uns leider heute nicht mehr zu.«

»Aber du, junger Prinz, wärest in der Lage, den früheren Ruhm zurückzubringen«, meinte einer der Ältesten. Er betrachtete Gobi mit stolzer Bewunderung und fuhr fort: »Du bist ein starker junger Mann, wie es nur einer sein kann, der immer Hammelfleisch aß.«

Der alte Mann wiegte seinen Kopf feierlich hin und her, und ein anderer fügte hinzu: »Du solltest in die Fußspuren Dschingis-Khans treten.«

»Ich halte es für richtiger, mit der Geschichte fortzufahren und nicht über meinen Sohn zu sprechen.« Mit diesen Worten beendete Fürst Juchi das Gespräch, das diese eigenartige Richtung genommen hatte.

Der Trommler ging sofort auf den Vorschlag ein und fuhr mit lauter Stimme fort: »Wir waren an der Stelle stehengeblieben, als Schöner Stahl die Nachricht vom Tode seines Vaters erhielt. Zwei Drittel der Stammesgenossen verweigerten der Witwe und ihrem dreizehnjährigen Sohn den Gehorsam. Sie zogen fort und suchten neue Weidegebiete, wo sie unabhängig sein konnten. Aber Schöner Stahl war entschlossen, sich zum Führer aufzuschwingen.

Die früheren Stammesgenossen hatten sich inzwischen verschworen, ihn umzubringen. Schöner Stahl hatte aber schon gelernt, daß es klug ist, sich zu beugen, wenn ein stürmischer Wind über das Land fegt. Er floh mit seinen Geschwistern. Auf schmalen Pfaden kamen sie durch dichtes Gestrüpp und hohes Gras vorwärts, und bei Einbruch der Nacht erreichten sie eine gut versteckte Höhle.

Einige Tage vermochten sich die Kinder zu verbergen. Doch

schließlich wurden sie von einem solchen Hunger geplagt, daß sie ins Freie auf die Jagd gingen. Zu ihrem Unglück wurden sie sogleich entdeckt. Alle außer Schöner Stahl ließ man ziehen, nur er wurde gefangengenommen. Die Männer hängten ein Joch auf seine Schultern, banden seine Handgelenke mit starken Seilen zusammen und zwangen ihn, mit ihnen zu den neuen Weidegründen zu reiten, wo sie ihn umbringen wollten.

Sie warfen Schöner Stahl auf den Boden eines Zeltes und gaben einem Wachtposten die Anweisung, gut auf ihn achtzugeben. Einen Augenblick fühlte er sich wie ein Felsbrocken, der sich nicht bewegen konnte. Aber schon bald spornte ihn seine innere Unruhe an, um jeden Preis seine Freiheit wiederzuerlangen. Als die Dunkelheit hereinbrach und der Himmel in ein Tiefblau überging, ließ die Göttin des Feuers den Wächter in einen tiefen Schlaf fallen.

Schnell sprang Schöner Stahl auf seine Füße und schlug mit dem Joch dermaßen auf jenen ein, daß er das Bewußtsein verlor.

Ohne Mühe erreichte er im Mondschein den nahen Fluß. Er hatte noch immer das Joch um den Hals, aber es hinderte ihn nicht an seiner Flucht. Er hatte keine Zeit zu verlieren. Er stürzte in das Schilf, bis nur noch der Kopf aus dem Wasser ragte. Ängstlich lauschte er, ob sich seine Verfolger näherten, aber er vernahm nur das Zirpen der Grillen und das Quaken der Frösche.

Voller Entsetzen bemerkte der Wachtposten, als er sein Bewußtsein wiedererlangt hatte, daß der junge Khan die Flucht ergriffen hatte. Er stieß einen gellenden Schrei aus, und die Kriegsleute machten sich eilends zum Ufer des Flusses auf. Sie schlugen in die Binsen hinein. Aber ihr Suchen blieb erfolglos.

Aber Schöner Stahl wurde doch von einem Krieger entdeckt. Der Mann stand bewegungslos im Mondlicht, und die beiden sahen einander tief in die Augen. Sie sprachen kein Wort, aber das Verstehen sprang von einem zum anderen über. Schöner Stahl fragte den Mann, wo sein Zelt sei, und trieb zum Weitergehen an. Der andere gehorchte schweigend, bezaubert von der Autorität, die von dem jungen Prinzen ausging.

Die Krieger gaben nacheinander die Suche auf und kehrten in ihre Zelte zurück. Als alle verschwunden waren, näherte sich Schöner Stahl dem Zelt des Mannes, der ihn beschützt hatte. Er blickte sich nach allen Seiten um, um sich zu vergewissern, daß sich niemand mehr in der Nähe aufhielte. Dann erst hob er die Eingangsklappe des Zeltes hoch und trat leise ins Innere. Noch immer trug er das hölzerne Joch um seinen Hals. Im Flüsterton gab er zu verstehen: ›Wenn du mir dieses Joch abnimmst und mir die Freiheit gibst, bin ich zu einem Bündnis zwischen deinem und meinem Zelt bereit.‹

Der andere überlegte sich die Sache gründlich, wägte alle Vor- und Nachteile ab und antwortete schließlich: ›Ich sage mich von unserem neuen Führer los und werde treu zu dir halten. Ich bin fest dazu entschlossen. Ein Mann, der hinter zwei Hasen herrennt, wird keinen von beiden fangen.‹

›Zerschneide nun das Joch!‹ befahl der junge Khan.

Der Mann hatte zwar Angst, daß die Nachbarn etwas hören könnten, aber er zerhackte das Joch und warf es anschließend ins Feuer.

Danach versteckte er Schöner Stahl in einem Karren, der mit Wolle beladen war und vor dem Zelt stand. In der Frühe des folgenden Morgens erschienen die Krieger in dem Zelt, denn sie hatten Verdacht geschöpft. Sie durchsuchten jeden Winkel des Raumes, stießen mit den Speeren in einen Haufen aus trockenem Kameldünger und auch in den Karren mit der Wolle. Schöner Stahl wurde an einem Bein verwundet, aber er verhielt sich vollkommen ruhig und wurde nicht entdeckt.«

Nun war der Geiger an der Reihe, die Geschichte fortzusetzen: »In der darauffolgenden Nacht lief Schöner Stahl so schnell wie er konnte zum Zelt von Bourtais Vater. Dort rüstete er sich mit einem Pferd sowie Pfeil und Bogen aus. Dann ritt er zum Lager zurück, um seine Familie zu retten. Er fand lediglich ein verkohltes Zelt vor. Vom Vieh war nichts zu sehen, und die Angehörigen waren in die nahen Wälder geflohen. Tagelang versuchte er, sie aufzuspüren. Dabei mußte er sich gleichzeitig vor seinen Verfolgern versteckt halten. Vorsichtig vermied er jeglichen Kontakt und hütete sich vor jedem Hinterhalt. Nach langem Suchen fand er endlich seine Familie, die sich in der Nähe einer Wasserstelle mitten im Wald verborgen hatte.

Schöner Stahl war sehr aufgebracht über das, was den Seinen widerfahren war. Er nahm sich vor, zurückzukehren, seinem Clan gegenüberzutreten und den neugewählten Führer zur Rede zu stellen. Ehe er allerdings seinen Plan ausführen konnte, tauchten seine einstigen Stammesgenossen auf und eigneten sich acht seiner neun Pferde an. Bevor er eingreifen konnte, waren sie schon mit ihnen fortgeritten. Jetzt war die Familie nur noch im Besitz eines einzigen Pferdes, des von Begutai, dem Bruder von Schöner Stahl. Dieser befand sich gerade auf Murmeltierjagd. Sobald sein Bruder heimgekehrt war, nahm Schöner Stahl ein wenig getrocknetes Fleisch als Proviant mit sich und ritt hinter den Räubern her. Drei Tage lang stieg er nur ganz gelegentlich ab, um sich ein Stück Fleisch herunterzuschneiden.

Beim Sonnenaufgang des vierten Tages der Verfolgungsjagd traf er einen jungen Krieger mit Namen Borchu. Auf den ersten Blick empfanden die beiden Sympathie füreinander und brachten einander sofort Vertrauen entgegen. Schöner Stahl erzählte dem neuen Freund von dem Raub der acht Pferde. Sie schworen sich gegenseitige Treue und versprachen einander in jeder Notlage beizustehen. Zusammen setzten sie den Weg fort. Nach drei Tagen weiteren Suchens entdeckten sie plötzlich die Pferde, die friedlich in der Nähe eines Lagers grasten. Schnell duckten sich die beiden Jungen und warteten auf einen günstigen Augenblick, um sich den Pferden zu nähern und mit ihnen davonzugaloppieren.

Bei Sonnenuntergang wurde ihre Geduld endlich belohnt. Von den letzten Sonnenstrahlen getarnt krochen sie durch das hohe Gras, warfen ihre Seile und fingen die Pferde ein und jagten mit ihnen davon. Das Ganze ging blitzschnell vor sich. Doch zu ihrem Unglück hatte ein Krieger sie beobachtet und die anderen Lagerbewohner sogleich auf das Geschehene aufmerksam gemacht. Diese waren schon sicher, daß sie die beiden einholen würden. Da drängte Schöner Stahl seinen jungen Gefährten, schnell mit den Pferden allein zu fliehen.

Er selbst stieg von seinem Reittier und wartete auf seine Verfolger. Der Häuptling ritt geradewegs auf ihn zu und stieß laute Zornesrufe aus. Dann machte er sich bereit, sein Seil nach ihm auszuwerfen. Wie eine flinke Bergziege sprang Schöner Stahl auf einen nahegelegenen Felsen, von dort schoß er einen Pfeil direkt in das Herz des Häuptlings. Mit einem Schlag fiel dieser zu Boden und war auf der Stelle tot. Die anderen waren völlig verwirrt, mit so etwas hatte niemand gerechnet. Sie wußten nicht mehr, was sie in dieser trostlosen Lage tun sollten und kehrten hilflos zu ihrem Lager zurück.«

»Welch ein Glück!« rief Gobi begeistert aus. »Ein Trommelwirbel für Schöner Stahl!«

Die anderen ließen sich von seiner fröhlichen Laune anstecken und unterhielten sich so miteinander, als ob der junge Held persönlich unter ihnen weile und der Zusammenstoß erst an diesem Tag geschehen sei.

»Was wäre das«, sagte ein Ältester, »wenn Prinz Gobi so erzogen und ausgebildet werden könnte, daß er ein großer militärischer Führer wie Dschingis-Khan würde.«

Prinz Juchi versuchte, die aufkommende Begeisterung zu dämpfen. »Ich halte es für an der Zeit, wieder einmal von der Kamelmilch zu trinken.« Er reichte die Schale herum, und jeder nahm einen Schluck von dem kostbaren Getränk. Dann war der Trommler wieder an der Reihe, und die Zuhörer klatschten zu seinem Gesang mit den Händen.

»Es war niemand tapferer als der junge Khan. Schon bald nahm er den Rang eines Häuptlings ein. Alle fühlten sich von seiner Wildheit und Natürlichkeit angezogen. Er war nicht nur auf seinen eigenen Vorteil bedacht, sondern kümmerte sich um das Wohl seiner Untergebenen im gleichen Maße. Er half groß und klein.

Die nächsten vier Jahre vergingen wie im Flug. In dieser Zeit wuchs Schöner Stahl immer mehr zu einem kräftigen und ansehnlichen jungen Mann heran. Mittlerweile war er siebzehn Jahre alt geworden, hatte eine große und schlanke Figur und war stets guter Dinge. Man kannte überhaupt keine schlechte Laune bei ihm. Jeder hatte Verständnis dafür, daß er sich gerne mit seiner jungen Braut traf. Eines Tages bekleidete er sich mit einem ganz neuen Tierpelz, sattelte sein Pferd und ritt hin zu ihr.

Sobald er an dem Zelt von Bourtais Eltern angekommen war, stürzte ein Trupp von hundert Reitern auf ihn zu. Wie wahnsinnig wirbelten sie eine ungeheure Staubwolke auf und hielten ihre Lanzen so, als ob sie einen furchtbaren Angriff planten. Aber Schöner Stahl wußte, daß sie nur ein Scheingefecht inszenierten. Es waren Verwandte seiner Braut, die so taten, als wären sie mit der Wegnahme eines ihrer jungen Mädchen nicht einverstanden.

Das Scheingefecht war bald vorüber, und das ganze Lager war von großer Fröhlichkeit erfüllt. Überall erklangen zufriedene Stimmen und heitere Zurufe. Man bereitete Gerichte aus Kamel- und Pferdefleisch, und überall lagen Schafshäute, die mit Reiswein gefüllt waren. Nachdem alle gesättigt waren und genügend getrunken hatten, öffnete die Braut die Klappe von ihrem Zelt und ließ sich einen Augenblick in ihrem Gewand aus weißem Filz sehen. Sogleich eilte Schöner Stahl auf sie zu, um sie zu fangen, aber Grauauge stürzte davon und rannte unter fröhlichem Geschrei von einem Zelt zum anderen. Voller Aufregung eilten die Brautjungfern hinter ihr her. Die umstehenden Männer und Frauen trugen das ihre zu dem lustigen Treiben bei, und die angebliche Flucht endete in einem Taumel der Begeisterung.

Schließlich hielt die junge Braut ein wenig inne, und Schöner Stahl fing sie, nahm sie in seine Arme und trug sie triumphierend zu seinem Pferd. Damit waren die Hochzeitsfeierlichkeiten beendet. Bald darauf nahm Grauauge Abschied von ihrer Familie und ritt mit Schöner Stahl in ihre neue Heimat. Die stolze junge Frau konnte nicht ahnen, daß sie Mutter von vier Söhnen sein würde, die fast die ganze Welt beherrschen würden.«

Die Wachhunde fingen an zu bellen, und die Geschichte wurde durch einen späten Ankömmling unterbrochen. Der Trommler wartete geduldig, die Störung schien ihm nichts auszumachen.

Als sich der Tumult gelegt hatte, fing er wieder an. Er ließ zwanzig Jahre aus dem Leben seines Helden aus. Seine Stimme nahm einen noch fröhlicheren Klang an:

»Mit vierzig Jahren war Schöner Stahl auf der Höhe seiner Macht angelangt. Man hatte ein solches Vertrauen in seine Führerpersönlichkeit gewonnen, daß ihm die Bewohner von mehr als 100000 Zelten Gefolgschaft leisteten. Er besiegte alle seine Feinde und eroberte viele Länder. Es hatte fast den Anschein, als ob er dazu bestimmt sei, die ganze Welt zu beherrschen. Seine Truppen marschierten ins Innere Asiens und Europas ein. Was ihm entgegentrat, das schaffte er aus dem Weg. Was er von der Beute nicht mitführen konnte, vernichtete er.«

Die Erzählung hatte fast das Tempo eines galoppierenden Pferdes erreicht. Der Geiger konnte kaum noch Atem schöpfen. Er warf den Kopf in den Nacken. Die beiden Sänger verstanden einander genau; denn ohne eine Pause übernahm der Trommler wieder seinen Teil von dem lebendigen Wechselspiel:

»Schöner Stahl war ein wunderbarer Mann. Er, der einst nur der Herrscher über kalte und unfruchtbare Gebiete gewesen war, war der größte Khan von allen geworden und in der gesamten Welt gefürchtet. Jedes Volk erzitterte bei dem Gedanken, daß er in sein Land einmarschieren könnte. Seine Heere rückten weiter vor. Das chinesische Reich und der Kalif von Bagdad mußten sich vor seiner Übermacht beugen und ebenso das Land des Zaren.«

Als Rußland erwähnt wurde, dachte Gobi unwillkürlich sofort an Petrosky. Er hielt jeden Russen für einen Erfolgsmenschen. Er unterbrach den Sänger mit der Frage: »Hat mein Ahnherr es wirklich gewagt, gegen die Russen vorzugehen? Hat er keine Angst vor ihnen gehabt?«

»Die Russen!« sagte der Trommler und sah dabei Petrosky an. »Das

Land der Zaren ging unter den Lawinen der wilden Horden zugrunde. Aber trotz seiner Siege hielt es Schöner Stahl nie lange an einem Ort aus. Wenn ihn plötzlich die Sehnsucht nach der Wüste überkam, dann verließ er alles, um in unsere kalten Ebenen und trockenen Berggegenden zurückzukehren, die er über alles liebte. Die Filzzelte der von Sandstürmen heimgesuchten Stadt Karakorum – sie ist heute unter den Sandmassen begraben – bedeuteten ihm mehr als alle prunkvollen Paläste. Doch er umgab sich mit allem erdenklichen Reichtum. Mit seinen zahlreichen Frauen und Nebenfrauen führte er einen halbkaiserlichen Haushalt.

In der Nähe seines Zeltes befanden sich die Behausungen seiner vier Frauen. Ein Zelt gehörte Bourtai, eins der Prinzessin von China und die beiden anderen den Prinzessinnen von Liao und der Türkei. Daran schlossen sich die Zelte vieler stolzer Damen an, die er in fremden Ländern gefangengenommen hatte, und die der schönsten Frauen aus unserem Wandernden Sand, die man ihm als Huldigungsgabe dargebracht hatte. In der Mitte stand das große Hofzelt, von weißer Seide gesäumt. Kein Fremder durfte es je betreten, ohne sich seinen Weg mit teuren Geschenken zu erkaufen, die der Anführer der Leibwache gutzuheißen hatte. Wenn der Besucher endlich drinnen war, durfte er nur knieend mit dem Khan sprechen und das Zelt erst verlassen, wenn er dazu aufgefordert worden war.«

Der Trommler hörte ganz plötzlich mit seinem Vortrag auf, und der Geiger sah ihn voller Erstaunen an. Aber wohl oder übel war dieser nun wieder an der Reihe. Als ein geborener Romantiker griff er zu seiner Geige und zupfte auf ihr eine traurige Melodie, die die Herzen seiner Zuhörer rührte. Auf seinem Gesicht machte sich ein schmerzlicher Ausdruck bemerkbar, und mit klagender Stimme sang er:

»Es fällt mir zu, die Totenklage für Schöner Stahl, unseren bedeutendsten Khan anzustimmen. Wenn er doch nicht ausgezogen wäre, um gegen die alte Monarchie der Sung zu kämpfen, weit unten im Süden Chinas! Dann hätte er wohl noch viele Jahre leben können!

Aber er war von der Idee besessen und von einer unbeschreiblich großen Sehnsucht gepackt, jenes Land zu erobern. Er fühlte sich dazu berufen, seine Truppen über den Gelben Fluß zu führen. Aber das Schicksal ließ die Würfel gegen ihn fallen. Schöner Stahl gab jedoch nicht nach, bis ihm schließlich ein großes Unglück Einhalt gebot und seinen Untergang herbeiführte.

Eines Tages kam ein Bote zu ihm und meldete, daß sein erstgeborener Sohn plötzlich in der Weite des Wandernden Sandes gestorben sei. Diese schockierende Botschaft traf Schöner Stahl wie ein Blitzschlag. Ohne ein Wort zu sprechen, entließ er den Boten. Den Rükken zum Eingang gekehrt, legte er sich auf den Boden des Zeltes. Er war vollkommen verzweifelt. Seine Offiziere setzten alles daran, ihn aus seiner grenzenlosen Trauer herauszuführen, aber er murmelte ununterbrochen: ›Mein Sohn Juchi! Oh, mein lieber Sohn! Wäre ich doch an deiner Stelle gestorben!‹

Eines Tages schweifte sein Geist umher, und vor seinem inneren Auge schwebten die vier Söhne, die seine Gattin Bourtai geboren hatte. Er träumte von seinem ältesten Sohn Juchi, der Rußland mit seiner ›Goldenen Horde‹ zerschmettert hatte. Er sah seinen zweiten Sohn, Chatagai, der Zentralasien erobert hatte und dessen Sohn der erste Mogul Indiens werden sollte. Er stellte sich seinen dritten Sohn vor, den Vorsitzenden des Thronrates. Als letzter tauchte Tuli, sein vierter Sohn, auf, dessen Sohn Kubilai von der chinesischen See bis nach Mitteleuropa regieren würde. Er hatte sie alle befördert zum ›großen Orluk‹, zum ›Adler‹, zum Fürsten. Sein Wunsch war, noch mehr Land zu erobern, über das sie regieren sollten. Aber der noch unentschiedene Kampf mit der Sung-Monarchie erwies sich als unüberwindbares Hindernis beim Durchsetzen seiner Pläne.

Er fühlte, daß sein Ende immer näher heranrückte. Er hob seinen Kopf ein wenig und richtete seinen starren Blick auf die Offiziere, die um ihn her knieten. Mit letzter Kraft befahl er ihnen: ›Tötet den König der Sung und nehmt sein Land in Besitz!‹ Dann fiel er auf sein Lager zurück, ein Krieger, der im Kampf gestorben war.

Damit die Offiziere den letzten Willen ihres Khans erfüllen konnten, gaben sie vor, daß der Khan nur krank sei und der Ruhe bedürfe und nicht gestört werden solle. Sie überbrachten in seinem Namen dem König der Sung ein höchst annehmbares Friedensangebot. Der König erschien daraufhin persönlich, um Schöner Stahl seine Hochachtung zu erweisen. Mit großer Feierlichkeit wurde er in die Nähe des Khans geführt. Als er näher auf ihn zutrat, bemerkte er zu seinem Erstaunen, daß der Häuptling tot auf seinem Bett lag. Mit einem Schrei des Entsetzens versuchte er davonzustürzen, aber in diesem Augenblick stieß jemand von hinten ein Messer in seinen Rücken. Er fiel auf sein Angesicht und lag tot da.

Die Geburt Dschingis-Khans war der Tag, von dem alle folgenden Tage in der Geschichte der Mongolen gezählt worden waren. Daher wollten seine Offiziere auch mit allen ihnen zur Verfügung stehenden Kräften seinen Tod geheimhalten. Man fuhr ihn in einem gewöhnlichen Wagen aus dem Land der Sung heraus in seine Heimat, gerade so, als ob er noch lebe. Zu beiden Seiten des Wagens ritten Krieger. Erbarmungslos töteten diese jeden, der ihnen unterwegs begegnete. Die Feinde sollten nicht entdecken, daß der Khan gestorben sei. Das Täuschungsmanöver wurde solange fortgesetzt, bis man die Grenze der Inneren Mongolei erreicht hatte. Schöner Stahl wurde unter einem großen Baum in der Nähe seiner Geburtsstätte begraben.

Vierzig seiner schönsten Frauen, die mit wertvollen Kleidern aus Zobelpelz und mit kostbaren Juwelen geschmückt waren, ritten im Leichenzug auf schönen Hengsten mit. Am Grab angekommen, wurden sie und ihre Pferde erschlagen und zusammen mit dem Häuptling begraben, so daß sie ihm im Jenseits dienen konnten.«

Die Spielleute hatten den Schluß der Geschichte erreicht. Gebannt saßen die Zuhörer auf ihren Plätzen, sie waren von der Dramatik des Geschehens vollkommen mitgerissen worden. Es wollte ihnen nicht in den Sinn, daß der Nachmittag mit seiner Verzauberung vorbei sein sollte. Gobi erinnerte sich in diesem Augenblick an ähnliche Zusammenkünfte. Ein großes Verlangen kam über ihn. Könnte er doch auch eine solch bedeutende Rolle in der Geschichte seines Landes spielen wie Dschingis-Khan! Er vermochte nicht länger stillzusitzen. Er erhob sich und ging zur Zeltwand. Dort blieb er stehen. Im Kerzenschein sahen seine Augen wie winzige, goldene Sterne aus. Jetzt galt es, die Gelegenheit beim Schopf zu fassen und seine Leute dahin zu bringen, ihn zu ihrem zukünftigen Führer auszurufen. Er wollte schon seine Lippen auftun, als ihn eine plötzliche Vision davon abhielt.

Ihm war, als sähe er, wie die beiden Spieler auf die Spitze eines Berges gehoben würden. Vor seinen Augen verwandelten sie sich in zwei Kieselsteine. Wie in einem Kinderspiel rollten sie den Berg hinunter und wirbelten eine kleine Staubwolke auf. Sie hüpften und sprangen. Dann tauchte auf einmal die Gestalt Petroskys auf, sie war ins Gigantische vergrößert. Der Russe sprang vor, um die fallenden Steine einzufangen. Er streckte seine Hand aus und hielt sie fest. Einen Augenblick betrachtete er sie nachdenklich, dann überzog sein Gesicht ein grimmiger Ausdruck, und er ließ sie weiterrollen. Er stürzte hinter ihnen her und erreichte, daß ihr Tempo und ihr Umfang und ihre vernichtende Gewalt zunahmen. Er half, daß sie immer mehr Steine, ja sogar Bäume und Sträucher mitrissen, bis sie schließlich zu einer gewaltigen Lawine angewachsen waren.

Petrosky spornte sie mit teuflischer Freude und Genugtuung an, immer schneller in den Abgrund zu stürzen. Nur noch eine Minute, und sie hätten die mongolische Siedlung am Fuße des Berges zerschmettert. Da aber schrie Gobi mit voller Macht:

»Achtung! Paßt auf!«

Gerade in diesem Augenblick sprühte das Feuer in der Mitte des Zeltes eine Menge Funken. Die Männer, die am nächsten saßen, sprangen erschreckt auf, um ihre pelzbesetzten Kleider in Sicherheit zu bringen. Obwohl alle meinten, Gobis Schrei hätte in ganz natürlicher Weise sie vor den Funken warnen sollen, war er von seiner seltsamen Vision zutiefst erschüttert.

Sein Vater befahl einem Diener: »Reiche noch mal den Krug herum! Dann sieh draußen nach, ob mit der Herde alles in Ordnung ist!«

Die Herde! Plötzlich erinnerten sich die Männer ihrer Pflichten. Die Stunden frohen Beisammenseins wurden stets durch die Sorge um die Viehherden – Pferde, Kamele, Schafe – viel zu schnell beendet. Jeder schlürfte noch einmal aus dem gemeinsamen Becher und tauchte anschließend seine Finger in den Fettopf, um das Gesicht gegen den Wind zu schützen. Dann erhob man sich. Jeder steckte seinen Daumen zum Zeichen des Grußes in die Luft und verschwand hinter der Klappe des Zeltes. Sobald sie im Freien waren, trieb der Gedanke an die Herden die Männer vorwärts, und sie zerstreuten sich wie kleine Küken, die von einem Habicht verfolgt werden.

Auch Petrosky verabschiedete sich, stieg auf sein Pferd und ritt zu seinem Lager zurück. Auf dem ganzen Weg war es ihm, als ob Dschingis-Khan neben ihm ritt.

3. Kapitel

Eine seltsame Stadt

Der geheime Vertrag zwischen Rußland und der Inneren Mongolei blieb nicht lange verborgen. Denn von dem Tage an, an dem die Russen mit der Ausbildung einer mongolischen Armee begannen, informierten Spione die Regierung in Peking über das Geschehen. Schon bald bestätigten chinesische Hubschrauber und Flugzeuge die Aussage der Spione. Es war also umsonst gewesen, daß sich russische Soldaten als Nomaden verkleidet hatten. Es hatte auch keinen Zweck, sich als Hirten mit einer Schafherde zu tarnen. Die Gangart der Russen unterschied sich nämlich so sehr von der der Mongolen, daß jegliche Verkleidung sofort als solche entlarvt wurde. In China entbrannte heftiger Widerspruch gegen die militärischen Pläne innerhalb der Inneren Mongolei. In massiver Sprache prangerte die kommunistische Partei die Anwesenheit der russischen Soldaten an: Es handelte sich um Kolonialismus, der im Grunde einer vollkommenen Besetzung gleichkomme. Man dürfe den Russen kein Vertrauen schenken, sie tarnten ihr Vorhaben mit Hilfe einer schön klingenden kommunistischen Ideologie, aber der Schein könne trügen und die Bewohner der Inneren Mongolei ins Verderben bringen.

Die Russen wurden als Barbaren bezeichnet, als weiße Eindringlinge und Gauner, die sich mit Amerika verbündet hätten und nun versuchten, den Kapitalismus wiederherzustellen. Im Obersten Parteigremium faßten die chinesischen Kommunisten den Entschluß, zunächst weiterhin eine abwartende Haltung einzunehmen, aber in jeder Hinsicht alarmbereit zu sein. In der Zwischenzeit rüsteten sie sich für einen eventuellen Krieg, sie waren von einer rauschartigen Entrüstung ergriffen worden, ihre Macht vor den Russen zu behaupten und nicht stillschweigend deren Aufrüstungsbestrebungen zuzusehen. Sie betonten, daß sie das Land mit der größten Einwohnerzahl seien und darum eigentlich die Führung im Weltkommunismus zu beanspruchen hätten.

Die Lage in China und die Ausbildung der Jugend zu kommunistischen Soldaten beunruhigte Fürst Juchi in hohem Maße. Was konnte er als Führer tun? Konnte er überhaupt etwas dagegen unternehmen? Überall lagen Spione auf der Lauer, sogar den Dienern im eigenen Zelt konnte man kein Vertrauen mehr entgegenbringen. Es gab nur wenige Orte, wo er sich mit seinen Freunden ungestört über die wichtigen Probleme unterhalten konnte. Das chinesische Gesetz schrieb eigentlich vor, daß man für jede Zusammenkunft, die mehr als zwei Personen umfaßte, eine Erlaubnis einholen mußte, zudem hatte ein Ältester dem Gespräch beizuwohnen.

Eines Morgens war Fürst Juchi so von der Notwendigkeit überzeugt, endlich seinen wahren Gedanken Luft zu verschaffen, daß er sich an Gobi wandte: »Komm, wir wollen Murmeltiere jagen. Nur wir beide, keiner soll uns begleiten.« Gobi wußte sofort, welche Absicht dahinter steckte, und erwiderte daher, um bei den Dienern keinerlei Verdacht aufkommen zu lassen: »Ich komme gerne mit, Vater. Murmeltiere bedeuten endlich eine Abwechslung auf unserem eintönigen Speisezettel.«

An diesem Morgen suchten die beiden ein Gebiet auf, wo sie viele Murmeltiere vermuteten. Niemand konnte hier herumspionieren oder ihr Gespräch abhören. Als sie vom Pferd gestiegen waren, sagte Juchi: »In China keimt ein unsagbarer Haß gegen Rußland auf. Schon lange schwelte er im verborgenen, aber er hat sich immer mehr verstärkt, je weiter die Russen in ein Gebiet vorgedrungen sind, das einst den Chinesen gehörte. Die fortschreitende Ausdehnung bedeutet eine stetige Quelle des Hasses und der gegenseitigen Rivalität.

Im 20. Jahrhundert drangen die Russen in die Mandschurei ein, ein Gebiet, das einst das reichste war, das die Chinesen jemals in ihrem Besitz hatten. Dann eroberten sie die Äußere Mongolei und versuchten, auch die Innere Mongolei in ihre Gewalt zu bekommen. Ihr Augenmerk richteten sie auch auf Sinkiang, wo sich der größte Uranvorrat der Welt befindet. Dann verfolgten sie das Ziel, die Wassernuklearstation Chinas in Lop Nor zu zerstören, ehe die Chinesen diese in Gebrauch nehmen konnten. Sie befand sich zu der Zeit noch im Bau. Seitdem die Chinesen ihren ersten Nuklearversuch erfolgreich durchgeführt haben, halten sie das Gebiet ständig bewacht.«

»Rüsten sich die Russen denn wirklich zu einem vernichtenden Anschlag auf Chinas Atomgewalt?« wollte Gobi wissen.

»Ja, das muß man schon sagen, sie haben ihr Augenmerk auf Lop Dor gerichtet. Aus diesem Grund spitzen sie ihre Grenzstreitigkeiten bis auf den Punkt zu, von wo es kein Zurück mehr gibt.«

»Bereiten die Chinesen auch ernsthaft den Krieg vor?«

»Natürlich. Sie fühlen sich so provoziert, daß ihre Geduld nicht mehr lange reicht. Sie vergrößern ihre Armee und ziehen immer mehr Männer ein. Stell dir vor, sogar Jungen und Mädchen müssen sich einer militärischen Ausbildung unterziehen.«

Während des Gesprächs beobachtete Gobi einen Adler, der auf dem Gipfel eines einsamen Baumes schlummerte. Dann folgte sein Blick einem Kranich. Dieser stürzte sich zur Erde, um eine Heuschrecke zu fangen. Als Gobi kurz darauf in der Ferne ein Rudel Wölfe entdeckte, die einen Eber jagten, konnte er nicht mehr an sich halten und schoß. Das Gespräch war jetzt unterbrochen, Gobi meinte: »Komm, laß uns jagen, Vater. Wir dürfen nicht ohne eine Beute ins Zelt zurückkehren, sonst könnten uns die anderen verdächtigen, verbotene Unterhaltungen zu führen, die nicht gerade zugunsten der Russen ausfielen. Dieser oder jener von den Russen angeheuerte Spion würde unser Verhalten äußerst verdächtig finden.«

Das Glück verfolgte sie beim Jagen. Sie erbeuteten nicht nur Murmeltiere, sondern konnten sogar einen Hirsch erlegen. Sie besaßen keine Kühlanlage, so daß es nicht lohnte, weiter zu jagen. Mitten auf einem Feld, das mit hohem Gras bewachsen war, stiegen sie vom Pferd. Niemand konnte ihnen an dieser Stelle auflauern oder sie beobachten. Juchi war noch immer von der Sorge über die angespannte Lage zwischen China und Rußland erfüllt: »Du kannst dich darauf verlassen, daß sich diese beiden Staaten auf den entscheidenden Krieg des Jahrhunderts zubewegen, und unser Land befindet sich mitten in dem furchtbaren Konfliktgebiet.«

»Wer wird wohl als Gewinner aus dem Kampf hervorgehen?« fragte Gobi.

»Wer vermag dir darauf eine eindeutige Antwort geben?«

»Ein Drache ist bekanntlich größer als ein Bär«, versicherte Gobi. »Er benötigt mehr Platz und auch mehr Futter als ein Bär. Er ist mächtiger und unberechenbarer.«

»Und doch lebt auch ein Bär«, entgegnete Juchi. »Ein Drache ist dagegen ein Wesen aus der Märchenwelt. Rotchina ist heutzutage ein äußerst verwundbarer Staat. Es hat zwar eine ungeheure Arbeitskraft, aber seine Waffen, vor allem seine Luftwaffe, sind völlig veraltet. Und trotzdem ist China in der Lage, Millionen Menschenleben aufs Spiel zu setzen.«

»Wenn der Auslöser gespannt ist, dann wird Rußland und nicht China abdrücken. Wenn die Grenzzwischenfälle zunehmen, können sie bald nicht mehr gebremst werden.« Gobi hatte gerade aufgehört zu sprechen, als ein Schuß durch die Luft drang. Juchi konnte sogar im Sitzen ein Murmeltier mit einem wunderschönen Fell erledigen. Dann erhoben sich beide und ritten in ihr Zeltlager zurück.

In dieser Zeit schöpften diejenigen Ältesten, die mit den chinesischen Kommunisten sympathisierten, Verdacht gegen Fürst Juchi. Sie hatten Angst, er könne eine Zusammenarbeit mit den Russen eingehen. Die chinesischen Besatzungen wurden verstärkt, um Furcht zu erregen und den Gehorsam mit Gewalt zu erzwingen. Auf den Bergspitzen wurden Maschinengewehre aufgebaut, die viele Zelte ins Visier nehmen konnten. Wenn irgendeine Gruppe Nomaden entdeckt wurde, warf man sofort Handgranaten auf sie, und wenn sie sich nur zu einem kleinen Plausch zusammengefunden hatten. Es war eine Zeit totaler Verwirrung. Die Russen versuchten, in die Innere Mongolei einzudringen, und die Chinesen strebten nach vermehrtem Einfluß in der Äußeren Mongolei. Die Einwohner der Inneren Mongolei waren vollkommen verunsichert. Wem durfte man noch trauen? Sogar in der eigenen Familie konnten sich Spitzel befinden!

Beide Länder – Rußland und China – gewährten viele Vergünstigungen, so daß die Leute über Nacht zu Reichtum gelangten. Auf der anderen Seite aber brachte diese Zeit Streit, Eifersucht, Feindschaft und Mißtrauen mit sich. Kürzlich ernannte Offiziere stellten sich als unzuverlässig heraus, und die Jugend wurde rebellisch. Säuberungsaktionen gegen den inneren Zerfall und zerstörerische Einflüsse waren an der Tagesordnung. Um rohes und widerspenstiges Material zu einer disziplinierten Armee umzubilden, bedurfte es intensiver Indoktrinationseinrichtungen, Massenveranstaltungen und Gesprächskreise. Wenn trotzdem nichts zu einer Änderung verhalf, bediente man sich am Ende handgreiflicher Gewalt und scheute nicht vor Waffengewalt und Gefangennahme zurück. Beide Regime waren durch Gewalt an die Macht gekommen und mußten ihre Maßnahmen zur Unterdrückung Andersdenkender beibehalten. Aber trotz der Anwendung von Gewaltmitteln leisteten die Beschuldigten oft nicht den erforderlichen Gehorsam, denn sie waren in ihrem Wesen Nomaden geblieben. Es widersprach völlig ihrer natürlichen Offenherzigkeit, die eigenen Leute zu terrorisieren. Immer wieder mußte die Partei sie an ihre »Pflichten« erinnern und sie wegen ihres unzureichenden Interesses rügen:

»Es ist eure Aufgabe, die überkommene Tradition und eure veraltete Lebensweise zu ändern. Zerstörung geht notwendigerweise dem Aufbau voran. Wir befehlen euch, das Wagnis einzugehen und das Vergangene zu beseitigen.«

Eines Morgens wachte Fürst Juchi schon frühmorgens auf. Pläne schwirrten in seinem Kopf herum, er runzelte die Stirn und sah sich in dem schwach erleuchteten Zelt um. Er stand auf und setzte sich nahe zum Feuer, das die ganze Nacht über geschwelt hatte. Einen Augenblick lang blieben seine Augen auf der großen Buddhafigur haften, die noch immer auf dem Hausaltar stand. Er atmete tief ein, wandte dann seinen Kopf von dem Bildnis ab und betrachtete seinen Sohn Gobi, der unbeweglich zwischen den Schlafenden lag.

Ihn erfüllte ein schwacher Hoffnungsschimmer, wenn er an die Lage der Inneren Mongolei dachte. Er flüsterte eine Mischung aus magischen Worten und alten Fürbitten. Plötzlich faßte er einen Entschluß. Er griff an seine Amulettkette und rief: »Slo . . .! Slo . . .! Slo . . .! Ich weiß, was ich zu tun habe. Ich werde mich nach Ulan Bator aufmachen und dich mitnehmen.«

»Warum Vater . . .? Willst du unsere obersten Lamapriester aufsuchen, damit sie mich freigeben?«

Er wartete gebannt auf eine Antwort, aber sein Vater dämpfte schnell die Begeisterung: »Warum hast du nur eine solche Angst, ein Lamapriester werden zu müssen? Schrecken ist immer mit dem Stich eines Skorpions zu vergleichen.«

»Ich will aber Offizier in der Armee Petroskys werden.«

»Nun, fasse Mut, mein Sohn. Sieh nicht so verwirrt und entgeistert umher, ich werde schon mein Bestes zu erreichen versuchen. Ich werde deine Mutter bitten, uns zu begleiten, weil der Fürst der Äußeren Mongolei sich immer mäßigt, wenn sie dabei ist.«

»Soll ich Petrosky von dem Plan unterrichten?«

»Meinetwegen.«

Beide schwiegen, jeder hielt es in der jetzigen Lage für unangemessen, sich dem anderen weiter mitzuteilen.

Gobi betrachtete einen verkrüppelten alten Mann, der auf der Schulter seines Sohnes hockte und von seinem erhöhten Sitz in die Umgebung spähte. Er grüßte ihn.

»Es ist an der Zeit, daß wir unser Frühstück einnehmen. Anschließend werde ich eben zum russischen Lager reiten.«

Petrosky hieß Gobi sehr herzlich willkommen und freute sich über die Nachricht.

»Ulan Bator wird sie fesseln, Gobi. Es ist die sonderbarste Stadt, die ich je gesehen habe. Man bezeichnet sie auch als das ehemalige Mekka des Lamaismus. Die Straßen sind noch immer mit gigantischen Gebetsrädern umsäumt. In vielen Winkeln werden sie Pilger entdecken, man trifft sie besonders in der Dunkelheit an, weil sie sich dann unbeobachtet fühlen.«

»Ich interessiere mich doch überhaupt nicht für Gebetsräder oder Pilger!«

»Das ist mir klar! Die russischen Mädchen in Ulan Bator sind bestimmt aufregender, Gobi.« Petrosky redete den jungen Prinzen vertraulich mit seinem Namen an. »Sie sind schöner als die Mädchen, die Sie bisher in Wandernder Sand kennengelernt haben. Einige würden sich hervorragend als attraktive Braut für einen Prinzen wie Sie eignen, besonders jetzt, seitdem sich unsere Länder gegen die Diktatur Chinas und dem Imperialismus Amerikas verbündet haben.«

Petrosky konnte nicht ahnen, wie sehr es Gobi in diesem Augenblick zu seiner Yana zog. Am liebsten wäre er auf der Stelle zu ihr hingeritten. Seine Gedanken wurden von ihrer wilden Schönheit durchdrungen, jede Zelle seines Körpers streckte sich ihr entgegen. Ihre Jugend, die sich wie eine Knospe zu voller Blüte entfaltete, erfüllte ihn mit Träumen, denen er sich nicht zu entziehen wußte. Er konnte der Erinnerung nicht entfliehen. Daher schwang er sich selbstbewußt auf sein Pferd, rief noch »Auf Wiedersehen!« und eilte, sie zu suchen.

Mit Yana war Merkwürdiges geschehen. Sie war vollkommen verändert, seitdem sie Petrosky begegnet war. Sie ritt über die weite Fläche der Wüste, als ob ihr Pferd den richtigen Weg über Felsen, Steine und entlang gefährlicher Fallgruben von allein fände. Sie gab sich der veränderten Situation voll und ganz hin. Gobi . . .! Zur Zeit dachte sie kaum noch an ihn. Falls er vorbeikommen sollte, würde sie ihm wie ein Stachelschwein ihre Stacheln zeigen. Sie benötigte Distanz zu ihm.

Gobi fand sie schließlich. Sie sah sehr wild aus, als sie ihr Pferd an einer Wasserstelle trinken ließ. Ihre Wangen waren von den Sonnenstrahlen gerötet, ihr kastanienbraunes Haar unterstrich ihre Anmut.

»Hallo, Yana!«

Sie zeigte keine Reaktion. Ihre Gedanken beschäftigten sich ausschließlich mit der Gestalt Petroskys. In ihrer Erinnerung sah sie einige russische Soldaten vor sich, die kniend aus einem Krug Kamelmilch tranken. Unter ihnen befand sich Petrosky. Sie vergegenwärtigte sich, wie er sich nach vorne beugte. Was hat er für einen Kopf und einen kräftigen Nacken!

Gobi sprach sie an: »Ich gehe nach Ulan Bator. Vater möchte dahin reisen, um mit unseren obersten Lamapriestern zu verhandeln.«

»Was geht mich das an? Such dir doch ein russisches Mädchen in Ulan Bator, so eine mit einem Strohhut auf dem Kopf!«

»Ist das dein Ernst, was du daherredest? Willst du wirklich, daß ich mir ein Mädchen aus der Stadt nehme?«

Wenn Yana an Petroskys Gesicht dachte, verspürte sie eine solche Abneigung gegenüber Gobi, daß sie beinahe ihre Selbstbeherrschung verlor. Sie verachtete ihn wegen seiner modernen, intellektuellen Haltung, die gar nicht seinem Wesen entsprach. Sie schlug mit der Peitsche in der Luft herum, stampfte mit den Füßen auf dem Boden und rief die Götter und die Erde zu Zeugen für ihre Haltung an, die sich gegen jeglichen Einfluß aus der Stadt auflehnte.

Gobis Gesicht verlor jeglichen Ausdruck der Freude. Er packte Yanas Arm und schüttelte sie, um sie zur Vernunft zu bringen. Doch sie schrie so laut auf, daß er sie wieder losließ und gegen seine unsagbare Wut ankämpfte. Er kam sich wie jemand vor, dessen Herz man herausgerissen hat. Yana hatte sich über ihn lustig gemacht, ja ihn geradezu verspottet. Sie hatte mit seiner Liebe gespielt und sie wegen Petrosky aufgegeben. Ungehaltene Worte wollten in ihm hochsteigen, die sie in ihrem Innersten treffen sollten. Aber er schluckte sie dann doch herunter. Sie drehte sich um und verließ ihn, ohne ihn eines weiteren Wortes zu würdigen. Tief verletzt und beinahe verzweifelt ritt er nach Hause.

Das Gerücht von der bevorstehenden Reise verbreitete sich so schnell im Lager, wie es die Frauen von einer Tür zur anderen mitteilen konnten. Man bedurfte hier keiner Zeitung, das Nachrichtenwesen funktionierte auch so vorzüglich. Am nächsten Morgen – die Sonne ging gerade auf – galoppierten Gobi und seine Eltern nach Nordwesten. Zwei Adjutanten leisteten ihnen Gefolgschaft. Gobi dachte den ganzen Tag an seine Zukunft, an seine Führungsposition und an sein Volk. Er betrachtete die weiten Grasgebiete, die von Nomaden bewohnt waren.

Bei Sonnenuntergang machten sie an einer Wasserstelle halt, um dort die Nacht zu verbringen. Bevor sie ins Zelt traten, warf Gobi einen Stein auf den Altar, das schweigende Symbol längst vergangener Zeiten. Sie waren von der langen Wegstrecke ermüdet und fühlten sich in dem Zelt sofort heimisch. Sie hatten nur eine halbe Stunde gebraucht, um es aufzubauen.

Im Frühling oder Herbst, wenn die Weiden dürr sind, nimmt der Nomade seine Zeltbahn, entfernt den Holzrahmen und kann sie so ohne Mühe transportieren. Der Hausherr und seine Familie, darunter schon Kinder im Alter von fünf Jahren, steigen auf ihre zierlichen, rauhen mongolischen Pferde und treiben die Herde vor sich her, in der Hoffnung, anderswo besseres Weideland zu finden. Die Vorfahren haben ihr Leben in ähnlicher Art und Weise verbracht, ihre Zelte schossen wie Pilze aus dem Boden. Gerade dieses Bild eignet sich vorzüglich dazu, die uns fremde Lebensweise der Nomaden zu veranschaulichen.

Juchi blies die Öllampe aus, und die Familie begab sich zur Nachtruhe. Die drei legten sich auf den Boden und versanken schon bald in einen tiefen Schlaf. Früh am nächsten Morgen brachen sie auf, nachdem sie das gewohnte Frühstück eingenommen hatten. Sie drangen jetzt immer weiter in das Gebiet der Äußeren Mongolei vor.

Die Hochebene breitete sich vor ihnen im Glanz der Sonne aus. Gobi ging jedoch ganz in seinen Träumen auf, so daß er die Gegend gar nicht richtig wahrnahm. Er dachte an die Größe, die er diesem Land zurückbringen würde. Er war sich seiner Bestimmung bewußt und von Herzen bereit, seiner Aufgabe nachzukommen. Das Morgenlicht ermunterte ihn, sein Ziel immer vor Augen zu behalten. Auch die höher steigende Sonne bedeutete ihm ein Symbol für seine Zukunft. Plötzlich wurden die Berge durch heftige Donnerschläge erschüttert, aber der erwartete Regen blieb aus. Auch in seinem Inneren war auf einmal alles ungeordnet, er ritt zur Seite, um einen umherstreunenden Wolf zu töten.

Irgendwie erinnerte ihn der Wolf an Petrosky. Er stellte sich die Frage, warum Petrosky überhaupt zu ihnen gekommen war: »Wollte er uns zu einer Armee organisieren, wollte er uns so beeinflussen, daß er ein neues Gebiet für den Kommunismus gewann? Waren seine Motive lauter und rein, oder war er lediglich ein Werkzeug, ein Mosaikstein in der Hand der russischen Regierung? Ist er vielleicht ein Agent?« Den ganzen Morgen beschäftigten Gobi solche Fragen, ohne daß er eine Antwort darauf fand. Mittags kamen sie in die Nähe eines Wüstentempels, der noch seine Aufgabe erfüllte.

»Wir sollten an dieser Stelle eine Pause einlegen«, schlug Houlun vor. »Vielleicht bieten uns die Lamas einige Pelze zum Verkauf an.«

Sie hielten vor einem roten Tor an. »Hallo! Hallo!« rief Juchi.

Niemand antwortete, nicht einmal ein Hundebellen war zu vernehmen. Nachdem Juchi und Gobi von den Pferden abgestiegen waren, betraten sie vorsichtig das Innere des Tempels. Die Adjutanten folgten ihnen. Schon bald kamen sie wieder heraus. »Es handelt sich um einen Tempel für verheiratete Priester«, teilte Fürst Juchi seiner Frau mit. »Sie haben den Tempel samt Frauen und Kindern verlassen, um nach anderen Weidegründen Ausschau zu halten.«

»Wir können hier genausogut wie an jeder anderen Stelle unsere Mittagsmahlzeit einnehmen«, meinte Houlun.

Die beiden Diener gingen mit ihr in die Tempelküche. Sie zündeten ein Feuer mit Kameldung an und bereiteten darauf das Hammelfleisch zu. Nach dem Essen legten sie sich ein bißchen zur Ruhe, weil sie von der anstrengenden Reise ermüdet waren. Sie waren gerade wieder auf ihre Pferde gestiegen und durch das Tor geritten, als Gobi am Horizont eine Staubwolke entdeckte.

»Seht mal! Die Lamas kehren im Galopp zurück.«

»Sie müssen uns gesehen haben, Gobi, wir müssen jetzt auf sie warten.«

Bald näherten sich die Lamas: »Seid gegrüßt! Herzlich willkommen als unsere Gäste! Bleibt doch noch eine Weile bei uns. Wir sind zurückgekehrt, weil wir das Mondfest feierlich begehen wollen.«

Gobi merkte sofort, daß einige der Lamas etwas zu viel von dem mitgebrachten Reiswein getrunken hatten. An ihrer äußeren Erscheinung sah man, wie wenig Wert sie auf sorgfältige Körperpflege legten. Ihr Haar war ganz von Dreck verkrustet.

»Seid ihr alle verheiratet?« wollte Gobi wissen.

»Ja, wir besitzen eine große Schafherde, so daß wir in der glücklichen Lage sind, unsere Unabhängigkeit vom Tempel zu wahren und zu heiraten.«

Gobi nickte zustimmend. Dann half er ihnen, die riesigen Tore des Tempels aufzustoßen. Sogleich strömte Licht in den sonst so dunklen Raum. Eine Ratte entfernte sich schnell von den Kerzen, die auf dem Altar standen.

Der oberste Priester zündete die kleinen Lämpchen bei den Götterbildern an und stellte die Statue des Todesgottes auf den richtigen Platz. Die anderen kehrten den Boden und entstaubten die Buddhafiguren von dem gröbsten Dreck. Nachdem sie alles gesäubert hatten, nahmen sie die Götzenbilder, um sie ins Freie zu bringen. Sie zogen mit ihnen um den Tempel herum und sagten dabei mit leiser und unheimlicher Stimme Beschwörungsformeln auf. Kaum hatten sie diese Zeremonie beendet, als ein junger Lama Gobi aufforderte: »Haben Sie Lust, mit mir um die Wette zu rennen?«

Gobi stimmte ihm begeistert zu. Ein Wettkampf folgte dem anderen, und schon bald wollten sich mehrere Lamas auch mit den Eltern des Prinzen messen. Seinen Höhepunkt erreichte das fröhliche Treiben, als Houlun sich in den Sattel warf und den Oberpriester zum Wettstreit aufforderte. Die Zeit verging wie im Fluge, viel zu schnell mußten die Lampen gelöscht und der Tempel geschlossen werden. Für einen Monat überließ man nun die Götter wieder der Gesellschaft des Ungeziefers.

»Fühlen sich die Götter nicht allein gelassen?« neckte Gobi den Oberpriester in einem spaßigen Ton.

»Auf keinen Fall. Sie können sich gar nicht vorstellen, wie wohl sie sich in der Gesellschaft der Tiere fühlen. Den Gott Matreiya stört es wenig, wenn sich eine Maus die Freiheit herausnimmt, auf seinem zu Segnen ausgestreckten Arm herauf- und herunterzulaufen.

Auch der Gott der Pferde – er steht in der Ecke – kümmert sich nicht darum, wenn eine Schnecke über seinen Kopf kriecht.

Was ist denn daran anstößig, wenn eine Spinne ihr Netz über den Augen eines Götzenbildes webt? Auch der Gewittergott kann durch ein Spinnennetz hindurchsehen. Geister und Schutzengel lieben die Freiheiten, die sich die Tierwelt ihnen gegenüber herausnimmt. Sie heißen jede Antilope herzlich willkommen, wenn sie durch einen Riß in der Mauer hineinspäht. Habt ihr nie von diesen Dingen gehört? Die Geister läuten an den kleinen Glocken der Dachrinne, um die Murmeltiere auf das Tempeltor hinzuweisen. Die Götter kennen den Begriff Einsamkeit überhaupt nicht. Wie könnten sie auch Einsamkeit empfinden, wo doch so viel Leben den Tempel Tag und Nacht erfüllt?«

Die drei nahmen von den Lamas Abschied. Sie hatten einen schönen Tag mit ihnen erlebt.

Drei Tage ritten sie an einsamen Bergen entlang, sie kamen durch Wälder und Gebiete mit hohem Gras. Ihr Zelt bauten sie immer in der Nähe von Wasserstellen auf.

Gobis Gedanken drehten sich immer wieder um Petrosky und Yana. Tagsüber träumte er von ihr und stellte sie sich als eine junge Herrin vor. Er hatte die Hoffnung noch nicht aufgegeben, sie einmal als seine Frau nach Hause führen zu können. Wenn er aber an das dachte, was in Ulan Bator auf ihn wartete, dann wurde er jäh aus seinen Träumereien gerissen. Er mußte in der Wirklichkeit leben und versuchen, sich in ihr zurechtzufinden und sie zu meistern. Würde sein Vater ihn vom Tempeldienst loskaufen können? Trotz der veränderten Lage in der Mongolei blieb er ein Prinz und damit ein hochbegehrter Kandidat für den Tempel. Er war eben kein einfacher Hirte, der aufgrund einer bloßen Anordnung der kommunistischen Partei die Freiheit erlangen konnte. Immer wenn er daran dachte, wie wenig Existenzberechtigung seiner Hoffnung zukam, meinte er, einen eisigen Wind durch seine ungeschützte Seele fegen zu hören. Seine Zukunft war vollkommen ungewiß. Er verglich sich mit einem Vogel, der im Nebel seinen Weg sucht.

Nach vielen Tagen erreichten sie die Stadt Ulan Bator. Sie ritten über den Pferdemarkt, über die Straße der Pelzhändler und über eine andere mit dem seltsamen Namen »Kamelfleisch«. Sie lernten weitere Straßen kennen. Rechts und links befanden sich Appartementhäuser. Als sie endlich an ein unbebautes Fleckchen Erde kamen, hielten sie an und schlugen dort ihr Zelt auf.

Gobi schaute bei einem Pferderennen zu, das ganz in der Nähe abgehalten wurde. Er wunderte sich über die schnelle Reaktionsfähigkeit der kleinen Mädchen, die von einigen Reitknechten ausgebildet wurden. Er staunte über ihre Haltung, wie stolz sie auf dem bunten Sattel aus Holz saßen und wie sie mit ihren langen Peitschen auf halbwilde Hunde einschlugen. Als Gobi von dem Rennplatz heimkehrte, setzte er sich vor die Tür eines benachbarten Zeltes, weil er mit einem jungen Mongolen plaudern wollte.

»Sind Sie hier in der Stadt aufgewachsen?« erkundigte sich Gobi.

»Ja, ich habe meine Kindheit in Ulan Bator verbracht. Ich kenne das Leben eines Hirten oder Nomaden nur aus Büchern.«

»Da müssen Sie aber viele Veränderungen miterlebt haben, seitdem die Kommunisten die herrschende Stellung eingenommen haben?«

»Das kann man wohl mit Recht behaupten. Wir haben Dutzende

von Umwandlungen erfahren. Man denke nur an die Fabriken und Betriebe, die aufgebaut wurden. Oder an die Jugend, die die mongolische Tracht zugunsten der neuen westlichen Bekleidung aufgegeben hat. Die Pförtner machen uns immer darauf aufmerksam, nicht zu spucken oder unseren Abfall irgendwo liegenzulassen. Wir sollen unsere Wohnungen in Ordnung halten und alles Ungeziefer vernichten. Verschwunden sind die vielen Bettelmönche. Mit den Dieben hat die Polizei gründlich aufgeräumt. Die Begriffe ›Raub‹ und ›Diebstahl‹ kennt man fast nicht mehr. Heutzutage ist es nicht mehr erforderlich, die Türen in unseren Hotels abzuschließen, auch auf Gepäck braucht man nicht mehr aufzupassen. Früher waren bei uns die Gangster wie Heuschrecken verbreitet, heute ist Ehrlichkeit eine Ehrensache. In unseren Parks gibt es keine Prostituierten mehr. Wenn das alles kein Wunder ist, was soll man dann noch als Wunder bezeichnen?«

»Ihr habt in der Tat große Fortschritte erzielt.«

»In vielen Bereichen haben wir uns weiterentwickelt, aber in anderen sind wir noch weit zurück, weil wir so wenig schöpferisches Gefühl besitzen. Unsere Industrie arbeitet nicht produktiv, wir können keine Maschinen vorweisen. Die Arbeiter stehen dichtgedrängt an den Maschinen und wissen nicht, was sie tun sollen. Wir haben zu viele Studenten, die geistige Arbeit der körperlichen Betätigung vorziehen. Sicher darf man in gewisser Weise von Fortschritt reden. Doch trotz allem steht die Äußere Mongolei gerade am Anfang des Aufbaus.«

»Wenn ich Sie so sprechen höre, ziehe ich daraus den Schluß, daß Sie der kommunistischen Partei angehören.«

»Oh, nein. Ich selbst bin kein Mitglied der kommunistischen Partei. Aber ich habe manches Positive kennengelernt, was diese Partei mit sich brachte und vollbracht hat.«

»Haben Sie sich als Lehrer der Partei jemals widersetzt?«

»Ich selbst zwar nicht, aber einige meiner Kollegen. Bei ihrem ersten Widerstand haben sie furchtbare Demütigungen einstecken müssen. Zur Strafe mußten sie monatelang die Straßen kehren.«

»Was geschah dann mit ihnen, als sie sich dem Regime zum wiederholten Male widersetzten?«

»Sie sind einfach von der Bildfläche verschwunden.«

»Sie persönlich kleiden sich recht einfach für einen Lehrer.«

»Das entspricht dem Befehl der Partei. Sie sollten mal die Regeln kennenlernen, nach denen sich die Jungen und Mädchen – Lehrer eingeschlossen – kleiden müssen. Sie sind in unseren Schulen ausgehängt. Männliche Studenten sind zu einem Kurzhaarschnitt verpflichtet, sie dürfen keinen Schmuck tragen, kein Rasierwasser benutzen, kein Taschentuch in der Brusttasche und keine Ringe tragen. Sie sollen sich vorzugsweise im Leninstil kleiden. Für die Mädchen sehen die Regeln noch strenger aus. Sie dürfen keine westliche Kleidung anziehen, weder Seide noch Brokat tragen, sie dürfen keine Gesichtscreme für ihre tägliche Hautpflege benutzen. Auch sind Dauerwellen, Haarbänder, Puder, Lippenstift, gezupfte Brauen, Nagellack und Schmuck verboten. Die Kommunisten tendieren zu einem Staat mit völliger Gleichheit unter den Menschen, daher sind sie bestrebt, alle individuellen Unterschiede abzubauen. Jeder Mann trägt einen einheitlichen Kleidungsstil, auch die Frauen sehen fast gleich aus. Im Grunde ist Ulan Bator eine arme Stadt, denn die Partei bestimmt unseren Lebensstil, unseren Lebensrhythmus und ebenso die Variationsmöglichkeiten innerhalb des begrenzten Lebensraumes.«

Gobi merkte, daß der junge Mann sich in sein Zelt zurückziehen wollte. Er hatte wohl mit der Angst zu kämpfen, daß er zu viel erzählt hatte. Gobi erwiderte schnell: »Sie können ja heute abend zu einem Besuch vorbeikommen. Meine Eltern würden sich freuen, wenn Sie mit uns zu Abend essen würden.«

Der Lehrer war von der Einladung des Prinzen sehr überrascht und beeindruckt, er stimmte begeistert zu, eine solche Einladung konnte man wirklich nicht ausschlagen: »Schön, wir sehen uns also heute abend.«

Gobi schlenderte noch eine Weile auf einem großen, sandigen Feld herum. Er sah einem Mann zu, der gerade seine Stute melkte und ab und zu von der frischen Milch einen Schluck nahm. Anschließend nahm der Hirte ein Pferd und ritt es in vollem Galopp, so daß die Stuten fast durchgingen. Eine fing er daraufhin mit seinem Lasso ein. Nachdem er sie einigermaßen beruhigt hatte, sattelte er sie und konnte sie nach anfänglichem Widerstand reiten. Sie bockte und schlug wild um sich, aber er brachte sie zum Stehen. Das alles war reines Vergnügen.

Gobi mußte lächeln. Ulan Bator war doch noch die alte Stadt, die früher den Namen Urga getragen hatte. Ungeachtet der jahrhundertelangen Tradition hatte der Mongole, der zur Anpassung bereit war, sich einer Verwandlung unterzogen, die eigentlich im Widerspruch zu seinem sonstigen Wesen stand. Die kommunistische Partei hatte einen Arbeiter aus ihm gemacht. Die Vergangenheit lag weit zurück. Sie war wie eine dunkle Höhle, in die der Hirte bis ins Innere gedrungen war, die sich nun aber dem Bewußtsein entzog. Die Partei hatte den einfachen Nomaden aus seiner Höhle herausgeholt und ihn davor gestellt. Der normale Bürger war ein König geworden. Aber man durfte den Tatbestand nicht vergessen: Er war ein König aus Zwang und äußerer Manipulation. Es war nicht seine freie Entscheidung gewesen, die ihn zu einem Leben harter Arbeit, bei dem er nur wenige Forderungen stellen durfte, bestimmt hatte. Er tat alles für das große nationale Ziel.

Gobi ging nach Hause. Er war innerlich ganz von den so verschiedenartigen Eindrücken durchwühlt. Am Abend kam der junge Mongole, den Gobi zum Abendessen eingeladen hatte. Er nahm Platz und tat sich an den üppigen Speisen gütlich. Dann legte er sich auf den mit Wolfspelzen ausgelegten Boden und lehnte seinen Kopf an einen Stapel mit Kissen aus Leopardenfell.

»Ich habe stets vorgehabt, Offizier zu werden«, begann Gobi das Gespräch. »Hat das russische Militär viel Macht?«

»Viel Macht? Alle Gewalt liegt in seiner Hand, es kontrolliert praktisch jede wirtschaftliche Organisation und jeden größeren Betrieb. Sogar in jeder kleinen Fabrik führen stets ein oder zwei bewaffnete Soldaten die Aufsicht. Die Arbeiter ärgern sich zwar über deren anmaßende und eingebildete Haltung, aber sie können nichts dagegen unternehmen.«

»Gibt es bei Ihnen viele Spione?«

»Es wimmelt geradezu davon, vom Palast des Premierministers angefangen bis zur einfachsten Familie in ihrem Zelt. In den meisten Hotelzimmern sind Aufnahmegeräte und eingebaute Mikrophone installiert. Diese sind auch an manchen anderen Stellen anzutreffen. Die Sowjets wollen alles über uns wissen, sie kontrollieren unseren Lebensbereich bis in die Privatsphäre. Wir haben keine Freiheit mehr in diesem Staat. In jeder Straße befindet sich eine eigene Dienststelle für öffentliche Sicherheit, die alle Reisenden, Übernachtungen, Geburten, Todesfälle, Hochzeiten, Ehescheidungen und auch die Arbeitslosigkeit registriert. Über jede Familie werden von der Hauspolizei Akten geführt, man weiß über die Einkommenshöhe eines jeden Bürgers Bescheid. Man mischt sich in Familien-, Freundes- und Verwandtschaftsverhältnisse ein und bemüht sich ebenso, die Erziehung der Kinder in der Schule und zu Hause zu beeinflussen. Wenn man acht Jahre alt geworden ist, dann wird über die persönliche Entwicklung genauestens Buch geführt. Zu jeder Tages- und Nachtzeit kann plötzlich die Hauspolizei in die Wohnung eindringen. Manchmal plaudert man nur mit den Leuten, ein anderes Mal werden geschickte Fragen gestellt, und nach jedem Besuch wird ein ausführlicher Bericht angefertigt – sogar in dreifacher Ausführung –, damit er auch den höheren Dienststellen zugeleitet werden kann. Dann gibt es auch noch andere gelegentliche Hausbesuche, die entweder Aktivisten, Parteimitglieder oder bezahlte Spione sind.«

»Wie verfährt die Partei mit denen, die das Regime nicht billigen?«

»Die werden einfach umgebracht.«

»Wagen es denn einige, dagegen zu stimmen?« erkundigte sich Houlun.

»Wie sollten sie das machen? Ihr dürft nicht irrtümlich annehmen, daß wir hier in der Äußeren Mongolei zu allem schweigen. In mancher Hinsicht behaupten wir unsere Unabhängigkeit. Ich nehme an, daß wir das sogar mehr als die anderen russischen Satellitenstaaten tun. Wir sind auf jedes charakteristische Merkmal der Mongolen äußerst stolz.«

»Aber nehmt ihr die Hilfe Rußlands nicht in Anspruch? Ich finde, ihr seid zu abhängig von der Sowjetunion.« Juchi stellte es eher als Tatsache fest, als daß er auf eine Antwort wartete.

»Schon, aber wir nehmen gleichzeitig die Hilfe Chinas in Anspruch, und das ist nicht unsere, sondern ihre Dummheit.«

»Welcher Staat ist euch denn sympathischer?«

»Rußland.«

»Warum?«

»Weil die Russen uns nicht hassen, verschmähen und meiden wie die Chinesen. Moskau hat nie den Versuch unternommen, uns in jeder Hinsicht zu beherrschen, wie Peking es in der Inneren Mongolei praktiziert hat. Die Russen betrachten uns vielmehr als ihre Verbündeten, denn sie verstehen uns und gewähren uns auch große Unterstützung. Glaubt nur nicht, das sei aus einer augenblicklichen Laune heraus geschehen, wir sind nicht die Fußmatte Rußlands.«

»Auf der Landkarte liegen Rußland und die Äußere Mongolei dicht nebeneinander«, fügte Juchi mit finsterer Miene hinzu.

»Auf der einen Seite trifft das natürlich zu. Die Russen wissen das auch genau. Sie haben ein Drittel ihres Heeres nicht weit von der Grenze zu unseren mongolischen Lagern stationiert. Hier ziehen unsere primitiven Nomaden umher. In politischer und ideologischer Hinsicht sind wir in vielen Bereichen weit voneinander entfernt und stehen oft in Konflikt miteinander. Unsere reichhaltigen Bodenschätze entschädigen die russischen Kommunisten in genügender Weise dafür, daß sie uns einige Freiheiten lassen.«

Sie verbrachten einen schönen Abend miteinander, sie hatten so viel Stoff, über den sie diskutieren konnten, daß kein Gefühl der Langeweile aufkam.

Am nächsten Morgen wartete jedoch eine große Enttäuschung auf Gobi. Fürst Juchi hatte den Obersten Lamapriester zu sich rufen lassen, um ihm ihre Ankunft mitzuteilen. In einer etwas undurchsichtigen Art hatte er die Absicht angedeutet, daß er Gobi nicht in den Tempel schicken wolle, sondern daß er davon befreit sein solle, wie es ja auch der Kommunismus verlange. Der Priester hatte aber eine ganz harte Haltung eingenommen und erklärt, er wäre nie bereit, sich auf dieses Vorhaben einzulassen.

»Ich kam mir vor, Slo, als ob ich auf einem Nadelkissen säße. Auch als ich beiläufig erwähnte, daß ich ziemlich reich sei und einige Goldbarren besäße, ließ er sich nicht von seiner Sturheit abbringen. Wenn ich ihm morgen von Petroskys Plan berichte, wird er sich mir gegenüber noch weniger entgegenkommend erweisen. Außerdem machte er mich darauf aufmerksam, daß es den allgemeinen Forderungen der Höflichkeit entspräche, während eines Aufenthaltes in Ulan Bator im Gästezimmer des Lamaklosters zu wohnen.«

»Nein, das kommt überhaupt nicht in Frage. Dagegen wehre ich mich ganz entschieden.«

»Mach dir keine Sorgen, mein Sohn. Deine Zukunft mag noch so ungewiß sein, aber mir verbleiben dennoch Kräfte, die mir zu einem Weiterleben verhelfen. Ich werde niemals den Weg verlassen, bis ich mein Ziel erreicht habe.«

»Ich weigere mich mit allen mir zur Verfügung stehenden Kräften, in ein Lamakloster zu gehen.«

»Sei nicht so starrköpfig und dumm. Es ist doch nur für kurze Zeit. Benimm dich so wie ein Affe, der seine Artgenossen liebt. Dann fällt dir manches leichter.«

Gobi konnte nun nicht mehr umhin, über den Schmutz der ungepflasterten Straße zu dem großen Kloster zu gehen. Dieses Lamagebäude war eines der wenigen, die die Erlaubnis erhalten hatten, weiter ihrer Bestimmung nachzukommen. Das rote Tor war offen, als Gobi eintrat. Einige Wächter und einige Pavillons erregten seine Aufmerksamkeit: »O, wie verabscheue ich es, hier einzutreten! In diese Gebäude, die nur noch darum existieren können, weil die Söhne reicher Eltern sie finanziell unterstützen. Der Kommunismus hat wirklich ein gutes Werk vollbracht, indem er unser Religionswesen abgeschafft hat. Ich werde nicht als Opfer in die Hände der Lamas fallen. Ich werde mich wie ein Gefäß aus Ton verhalten. Nichts kann mich erschüttern, ich werde meinen Grundsätzen treu bleiben. Niemand kann meine Federn ausreißen.«

»Treten Sie doch ein!« forderte ein Lama ihn auf. »Habe ich recht mit der Annahme, daß Sie Prinz Gobi sind?«

Ganz erschreckt sprang Gobi auf, als ob eine Feuerflamme seine Augenbrauen angesengt hätte. Er hatte den Mann gar nicht bemerkt, da sich dieser hinter einem gewaltigen Steinlöwen verborgen hatte. Er sah wie ein Skelett aus.

Der Mann fuhr fort: »Ich habe es mir gleich gedacht, als ich Ihren Strohhut und das gelbe Band entdeckte. Wir haben Sie erwartet, Ihr Lehrer möchte Sie empfangen.«

»Mein Lehrer?«

»Ja, wir haben einen Lehrer für Sie bestimmt. Bitte, folgen Sie mir.«

Gobi folgte ihm, ohne ein Wort zu sagen. Schon wenige Minuten später stand er mit mürrischer Miene seinem Lehrer gegenüber, dessen Gesicht von Falten und tiefen Furchen gekennzeichnet war. Doch sein Gesicht strahlte, als er sich an Gobi wandte: »Willkommen in unserem Lamakloster! Da Sie noch so jung sind, beginne ich unseren gemeinsamen Rundgang am besten damit, daß ich Ihnen unseren einzigartigen Schutzheiligen – Khulbigan – zeige. Jeder Tempel beruft sich auf einen Schutzheiligen, doch nur wir besitzen die wirkliche Verkörperung eines Heiligen. Wenn Sie ihn sehen möchten . . .«

»Nein, danke.«

Ohne innere Anteilnahme starrte Gobi auf die Götzenbilder, die im Raum umherstanden: »Woher wollen Sie denn wissen, daß Khulbigan ein echter Schutzgott ist?«

»Die Frage läßt sich schnell beantworten. Unser größter Heiliger enthüllte uns den Ort seiner nächsten Wiederverkörperung am Tage vor seinem Tod. Daher fiel es uns nicht schwer, ihn zu finden, weil es Hinweise gab. Ein Wagen hinterläßt immer Spuren. So haben wir einen Jungen aus einer adligen Familie ausfindig gemacht, der sieben Tage nach dem Tod unseres Heiligen geboren wurde. Wir gaben ihm drei Gegenstände, von denen er sich einen aussuchen sollte, und sein kleiner Finger deutete auf denjenigen, der dem heiligen Mann gehört hatte. Das Kind hatte also sein ehemaliges Eigentum wiedererkannt.«

Der Lama bot Gobi seine Schnupftabakdose an, sie enthielt zusammengepreßte Asche von Kameldung. Gobi verneigte sich höflich, nahm etwas und schnupfte, bis ein gewaltiger Messinggong ertönte.

»Unser Abendgebet. Wir sollten eigentlich daran teilnehmen.«

Sie verließen den Raum und gingen zum Haupttempel des vierten Tempelbezirkes. Gobi erblickte eine kleine, fröhliche Schar Tempeldiener, die eifrig ihren Pflichten nachkamen. Die versammelte Menge bot ein interessantes Bild für Gobi. Alle trugen blutrote und gelbe Gewänder, die völlig zeitlos waren. Seine Ankunft erregte allgemeine Aufmerksamkeit und versetzte die Menge in heftigen Aufruhr, da sie ihn wegen seines Hutbandes sofort als Prinzen erkannte. Die Augen verfolgten jede seiner Bewegungen. Während des Gottesdienstes saß er unbeweglich auf einem Kissen und hörte den leisen Gebeten und zauberischen Beschwörungsformeln zu. Öfter klatschten die Leute in die Hände. Dann vernahm er das Läuten der kleinen Tempelglocken. Er sah dem sonderbaren Geschehen zu, wie die Meßdiener mit Fleisch und Buttertee gefüttert wurden.

»Es ist jetzt an der Zeit, unsere Abendmahlzeit einzunehmen«, mahnte Gobis Lehrer.

»Ich komme gut ohne das Essen aus. Wenn Sie so freundlich wären und mir das Gästezimmer zeigen, würde ich mich gerne dorthin zurückziehen.«

Stillschweigend blieb der Priester stehen. Sein durchbohrender Blick ließ in Gobi das Gefühl einer unbestimmten Angst entstehen. Dann sagte der erstere in kühlem Ton: »Ich erwarte Sie morgen früh um zehn Uhr in meinem Arbeitszimmer.«

Pünktlich betrat Gobi am nächsten Morgen das langgestreckte Arbeitszimmer und grüßte den Lehrer mit der gebührenden Höflichkeit, ohne aber irgendwie ein persönliches Interesse zu bekunden.

Das Gesicht seines Gegenübers verfinsterte sich zusehends. Seine Gedanken waren unschwer zu erraten: »Der junge Prinz ist zum Kommunismus übergetreten. Er ist so unbrauchbar wie kaltes Wasser, das man über Nacht in einem Kessel aufbewahrt hat.«

»Ich glaube, Ihre Gedanken schweifen zu weit umher, Prinz. Es ist höchste Zeit für Sie, einzusehen, daß es Orte gibt, zu denen die wilde Gans des Kommunismus nicht fliegen kann.«

»Ich möchte die Dinge mit meinen eigenen Augen sehen und verstehen, Priester.«

»Wir glauben auch, daß das Wasser des gelben Flusses siedet und kocht, und dennoch ist es in Wirklichkeit eiskalt.«

Wütend starrte Gobi auf seine Schuhe und verhielt sich ganz ruhig. Ein jüngerer Mönch trat ein und flüsterte dem Lama etwas ins Ohr. Daraufhin wandte sich der Priester erneut an Gobi: »Sie haben Glück. Gerade ließ mir der Oberpriester mitteilen, daß unser Sungma sich heute abend in einem Trancezustand befinden wird. Ihr Vater und Ihre Mutter sind auch dazu eingeladen. Auch die Öffentlichkeit hat Zulaß zu diesem besonderen Ereignis.«

»Euer Sungma?«

»Es handelt sich um unseren Orakelpriester, der sehr stark ist, wenn er sich im Zustand der Verzückung befindet. Mit der bloßen Hand zerbricht er ein Schwert in Stücke. Sie können die Einzelteile gerne über den Eingang Ihres Zeltes hängen, um die bösen Geister abzuwehren.«

Der Lehrer erwähnte allerdings in Gobis Anwesenheit nicht, daß er dem Oberpriester gegenüber schon die Befürchtung geäußert habe, daß sein Schützling sich von dem traditionellen Glauben entfernt habe. Er verschwieg auch, daß Fürst Juchi sich über die Koalition mit Rußland informieren wollte. Der Oberpriester war in heftigen inneren Aufruhr versetzt worden und hatte das Schauspiel mit dem Sungma mit listigen Hintergedanken arrangiert. Er verfolgte nämlich die Absicht, den jungen Prinzen zu kidnappen und ihn als mögliche Geisel für die Zukunft bei sich zu behalten, falls Juchi den Versuch anstrebte, sich seinem Machtbereich zu entziehen.

Der Oberpriester ließ Gobi zu sich kommen. Als der junge Prinz eingetreten war, kam er direkt ohne die gewohnten höflichen einleitenden Worte auf das Hauptthema zu sprechen. »Man hat mir berichtet, daß Sie sich von den Plänen der russischen Kommunisten haben beeinflussen lassen, also von den Leuten, die Ihr Land, die

Innere Mongolei, ganz in ihre Gewalt bekommen wollen. Ich habe zu meinem Entsetzen vernommen, daß Sie ihnen sogar Bewunderung entgegenbringen.«

»Warum sollte ich ihre Verdienste nicht anerkennen? Ich gebe zu, daß sie zum Erreichen ihrer Absichten viel Gewalt und taktisch listige Mittel einsetzen. Unsere Kinder müssen die Schule besuchen, und doch erhalten sie gerade durch diese Maßnahme die ihnen fehlende Bildung. Unsere Jugend wird in Ausbildungslager geschickt und in der landwirtschaftlichen Praxis unterwiesen.«

»Gleichzeitig wird ihr Denken aber auch umgeformt. Diese jungen Männer sind gute Beispiele dafür, was unserer Jugend widerfährt, wenn sie von der überschwenglichen Redekunst der Kommunisten umgarnt wird. Die Jugend wird umschwärmt. Man verspricht ihr Macht und gute Beamtenposten.«

»Die Russen haben eine enorme Anhängerschaft in unserem Land gewonnen und viel Macht und Einfluß.«

»Das stimmt. Sie wußten schon, wie sie ihr Ziel erreichen können. Sie hatten und haben nämlich zehn Methoden.«

»Um was für Methoden handelt es sich denn?«

»Es sind solche, die schon unsere berühmten Vorfahren praktizierten, z. B. Dschingis-Khan in der Zeit um 1200. Ich will sie Ihnen kurz aufzählen:

1. Sie bedienten sich einer Menge ausgebildeter Propagandisten, die über das ganze Land verstreut waren.
2. Sie haben euer Land in die Mißgunst anderer Staaten gebracht.
3. Sie drangen in eure Regierung ein.
4. Sie haben das Volk ganz in Beschlag genommen, indem sie eine Diktatur errichteten, deren Führungskräfte Einheimische waren.
5. Sie haben strenge Disziplin angewandt.
6. Sie forderten unbedingten Gehorsam.
7. Sie bildeten die Jugend aus.
8. Sie beuteten die Massen aus.
9. Sie räumten die Intelligenzschicht aus dem Wege, um die geistige Führerstellung einnehmen zu können.
10. Sie schickten alle, die sich ihnen widersetzten, in Arbeitslager. Das war für sie die einfachste Methode.

Die Russen wissen genau, wie sie die Methoden Ihrer Vorfahren für sich brauchbar machen können. Diese Methoden haben sich durch Jahrhunderte als wirksam bewiesen.«

»Wenn man diese Punkte bedenkt, dann kann ich nur sagen, daß durch sie unser Volk aus einem jahrhundertelangen Schlaf aufgeweckt worden ist. Tausende unserer Hirten konnten fortan der Zukunft voller Vertrauen entgegenblicken, weil sie sich von wenigen Männern geführt wußten, die ihnen eine schnelle Revolution versprochen hatten. Die Russen richteten eine Gesundheitspolizei ein und machten sich um die Erziehung und Ausbildung der Bevölkerung verdient. Zu guter Letzt schafften sie die Spielhöllen ab, beseitigten die Prostitution, die Korruption und das Gaunertum.«

»Ich bin bestimmt der letzte, der diese offensichtlichen Fortschritte nicht anerkennen würde.«

»Ehe der Kommunismus an die Macht gelangte, litt ein Großteil der Bevölkerung an Hunger, Pest und Schmutz. Der Hunger machte die Menschen oft verdrossen und gleichgültig. Eine Witwe, die ganz auf sich gestellt war, war darauf angewiesen, sich selbst und unter Umständen sogar ihre Kinder zu verkaufen. Heute aber wird das Erziehungswesen immer weiter ausgebaut. Die Industrie schreitet voran. Unser Land wird ordentlich bewirtschaftet, Korruption und Mißwirtschaft sind ausgemerzt worden. Wir befinden uns in einer geplanten und durchdachten Entwicklung, die uns aus dem langen Schlaf herausreißt.«

»Sie sind wohl von einem Insekt gestochen, infiziert und vergiftet worden, junger Prinz. Sie sind ja ganz berauscht. Sie brauchen dringend ein wirksames Gegengift, das wir Ihnen verschreiben können.«

Ein Diener trat ein und flüsterte dem Oberpriester etwas zu. »Man braucht mich gerade an anderer Stelle«, wandte sich dieser an Gobi. »Ich sehe Sie heute abend bei dem Festakt.«

Zu diesem Anlaß bekleidete sich Gobi mit einem neuen gelben Gewand aus Satin, das mit Zobelpelz gesäumt war. In der Begleitung seines Lehrers ging er in die große Tempelhalle. Die Luft war von Weihrauch erfüllt. Aber Gobi wandte seinen Blick von dem Zeremoniell ab und schaute durch die geöffneten Tempelpforten, vor denen die Leute in dem schwach erleuchteten Hofraum warteten. Immer wenn sie sich nach vorne drängten, wurden sie von den langen Peitschen der Türhüter zurückgewiesen. Plötzlich ertönte ein Gongschlag. Einige Lamas antworteten darauf mit dem dröhnenden Klang ihrer Hörner, die mit unseren gewöhnlichen Hörnern nicht zu vergleichen sind.

Eine Gruppe Priester zog jetzt in den Tempel ein. Sie wirkten wie eine gewaltige Truppe geistlicher Soldaten mit ihren Gewändern aus wallendem Satin. Sie schritten majestätisch in die Halle und nahmen feierlich auf den Kissen Platz, die für sie auf dem Fußboden lagen. Fürst Juchi und Fürstin Houlun folgten ihnen nach, sie führten eine Prozession von Adligen und deren Frauen an. Die farbenfrohen Gewänder der Männer und der Haarschmuck der Frauen wetteiferten mit der prunkhaften Ausstattung der Lamas. In würdevoller Haltung setzten sie sich auf die Thronsitzreihe. Die Stühle hatten jedoch keine Rückenlehne, so daß das Sitzen nicht allzu bequem war.

Sie hatten soeben Platz genommen, als die riesigen Hörner noch kläglichere Laute als vorhin vernehmen ließen. Muschelklänge und Messingzimbeln reihten sich in das Klangbild ein. Vier Tempeldiener sprenkelten etwas Weihrauch in die Luft, um die vom Oberpriester angeführte Prozession zu begrüßen. Im Schein der Butterlämpchen kam die Farbenvielfalt der bestickten Gewänder der höherstehenden Lamas besonders gut zum Vorschein.

Gobi suchte das Gesicht des Oberpriesters. Dieser gab durch keine Gebärde zu verstehen, daß er von der Anwesenheit des Prinzen wußte. Sobald er sich auf dem für ihn bestimmten etwas erhöhten Platz niedergelassen hatte, ließ man die Absperrungsseile, die die Öffentlichkeit zurückgehalten hatten, fallen. Alt und jung strömte nun in den Tempel. Die Torhüter wiesen den meisten Plätze an der Wand zu, andere hockten auf dem Boden in der Nähe der Altäre.

Als Gobi über die Menge blickte, wurde er auf einmal von dem plötzlichen Ertönen der Trommeln und dem Läuten der silbernen Tempelglöckchen sehr erschreckt. Es wurde ganz still. Die Menge nahm eine ehrfürchtige Haltung ein. Von einem Trommelschlag begleitet erschien der Orakelpriester am Eingang, er war ganz auffallend gekleidet, und seine Farben entsprachen denen des Regenbogens. Zwei Tempeldiener trugen einen großen Hut vor ihm her. Seine Augen wanderten hin und her wie die eines Fuchses, der in eine Falle geraten ist und nun nach einer Fluchtmöglichkeit sucht. Er hatte ganz wilde Augen, die von wahnsinnigen und starren Blikken erfüllt waren.

Vier Lamas eilten sofort auf diesen Mann zu. Sie hatten Angst, er könne sich in die Menge stürzen und jemanden in Stücke zerreißen. Sie stießen die beiden Tempeldiener zur Seite und bliesen dem Orakelpriester dichte Weihrauchwolken ins Gesicht. Schon bald befand er sich in großer Umnebelung. Er spähte durch die Wolke und rannte plötzlich in die Mitte der Halle. Dann bedeckte er sein Gesicht und gab Laute wie ein Tier in höchster Not von sich. Die Lamas begannen leise und eindringlich zu singen, steigerten dann ihre Lautstärke und wurden sogleich wieder leiser, bis Gobi meinte, ein entferntes Donnergrollen zu vernehmen. Die Trompeter gaben unheimliche Laute auf ihren großen Instrumenten von sich, die Tempeldiener spielten auf den Zimbeln. Anschließend erhob sich ein solch höllisches Getöse, daß sogar das Orakel anfing zu wanken und ein Gebet nach dem anderen mit lauter Stimme den Göttern entgegenrief. Bittend erhob der Mann seine Arme, sah nach oben und lehnte seinen Körper zurück, so daß er beinahe das Gleichgewicht verloren hätte. Sein Rufen steigerte sich zu Wutausbrüchen, sein Gesicht wurde rot vor Ärger, und auf seinen Lippen bildete sich Schaum. Als er diesen wegwischen wollte, hinterließ er Blutspuren auf seinem Gesicht. Er stieß ganz sonderbare Laute aus, die fast wie das Getöse von Donner klangen. Sein Gesicht wirkte doppelt so aufgebläht wie sonst. Aus seiner Nase floß Blut; Schweiß rann über sein Gesicht und vermischte sich mit dem Blut.

Der Oberpriester sah Gobi an und stand auf, um die Erscheinung des Geistes anzukündigen.

Sofort eilten zwei Lamas auf das Orakel zu und setzten ihm den großen Hut auf. Die Menge der Menschen stürzte vorwärts, um das Schauspiel besser überblicken zu können, aber die Wächter wiesen sie zurück. Es gelang ihnen nur schwer, die erregten Zuschauer hinter der Abzäunung zu halten. Auf einmal trat der Oberpriester nach vorne und rief ganz erregt: »Der Geist ist zu uns gekommen! Der Geist ist da!« Schnell warf er sich dann zu Boden und flüsterte dem Orakelpriester zu, er solle Gobi hypnotisieren. Der Sungma gab seine Zustimmung und richtete von nun an sein Augenmerk auf Gobi. Mit Schaum vor dem Mund murmelte er dem Oberpriester eine Antwort zu, worauf sich dieser zufrieden auf seinen Thron zurückzog.

Plötzlich stieg der Orakelpriester auf den erhöhten Platz und wirbelte herum wie ein Kreisel, der sich fortlaufend dreht. Dann sprang er wieder herunter, tobte gegen die Menge und bespuckte alle, die er erreichen konnte. Ganz entsetzt schrie die Menge auf, er zögerte einen Augenblick und blieb stehen. Es stürzte sich auf Gobi und hielt unmittelbar vor ihm an. Gobi stand auf und zückte sein Schwert. Dann erinnerte er sich der Worte seines Lehrers und warf das

Schwert auf den Orakelpriester zu. Der Sungma fing es auf und verbog es mit bloßer Hand in Spiralen, wobei er entsetzliche Geräusche ausstieß. Ein Schrei des Staunens erhob sich unter den Zuschauern, viele drängten sich nach vorn, um besser sehen zu können.

Aus dem Mund des Orakelpriesters ertönte ein gellender Laut, er näherte sich Gobi und ging mit dem verkrümmten Schwert auf ihn zu. Houlun schrie auf, damit er von ihrem Sohn ablasse. Dadurch wurde der Orakelpriester noch rasender, und er brüllte ihn an: »Ich sehe einen Russen neben dir stehen. Sein Mantel ist mit Blut befleckt. Seine Hände sind in das Blut der Mongolen getaucht. Er hält ein Lasso und wirbelt damit über seinem Kopf. Jetzt wirft er es aus. Geh beiseite! Es kreist über dir. Trete zurück! Ah, es hat dich verpaßt.« Der Orakelpriester stach in einem Anflug von Ärger auf den Mann ein, den er angeblich vor sich sah. »Ich kann die Gegenwart des jungen Prinzen nicht mehr länger ertragen!« rief er einem Lama zu, der neben ihm auf dem Boden saß. »Gebt mir schnell einen Lamahut, um ihn an den Tempel zu binden. Schnell, schnell!«

Vier Lamas schleuderten ihm gleichzeitig ihre Hüte zu. Der Sungma fing einen auf und wollte ihn auf das Haupt seines Opfers setzen. Aber Gobi wich blitzschnell aus und riß seinen Kopf nach rechts und links, so daß der Orakelpriester seinen Plan nicht verwirklichen konnte. Er versuchte es noch einmal, dann sah er den Oberpriester an: »Ich habe mein Möglichstes getan, aber ich kann den Prinzen nicht bändigen, denn der Russe zieht ihn mit sich. Er hat ihn schon ganz in seiner Gewalt. Beeilt euch! Kidnappt den Prinzen mit Hilfe der magischen Kräfte des Tempels.«

In großer Erschütterung sprang der Oberpriester auf. Die Menge stürzte nach vorn, um das Geschehen besser zu verfolgen. In der Erregung zerrissen sie die Seile, die Wächter versuchten vergeblich, sie zurückzuhalten. Männer und Frauen bemühten sich in gleicher Weise, in die Nähe des besessenen Orakelpriesters zu gelangen. Sie berührten sein Gewand, seine Hände und Schuhe in der Hoffnung, dadurch gesegnet zu werden. Der Mann fiel auf die Knie, und sein Kopf schnellte vor und zurück. Seine Augen verdrehten sich, so daß das Weiße der Augen gespensterhaft in dem blutbefleckten Gesicht glänzte. Dann zerriß er seine Kleider und weinte erbärmlich.

Sogleich lief der Oberpriester auf ihn zu und schüttelte ihn: »Steh auf, los, steh auf! Der Geist hat dich noch nicht verlassen. Tritt noch einmal mit ihm in enge Verbindung. Wir müssen den Prinzen gefangennehmen!«

Der Orakelpriester erhob sich schwerfällig, weil er nicht sicher auf den Füßen stehen konnte. Er legte die Hände vors Gesicht und betete voller Inbrunst. Schon einen Augenblick später drehte er sich um und gab den Lamas laut den Befehl: »Formiert die Todesstraße!«

Die Lamas wußten, was man von ihnen erwartete. Sie gehorchten und traten auf der Stelle nach vorn und umzingelten Gobi mit eingehakten Armen. Sie drängten ihn unter leisen und bedrohlichen Tönen in die Mitte der Halle. Gobi erkannte zunächst nicht die Tragweite der Situation. Mit weit geöffneten und verzweifelten Augen blickte er auf die Todesstraße, die von zwei Reihen kräftiger Lamas gebildet wurde. Endlich verstand er, was ihm drohte. Die Menschengasse würde ihn in den Kerker führen. Man würde ihn solange umschlossen halten, bis man seinen Willen mit Hilfe von Rauschmitteln gebrochen hätte. Ein furchtbarer Zorn packte ihn, er schlug wild auf die Lamas ein und trat sie mit seinen Stiefeln. Der Orakelpriester bedrohte ihn und die Lamas, um diese zu größerer Tatkraft anzuspornen. »Ergreift ihn! Führt ihn fort! Schneller, macht voran! In den Kerker mit ihm!«

Als Houlun diese Worte vernahm, schrie sie laut auf, und Juchi und sie forderten: »Hört auf! Bitte, hört damit auf!«

Gobi verteidigte sich wie ein Bär, der in eine Falle geraten ist, aber er kam nicht gegen die Gegner an. Jetzt erhoben sich sogar die Adligen, sie waren von Gobis Mut zutiefst erschüttert und riefen: »Laßt ihn frei! Laßt den jungen Prinzen los!«

Mit dieser Forderung nach der Freilassung Gobis verwandelte sich die Halle gänzlich in ein völliges Durcheinander. Die aufgebrachte Masse nahm Partei für Gobi und bat um seine Freilassung. Gobi hielt seine fünf Sinne beisammen. Als er eine schwache Stelle in der Kette entdeckt hatte, schlug er einem Lama mit der Faust ins Gesicht und verletzte ihn derart, daß Blut aus seiner Nase spritzte. Für den Bruchteil einer Sekunde war die Kette der Mönche durchbrochen, so daß Gobi entwischen konnte. Wutentbrannt nahmen die Lamas die Verfolgung auf, doch die vor Ärger erbosten Adligen halfen Gobi, indem sie einen Schutzwall um ihn bildeten. Sie hätten mit Gewalt ihre Absichten weiter verfolgt, wenn nicht der Oberpriester aufgestanden wäre und den Befehl erteilt hätte: »Hört auf mit dem furchtbaren Handgemenge! Schluß jetzt mit dieser Szene!« Er zitterte vor Zorn und war innerlich vollkommen aufgelöst. Nie und nimmer wäre er bereit gewesen, Gobi freizugeben. Doch er war sich darüber klar, daß eine öffentliche Auseinandersetzung mit den

Adligen dem Ansehen des Tempels schaden und zu einem Konflikt mit der kommunistischen Polizei führen würde.

Endlich war es etwas ruhiger geworden. Der Orakelpriester gab seine Niederlage deutlich zu erkennen, indem er aus dem Tempel in den Vorhof rannte. Die Menge fühlte sich um den ausstehenden Segen betrogen und verschwand. Die Blicke der Lamas und der Adligen begegneten einander kurz, als sie sich im Tempel gegenüberstanden. Ein bedrohliches Schweigen lag über den Versammelten. Dann bewegte sich die Schar der Adligen mit Gobi nach draußen. Als sie das Haupttor erreicht hatten, dankte Fürst Juchi den Angehörigen der Oberschicht herzlich für ihre Hilfe und fügte anschließend hinzu: »Dieser Kampf mußte ausgetragen werden. Wir mußten die Macht der Lamas brechen, bevor die Kommunisten sie in ihrer Gesamtheit verbannten. Ich danke euch, daß ihr soviel Einsatzbereitschaft gezeigt habt, um meinen Sohn aus den Klauen der Lamas zu befreien. Ihr habt euch tapfer geschlagen.«

Er stieg auf sein Pferd und forderte Gobi auf, mit ihm zu ihrem Zelt zurückzureiten. Houlun folgte den beiden auf ihrem Reittier. Sie fühlte ihr Herz schlagen. »Vielleicht reiten die Lamas hinter uns her«, rief sie verzweifelt aus. Sie vermochte ihre Angst nicht zu unterdrücken.

»Was soll das uns stören?«

Gobis Augen konnte man entnehmen, wie er sich noch in Gedanken mit der furchtbaren Szene zwischen ihm auf der einen Seite und dem Orakel und den Priestern auf der anderen Seite beschäftigte. Was war eigentlich vorgefallen? War er jetzt frei? Konnten er und seine Familie jetzt hoffnungsvoller in die Zukunft sehen? Nach allem, was geschehen war, gab es kein Zurück mehr in den Tempel. Gobi fühlte sich auf einmal wieder froh und unbeschwert. Die jüngste Vergangenheit begann zu versinken. Eine Fledermaus leistete ihm Gesellschaft, sie ergriff jedoch die Flucht, als er die Hand nach ihr ausstreckte.

Gobi sagte wieder Ja zu seinem Leben. Er zog wie die Fledermaus immer die Freiheit vor. Er wollte sein eigenes Leben leben und nicht in einem Lamakloster verdorren.

Als die drei das Zelt erreicht hatten, war der erste Abschnitt der Flucht gut überstanden. Gobi sprang schnell vom Pferd und genoß die zurückerlangte Freiheit.

Die beiden Adjutanten und die Diener waren ganz überrascht, da niemand die Familie so früh zurückerwartet hatte.

»Was ist passiert?«

»Schnell! Schnell! Macht die nötigsten Sachen für die Reise fertig!« befahl Juchi. »Wir müssen Ulan Bator so schnell wie möglich verlassen. Ich habe den Oberpriester noch nie so aufgebracht gesehen. Die Lamas haben nämlich den Versuch unternommen, Gobi gefangenzunehmen. Zum Glück haben uns die Adligen beigestanden. Allerdings dürfen wir keine weitere Hilfe von ihnen erwarten. Wir müssen jetzt sofort in die Wüste fliehen, es ist für uns der einzige Ausweg. Ihr folgt später mit den übrigen Sachen nach.«

Schnell packten sie die nötigsten Kleinigkeiten zusammen, kletterten auf ihre Pferde und ritten schleunigst davon. Sie hetzten die Pferde über die Kamelstraße. Als sie in der Straße der Pelzhändler ankamen, hielt Juchi sein Pferd an. »Wir können nicht mit leeren Mägen die ganze Nacht unterwegs sein. Laßt uns hier in einem Restaurant etwas Leichtes zu uns nehmen.«

»Ist denn nicht jede Verzögerung gefährlich?« gab Houlun zu bedenken.

»Vater hat Recht, Mutter. Wir sollten zunächst essen. Wir dürfen vor den Lamas keine Angst haben. Sie werden uns hier nicht ausfindig machen, denn eine zahme Gans kann eine wilde niemals einholen.«

Die drei stiegen vom Pferd und traten in das Lokal. Der Raum entbehrte jeglicher Dekoration und konnte sich lediglich einer Anzahl von Kohlenpfannen rühmen, die auf Ständern zur Schau gestellt wurden.

»Haben Sie vielleicht ein kleines privates Speisezimmer?« fragte Juchi den Besitzer.

»Das schon, heute abend ist es allerdings für eine Braut reserviert, die für ihre zehn Liebhaber ein Abschiedsessen gibt.«

»Dann bitten Sie sie doch, ihren Abend anderswo zu verbringen«, forderte Juchi den Mann auf. Und schon verschaffte er sich Eintritt in das Privatzimmer. Er führte sich ganz nach der gewohnten, autoritären Weise auf.

Der Besitzer trat auf ihn zu: »Ich werde Sie in meinem eigenen Zimmer bedienen. Dann kann die Braut ihr Fest ungestört feiern.«

Juchi gab nach: »Beeilen Sie sich bitte. Wir müssen so schnell wie möglich unsere Reise fortsetzen.« Sie aßen in großer Hast und verließen dann das Restaurant. Sie befanden sich im Schutz der unbeleuchteten Straßen, was ihnen gerade jetzt zugutekam. Die meisten Mongolen vermeiden es, sich nachts im Freien aufzuhalten, weil sie die umherschwirrenden Geister fürchten. Aber Gobi ließ sich dadurch nicht erschrecken, ja, die Gefahr forderte seinen Mut geradezu heraus.

Er atmete die frische Luft mit Wohlbehagen ein und dachte dabei wieder an die vergangenen Stunden. Er war mit den Lamas zusammengestoßen, er hatte gegen sie angekämpft und war als Sieger aus der Schlacht hervorgegangen. Er neigte sich nach vorne und versetzte seinem Pferd, das den Namen Sage trug, einen leichten Klaps. »Führe mich in die ersehnte Freiheit.« Als er seinen Kopf wieder hob, erblickte er einige Lamas, die mit Stöcken und rostigen Schwertern auf die drei zugingen.

»Halt!«

Sie waren so verwegen und versuchten, die Zügel zu erhaschen. Gobi spornte sein Pferd Sage nur noch mehr an. Es bäumte sich auf, und Gobi schlug mit der Peitsche auf die Mönche ein. Die Lamas ließen sich jedoch nicht in die Abwehr drängen, sondern hieben mit ihren Stöcken ihrerseits auf Gobi ein. Obwohl sich dieser und seine Eltern bis zum Letzten zur Wehr setzten, blieben die Lamas unnachgiebig in ihren Bemühungen, den jungen Prinzen doch noch gefangenzunehmen. Gobi konnte den Führer der Gruppe an seinem langen Kleid packen, zerrte ihn an sich und schlug wiederholt mit seiner Faust auf ihn ein.

Sein Gegenüber schloß die Augen, Blut rann aus seiner Nase, er strauchelte und fiel. Dann trat Gobis Pferd auf ihm herum, der Mann schrie vor Schmerz auf, so daß die übrigen in dem Gefecht anhielten.

Gobi sah jetzt seine Gelegenheit gekommen, als er eine Stelle entdeckte, die die Lamas gerade nicht decken konnten. Er ebnete für seine Eltern und sich den Weg aus diesem Zusammenprall. Sie schwangen sich auf die drei Pferde und ritten im Galopp fort. Die Rufe der entrüsteten Lamas drangen hinter ihnen her, als sie durch die Straßen der Pelzhändler jagten und aus der Stadt hinausritten.

Endlich erreichten sie die offene Fläche, und Gobi konnte befreit aufatmen. Der Ärger war aus seinem Gesicht gewichen. Er sah zu den Sternen auf. Hatten sie den Kampf miterlebt? Haben die Sterne wohl Augen? Haben sie eine eigene Seele? Sind sie vielleicht die Seelen der verstorbenen Stammesgenossen, die nun für immer dem

Kampf auf der Erde, der Suche nach Nahrung, Kleidung und persönlicher Existenz entronnen sind?

Nach einer Stunde erhob sich ein stürmischer Wind, der den Staub aufwirbelte und Gobi blendete. Er schirmte seine Augen mit einer Hand ab und betrachtete die kaum sichtbaren Sterne. Die Wüste war voller Leben. Jeder Felsen und jedes noch so winzige Goldteilchen, das unter dem Sand verborgen war, drückte seine Lebendigkeit aus. Das Leben ging immer weiter, es gab einfach keinen Stillstand oder Rückschritt. Diese Tatsache war für Gobi ein großer Trost, und der sternenklare Himmel symbolisierte seinen Wunsch, das eigene Leben nach seinen Vorstellungen zu gestalten. Er war endlich frei, es gab für ihn keine Fremdbestimmung mehr. Furcht und Zweifel würden ihn nicht länger in seinem Inneren aufreiben. Jetzt strahlte wieder Freude aus seinen Augen, eine Freude, die das Dunkel der Nacht erhellte.

»Was ist das für ein Sandsturm! Alle Poren meines Gesichtes sind verstopft, und ich kann kaum etwas sehen«, beklagte sich Houlun.

»Du mußt aber aushalten, weil wir keine Verzögerung auf der Reise in Kauf nehmen können«, entgegnete ihr Juchi. »Ich fühle mich hier noch nicht sicher. Vielleicht verfolgen uns die Lamas doch noch.«

Der Wind wuchs zu einem tosenden Pfeifen an, so daß die Kleider der Reiter am Körper festklebten. Die Pferde schnaubten zwar vor Erschöpfung, aber sie kämpften tapfer gegen die Schwierigkeiten an. Als es Morgen wurde, kamen sie an ein Khit, den Wohnsitz eines Einsiedlers. Ein frommer Pilger hatte sein Zelt neben einem Tempel aufgeschlagen, und einige Nomaden hatten ihrerseits mit ihren Familien ihre Zelte darum herum aufgebaut. In der Nähe befand sich eine Wasserstelle. Juchi zog an den Zügeln, und die Pferde verfielen in einen leichten Trab. »An dieser Stelle wollen wir Halt machen«, schlug Gobi vor, »denn dieser Platz eignet sich hervorragend dazu.«

Es war noch sehr früh, die Sonne war noch nicht aufgegangen. Ein Nomade, der einen dumpfen Hufschlag vernommen hatte, erschien in der Tür. Wie eine Eule blinzelte er die drei an, weil ihn das erste Tageslicht blendete. Er schien Verdacht gegen die fremden Leute zu hegen und runzelte die Stirn. »Wir sind einfache, friedliche Wanderer«, rief Gobi ihm zu. »Mein Vater ist Fürst Juchi, und wir befinden uns gerade auf dem Weg zu unserem Zeltlager.«

Der Nomade atmete erleichtert auf. Friedliche Reisende können ja auf keinen Fall Räuber sein. »Kommt herein! Mein Zelt steht euch zur Verfügung.«

Nachdem sie sich durch die Speisen gestärkt hatten, legten sie sich für einige Stunden auf den Boden, um sich von der ermüdenden Reise auszuruhen. Kaum hatte die Sonne den Zenit erreicht, da machten sie sich schon wieder auf den Weg. Sie hatten sich für die weite noch vor ihnen liegende Strecke mit genügend Proviant eingedeckt. Man hatte ihnen Hammelfleisch mitgegeben, wofür Juchi die Nomaden königlich entschädigt hatte. Sie hatten eben den Tempel hinter sich gelassen, da entdeckte Gobi einen einsamen Lama, der neben einem kleinen Bergbach saß. Er vergewisserte sich, ob nicht eine Abteilung des Oberpriesters auf sie zukam, dann ließ er sein Pferd bei dem Mann anhalten.

Der Lama warf kurze Bretter in den Bach und hielt sie gleichzeitig mit einer Kette fest.

»Ich verwandle mich auf der Stelle in eine Eidechse, wenn Sie mir erklären, was Ihre Tätigkeit zu bedeuten hat.«

»Was sollte ich sonst tun, als mit Hilfe der Bretter viele Buddhas auf der Wasseroberfläche entstehen zu lassen, damit ich unserem Tempel auf diese Weise Verdienste zuwenden kann?«

»Bin ich denn vollkommen geblendet? Ich sehe keine Buddhas!«

Der Lama fuhr mit dem Spiel fort, ohne sich aus der Ruhe bringen zu lassen. Er fischte die Bretter aus dem Wasser und ließ sie erneut hineinfallen. Dabei bildeten sich eine Reihe von Schlammklümpchen, die Buddhafiguren auf der sich kräuselnden Wasseroberfläche hervorrufen sollten.

»Ist das Ihre einzige Tätigkeit?«

»O nein. Manchmal werfe ich eine Handvoll Gerste ins Wasser, damit die Buddhas auch etwas zu essen haben.«

»Ich verstehe nicht, wie bei den Buddhas überhaupt ein Hungergefühl aufkommen kann, da doch die Abdrücke im Bruchteil einer Sekunde wieder verschwunden sind. Aber ich gehe wohl nicht fehl in der Annahme, daß Ihnen die Sinnlosigkeit Ihrer Aufgabe wenig ausmacht, oder?«

»Nein.«

Genügsamkeit! Ein Mensch, der nie Langeweile empfindet, der keine Wünsche hegt, der bereit ist, ohne Essen auszukommen, der nicht auf Vergnügungen angewiesen ist, ein vollkommenes Nichts. Aus welchem Grund fühlte sich der Priester zum Tempel und zu einem solchen Lebensstil hingezogen?

Juchi kam zurück und unterbrach Gobi bei seinen nachsinnenden Gedanken: »Komm, Gobi! Wir müssen zusammenbleiben. Wenn wir von Feinden umstellt sind, dann sind wir auf jede Waffe, die wir besitzen, angewiesen.«

»Die Lamas sind harmlose Menschen. Sie faulenzen den ganzen Tag.«

»Du könntest von ihnen lernen. Sie legen sich nie hin, und ihr Gesicht drückt trotz allem eine große Zufriedenheit aus.«

»Du hast recht. Am liebsten würden wir es alle vorziehen, zu faulenzen und den ganzen Tag nur auszuruhen, wenn uns der Kommunismus dazu die Erlaubnis geben würde. Doch würdest du das Leben nennen?«

»Du mußt zugeben, daß die Lamas im Grunde glücklich sind. Nichts zwingt sie zur Vorsicht. Sie kennen keine Verlockungen, da sie nur auf sich gestellt leben.«

Gobi verdrängte seine verächtliche Meinung über eine solche Form von Genügsamkeit ins Unterbewußte. Er starrte auf die kleinen mit Sträuchern bewachsenen Felsen. Diese rauhen und schroffen Felsen hoben sich von dem blauen Himmel in auffallender Weise ab. »Uns gehört die sonnige Wildnis, Vater. Ein Land, in dem die Trockenheit regiert.«

»Unser Land hier ist auch nicht vom Krieg heimgesucht worden«, erwiderte Juchi, während er an das Bündnis mit dem kommunistischen Rußland und an Petrosky dachte. »Vielleicht wird unser Friede schon bald ein Ende finden. Vielleicht viel zu schnell.«

Sie ritten hintereinander her über einen Pfad, der weder Anfang noch Ende hatte und irgendwo in der Ferne weiterverlief. Es war eigentlich keine richtige Straße. Man konnte eher von einer unregelmäßigen Linie sprechen, die von den Tritten der unzähligen Lasttiere ausgetreten war. Anscheinend begann der Weg nirgends, führte aber überall hin. Er würde die drei bestimmt an ihren Bestimmungsort bringen.

An vielen Wasserstellen wurden sie herzlich empfangen. Unterwegs mußte Gobi immer wieder an Yana denken. Sie war keine Prinzessin und stand in gesellschaftlicher Hinsicht weit unter ihm. Trotzdem bedeutete sie für ihn die Erfüllung all seiner Wünsche, sie war der Frühling, das offene Feuer im Zelt, die Quelle der Wärme und Zufriedenheit. Er würde auf ihre unbekümmerte Art mehr Rücksicht nehmen und nicht versuchen, sie umzumodeln. Welches Recht hatte er, von ihr zu verlangen, die Sitten ihres Stammes aufzugeben und eine Lebensform anzunehmen, die ihr überhaupt nicht behagte? Er würde sich nie wieder in diese Dinge einmischen.

Je mehr er an sie dachte, desto verwirrter wurde er. Seine Zukunft würde sich von der Vergangenheit abheben, so wie sich der Glanz eines Sternes von dem des Mondes unterscheidet. Am späten Nachmittag des vierten Tages erreichten sie ihr Lager und wurden von den Mongolen in ihrer derben Art begrüßt.

»Ist alles in Ordnung?« erkundigten sich die Ältesten. »Ist die Reise erfolgreich verlaufen?«

»Es ist alles in Ordnung. Prinz Gobi ist vom Tempeldienst befreit.«

»Gut, gut! Jetzt haben wir unseren Führer, wenn du nicht mehr leben solltest.«

Juchi erwähnte keine Einzelheiten über den Verlauf der Ereignisse, sondern zog sich unauffällig mit seiner Familie ins Zelt zurück. Er hielt es für unklug, wenn er den Ältesten von den tiefgehenden Meinungsverschiedenheiten mit dem höchsten Rat der Lamas berichtete. Die Zeit würde schon dafür sorgen, daß sie Näheres erführen. Auf alle Fälle würde es jedoch weiterhin von Vorteil sein, die Freundschaft mit den chinesischen Kommunisten und gleichzeitig mit Petrosky und seiner Regierung zu pflegen, um beide Staaten auf seiner – Fürst Juchis – Seite zu haben. Lange saßen Juchi und die Seinen auf dem Boden und rauchten still vor sich hin. Jeder war mit seinen eigenen Gedanken beschäftigt und fragte sich, wie man wohl aus der Zwickmühle herausfinden könnte.

Es wurde bald Abend, und die Nacht breitete sich wie ein Nebel aus grauer Seide über dem Lager aus. Während Gobi an Yana dachte, wurde er ganz unruhig wie ein Vogel, der für die Nacht zu seinem Nistplatz zurückkehren möchte. Unbemerkt entschlüpfte er, warf sich in den Sattel und ritt zu ihrem Zelt. Ein Diener trat aus dem Schafstall und rannte auf ihn zu, Gobi warf ihm schnell die Zügel zu und eilte in das Zelt.

»Sieh mal, wer uns besucht!« rief Yanas Vater mit freudiger Stimme aus und hieß ihn herzlich willkommen. »Gobi, ich hoffe, du bist nun ein freier Mann.«

»Ein freier Mann. Der Oberpriester war ein harter Verhandlungspartner, aber mit der Hilfe meines Vaters habe ich es geschafft, vom Tempel loszukommen.«

»So, so! Jetzt möchtest du sicher wie jeder junge Mann um deine Braut werben?«

»Er würde einen gut aussehenden Bräutigam ausmachen!« fügte Yanas Mutter ergänzend hinzu. »Er ist so stattlich, kräftig und außerdem der Sohn unseres Fürsten.«

Yana beugte sich tiefer über ihre Näharbeit. Das Lächeln, das ihren Mund bei seinem Eintritt umspielt hatte, verlor sich rasch. Vor ihr tauchte das Bild Petroskys auf, sie hatte sich an diesem Abend mehr als je zuvor mit ihm beschäftigt. Petrosky war ein Russe, ein Weißer. Und vor ihr stand Gobi, der Sohn des zur Zeit amtierenden Fürsten. Aber der Glanz seiner hohen Stellung bedeutete ihr nichts mehr, nichts, überhaupt nichts. Der Gedanke an Petrosky versetzte sie in eine solche Stimmung, daß sich alle anderen Wünsche in ein Nichts auflösten. Sie wollte zu ihm gehören und mit ihm irgendwo in der Einsamkeit der Wüste ihr Leben verbringen. Sie wollte weit entfernt von den alten Bekannten sein, sie hatte nur noch ihn vor Augen. Er war alles, was ihr Herz begehrte.

Gobi setzte sich neben sie auf ein Kissen. Zögernd streckte er seine Hand aus und berührte ihren Arm. Es war nur eine ganz sanfte Berührung, ein flüchtiger Druck, den das Geheimnis der Liebe umstrahlte, aber Yana wich seiner Berührung aus. Hatte sie sich während der Zeit der Trennung verändert? Ihr Gesicht kam ihm anders als vor zwei Wochen vor. Offensichtlich dachte sie nicht mehr an ihn. Sie saß ganz abwesend da und sah ins Feuer, er hatte sie noch nie in einem solchen Zustand angetroffen. Es wurde ihm schemenhaft bewußt, daß er keinen Platz mehr in ihrem Herzen hatte. Sie hatte sich von ihm abgekehrt und Petrosky zugewandt.

»Ich habe Lust, einen kurzen Ausritt zu machen«, schlug er ihr vor. »Der Mond wird bald hervorkommen.«

Sie benahm sich wie eine widerspenstige, mißtrauische Stute, die scheute und ausschlug: »Seitdem du nicht mehr die Absicht hast, Mönch zu werden, ist die Zeit unserer gemeinsamen Ausritte ein für allemal vorbei.« Was sollte diese barsche Haltung bedeuten? Yana hatte ihn zurückgewiesen und ihn in einer ungehörigen Art vor ihren Eltern und Bediensteten angefahren.

Hatte Petrosky sie in seiner Abwesenheit besucht? Es mußte so sein, er konnte es ihren Augen ablesen. Wie sie glänzten! Ärger erfüllte ihn, eine furchtbare Traurigkeit durchdrang sein Herz. »Wir wollen dieses Thema nicht mehr ansprechen.« Gobi stand auf. »Was hält mich überhaupt noch hier?«

Yanas Mutter stieß einen Schrei der Empörung und Mißbilligung aus. Bevor sie dem Benehmen ihrer Tochter entgegenwirken konnte, hatte Gobi schon das Zelt verlassen. In zwei, drei Sätzen erreichte er sein Pferd, nahm dem wartenden Diener die Zügel ab und ritt in rasendem Tempo fort.

Yana hatte ihm einen Korb gegeben. Ihre Worte hatten ihn zutiefst verletzt und eine tiefe, offene Wunde hinterlassen. Es war eine schlimme Beleidigung für ihn gewesen. Aber er würde den tiefen Schnitt ausbrennen, die Enden zusammenbinden und so vernähen, daß nicht einmal eine Narbe zurückbleiben würde. Nichts, absolut nichts würde ihn an Yana erinnern. Er fühlte sich auf einmal erwachsen. Nichts konnte ihm noch etwas anhaben. Er würde ein einsamer Führer werden. War er denn nicht ein Adler, ein Fürst? Adler zog es bekanntlich nicht in eine Gemeinschaft, sie flogen nicht wie Krähen in Scharen umher. Er würde seinen eigenen Weg gehen, zwar einen einsamen, aber wohl richtigen.

»Ich habe über deine Zukunft nachgedacht«, sagte sein Vater, als er die Tür hinter sich geschlossen hatte. »Der Hohe Rat der Lamas, und wenn er auch noch so klein ist, wird dich immer verfolgen. Es ist im Augenblick besser, wenn du dich an einem Ort versteckt hältst, wo dich der Oberpriester nicht ausfindig machen kann. Ich habe einen Freund, der nicht weit von hier in der Wüste lebt. Bleib ein Jahr bei ihm, bis sich der Zorn des Oberpriesters gelegt hat.«

Ein Lächeln brach aus Gobi hervor. Lachte er wirklich? Konnte er überhaupt noch fühlen? Spürte er wieder Leben in sich? Bestand er aus Fleisch und Blut? War Yana . . .? »Ich glaube, es ist ein guter Vorschlag, Vater. Ich bin bereit, darauf einzugehen. Am besten mache ich mich gleich morgen in der Frühe auf den Weg.«

»Nein, schon heute abend, Gobi. Jetzt sofort, so daß niemand deine Spur verfolgen kann. Ich habe schon alles in die Wege geleitet und alle nötigen Vorbereitungen getroffen. Dein Lehrer, deine Leibwache und zwei vertrauenswürdige Diener stehen dir zur Verfügung.«

In der Dunkelheit brachen sie auf. Gobi kannte sein Ziel nicht, er wußte nicht, wohin ihn sein Weg führte. Aber seine Leibwächter kannten den Weg, und er folgte ihnen voller Zuversicht.

4. Kapitel

Lebendig wie eine Heuschrecke

Gobi blieb ein Jahr in der Einsamkeit und benutzte den ausgetretenen Pfad nicht, der zu Petroskys Lager führte. Nach dieser Zeit machte er sich wieder auf den Weg nach Hause und näherte sich seinem Stamm ganz nahe bei einem Berg, von wo aus er alles überblikken konnte. Die erste Person, die er zu Gesicht bekam, war nicht Yana, sondern Petrosky. Er begrüßte ihn mit einiger Zurückhaltung und wandte sich dann von ihm ab und schaute über das weite Tal.

»Wo haben Sie sich so lange aufgehalten?« fragte Petrosky voller Besorgnis. »Man erzählte sich, daß Sie sich irgendwo in der Wüste versteckt hielten, um den Spionen der Lamas aus dem Wege zu gehen, die die Absicht verfolgten, Sie gefangenzunehmen.«

»Wenn Sie meinen, daß ich das ganze Jahr in Abgeschlossenheit und Einsamkeit verbracht habe, dann irren Sie sich. Ich bin im ganzen Land umhergestreift und bin sogar bis nach Peking gereist und im Norden bis Ulan Bator. Ich habe mich jeweils zwei Monate in diesen beiden Städten aufgehalten.«

»Hat man Sie denn nicht als Prinz Gobi entlarvt?«

»Nein. Manchmal habe ich mich als mittelloser Nomade ausgegeben, der auf der Suche nach einer angemessenen Arbeit sei, dann wieder als Kameltreiber. Zuweilen gab ich vor, ein Soldat auf Heimaturlaub zu sein, ein anderes Mal steckte ich in der Rolle eines Pelzhändlers. Mein Lehrer hat mich immer begleitet, natürlich hatte er sich auch immer entsprechend verkleidet. Wir sind an vielen Zeltstädten vorbeigekommen und haben uns dort eine Zeitlang aufgehalten.«

»Wie haben Sie denn eine Reiseerlaubnis ausgehändigt bekommen?«

»Ich habe die Erfahrung gemacht, daß sowohl in den russischen als auch in den chinesischen Gebieten Geld und Ansehen viel Einfluß haben. Und wenn man die beiden Mittel zur gleichen Zeit anwendet, wirken sie Wunder. Unsere Nomaden haben mich stets auf dem laufenden gehalten und mir von den Veränderungen berichtet, die der Kommunismus mit sich gebracht hat. Es ist ganz erstaunlich, wie gut sie die Nöte des Volkes kennen. Sie vermissen ihre Freiheit.«

»Freiheit!« Petrosky sprach dieses Wort mit einem höhnischen Unterton aus. »Freiheit stiftet nur Verwirrung. Die Menschen bedürfen der Führung und Lenkung!«

»Wie ich unseren Wandernden Sand liebe«, sagte Gobi. »Ich wünschte, ich könnte meinem Volk die Errungenschaften der modernen Zivilisation vermitteln und unseren Lebens- und Bildungsstandard heben.«

»Ein Land erwirbt seinen Reichtum nicht so sehr durch die Industrie als durch die richtige Führung. Wir helfen euch in dieser Hinsicht besser als die Chinesen, weil wir mehr Möglichkeiten haben, die Produktion zu steigern, euch beim Bau der Straßen Hilfestellung zu geben und internationale Märkte zu erschließen.«

»Wenn ich die Nachfolge meines Vaters antrete, werde ich mich persönlich für den Fortschritt in unserem Land einsetzen.«

»Sie ganz allein? Sie können gar keinen Erfolg haben, weil Sie auf ausgebildete Kräfte zur Unterstützung angewiesen sind. Eure Studenten könnten bei uns in Moskau studieren und mit unseren Lehrbüchern, Zeitungen und Massenmedien vertraut werden. Mit gut ausgebildeten Führern würdet ihr das Ziel schneller erreichen.«

»Ich habe herausgefunden, daß der Kommunismus, den ihr in der Äußeren Mongolei praktiziert, sich nicht wesentlich von dem Muster des chinesischen Kommunismus in meiner Heimat unterscheidet. Vom höchsten Beamten bis zum Analphabeten sind die Menschen überall in bestimmte Klassen eingeteilt, sie werden ständig überprüft, kontrolliert und in Akten festgehalten. Aber der einfache, rechtschaffene und unkomplizierte Nomade liebt diese Kontrolle nicht. Zur Gemütsart unseres Volkes gehört eine stoische Ruhe, jetzt aber ist es ganz verdrossen geworden, und mit dieser Überwachung ist die Freude und Zufriedenheit aus den Herzen gewichen.«

»Der Kommunismus ist verpflichtet, alles vorzuschreiben, Gobi. Er muß jede Nicht-Bereitschaft zum gemeinsamen Handeln im Keim ersticken, ehe eine solche Haltung in offene Opposition umschlägt.«

Gobi wechselte an dieser Stelle das Thema: »Ihr habt euch einen guten Platz für euer Lager ausgesucht, so nahe bei dem schönen kleinen Bergsee.«

Er pirschte sich durch das niedrige Gebüsch und ging mit Petrosky zum Ufer. »Es ist richtig schade, daß so viele von uns nicht schwimmen können. Sie kommen nur zweimal im Leben mit dem Wasser in Berührung, und zwar bei der Geburt und beim Tod. Ich bilde hierin eine Ausnahme. Meine Leibwächter haben mir das Schwimmen beigebracht, bevor ich das Laufen gelernt habe. Ich bin eben in mancher Hinsicht ein Einzelgänger.«

»Gerade deshalb würden Sie einen hervorragenden Führer des Kommunismus abgeben. Sie sind eine Persönlichkeit mit der Fähigkeit, die Menschen zu regieren. Aus Ihnen würde ein berühmter kommunistischer Khan.«

Bei diesem Lob konnte Gobi nicht umhin, sich zu freuen, und er verzog seinen Mund zu einem Lächeln. Er hätte von einem Berg zum anderen springen können. Er stellte sich für kurze Zeit auf die Zehenspitzen, nach und nach knöpfte er sein Gewand auf und ließ es anschließend zu Boden fallen. Das Wort Scham kannte er gar nicht, als er völlig unbekleidet in der Sonne stand. Sein Körper bewegte sich voller Anmut, und er warf sich in das klare blaue Wasser des einsamen Sees. Petrosky sah ihm zu, als er unter Wasser wie eine kleine Lichtspur schwamm. Gobi erreichte das Ufer mit einigen kräftigen Stößen und kam halb zum Vorschein, um Petrosky mit Wasser zu bespritzen. Die Freude über seine Heimkehr hatte ihn ganz verändert, er war wieder ein lebensfroher junger Mann, stets zu Späßen aufgelegt. Er steckte seine Nase in das nasse Gras, um den Wohlgeruch der Erde, der heimatlichen Erde, einzusaugen. Plötzlich richtete er sich auf.

»Sie sind so lebendig wie ein Frosch, Petrosky. Was hat unser Land für eine Umwandlung erfahren! Bevor Sie kamen, war es für unsere Stammesgenossen das höchste Bestreben, friedlich zwischen den Zelten und Herden umherzuschlendern oder in ihren Wohnungen vor dem offenen Feuer zu sitzen und dabei an einem Stück trockenen Kamelfleisches herumzukauen.«

»Ich bin einer der Russen, die ganz im Dienst für ihr Vaterland aufgehen, ohne je mit einer Belohnung oder Anerkennung zu rechnen. Aus diesem Grunde habe ich meine Regierung von der Notwendigkeit überzeugt, mir mehr Soldaten bereitzustellen, und jetzt befinden sich 1000 unter meinem Befehl. Der Kommunismus kann euch jetzt den so begehrten Aufschwung garantieren. Wir wollen euch helfen.«

»Spielen eure Soldaten deshalb mit unseren schmutzigen Kindern, werfen den zersausten Hunden Knochen zu und jagen die Geier fort, die mit ihrem Schnabel auf dem Kadaver unserer Leichen herumhacken?«

»Dies ist ein Zeichen unseres guten Willens.«

»Und kein Spiel falscher Verbundenheit, nur um unsere Leute zu entwaffnen?«

Petrosky wurde bei diesem Verdacht von Wut ergriffen. Er wäre fast aufgebraust, wurde aber schnell Herr seiner Entrüstung: »Nehmen Sie Ihr Spinnengewebe beiseite, Gobi! Versteifen Sie sich nicht schon gleich am ersten Tag Ihrer Rückkehr auf Vorurteile! Geben Sie mir die Möglichkeit, Sie von unseren ehrlichen Absichten zu überzeugen!«

»Ich habe erfahren, daß Sie öfter einen gewöhnlichen Nomaden tadeln lassen, weil er sich einem unserer Vornehmen zu Füßen wirft. Es mag seltsam klingen, aber ich liebe Ihre Demokratie.«

Petroskys Augen stahlten. Gobi beobachtete ihn genau, weil er sich keine seiner Reaktionen entgehen lassen wollte.

»Ich habe auch davon gehört, daß Sie der beste Redner im Wandernden Sand sind. Sie beherrschen unsere Sprache, daß Sie ohne Mühe jedem Adligen entgegentreten können, der es wagt, zu opponieren. Sie haben wirklich einen Schlag auf den Rücken verdient.«

Das Lob stieß bei Petrosky nicht auf taube Ohren. Er bemerkte einen frohen Ausdruck in Gobis Gesicht, als er aufstand, um sich auszuziehen und dem Prinzen im Wasser Gesellschaft zu leisten. Er dachte: ›Ich muß ihm versichern, daß ich mich nur für das Wohl seines Landes einsetze.‹ Dann sagte er: »Sie werden bald sehen, daß sich eine große Zahl junger Männer aus eigenem Antrieb zu mir gesellt hat.«

»Ich weiß, worauf Sie hinauswollen. Diese jungen Männer sind nicht mehr zurückzuhalten, weil sie vom Duft eurer Kochtöpfe und vom Gehalt, das ihr am Ende eines Monats bezahlt, angezogen werden.«

Petrosky schien den Sarkasmus nicht weiter wichtig zu nehmen, der offensichtlich in Gobis Worten lag. Er setze sich auf den Boden, um seine Schuhe auszuziehen, dann fuhr er mit der Verteidigungsrede fort.

»Ich habe Ihnen keine vorschnellen Versprechungen abgegeben.

Natürlich habe ich sie darauf hingewiesen, daß mein Land bereit ist, euch gegen China zu unterstützen, auch wenn das für uns bedeutet, daß wir euch beim Straßenbau behilflich sind, damit ihr euch selbst internationale Absatzmärkte für eure Pelze sicherstellen könnt.«

Gobi spritzte mit seinen Füßen das Wasser hoch in die Luft.

»Wenn ich richtig unterrichtet bin, haben Sie ihnen auch die Zusage gegeben, daß sie zu Reichtum gelangen werden, wenn sie sich nur für den russischen Kommunismus anstatt des chinesischen einsetzen.«

»Verurteilen Sie mich als zukünftiger Führer deshalb, weil ich mich gezielter Mittel bediene, um die Bevölkerung von der Richtigkeit meiner Ideen zu überzeugen? Ich verstehe vollkommen, daß Ihr Vater auf mich eifersüchtig ist, weil ich einen großen Einfluß auf euch ausübe, aber von Ihnen habe ich doch soviel Verständnis erwartet, daß meine Behandlungsmethode einen neuen gemeinsamen Weg eröffnet, wie man Ihre Stammesgefährten führen kann.«

»Ich bin sehr beeindruckt von dem Einfluß, den Sie auf unser Volk ausüben. Mein Vater wäre zwar aufgebracht, wenn er diese Worte aus meinem Mund vernähme, aber ich stehe zu dem Gesagten.«

Gobi stellte sich gegen das Ufer und stieß sich mit den Füßen ab. Eine Zeitlang ließ er sich auf dem Wasser treiben. Petrosky warf sich auch in die Fluten und versuchte, ihn mit kräftigen Schlägen einzuholen.

»Unsere Freischärlergruppen wachsen zahlenmäßig enorm an. Die Mehrzahl der Bevölkerung hat sich mit uns gegen die Chinesen verbündet, und zwar nicht nur die Bewohner der Inneren Mongolei, sondern auch eure Nachbarn in der Äußeren Mongolei. Morgen werde ich auf eine ausgedehnte Besichtigungstour gehen. Wenn Sie Lust haben, können Sie mich gerne begleiten.«

Gobi war von dem unerwarteten Vorschlag völlig überrascht. Er runzelte die Stirn und dachte nach. Sein Vater würde sich mit dem Plan bestimmt nicht einverstanden erklären. Er wäre sehr erbost, wenn er hören würde, daß sein Sohn sich mit Petrosky aufgemacht habe, um die Guerillagruppen zu inspizieren. Aber doch war Gobi von dieser Idee so begeistert, daß er seine Zustimmung gab: »Ich werde mitkommen, morgen bei Tagesanbruch.«

Sie schwammen noch eine Weile im Wasser umher, ohne ein Wort zu sprechen, weil beide mit ihren eigenen Gedanken beschäftigt waren. Dann kehrten sie ans Ufer zurück und stiegen aus dem Wasser.

Einen Augenblick standen sie versunken da und blickten in die Ferne, der braungebrannte mongolische Prinz und der weißbärtige russische Kommunist. Schweigend zogen sie sich wieder an. Bevor sie auf die Pferde stiegen, streckte Petrosky Gobi seine rechte Hand entgegen:

»Ich würde mich freuen, wenn wir uns versprächen, daß wir immer zusammenhalten, ganz gleich was auf uns zukommen mag.«

Bei diesem Vorschlag hob Gobi seine Augenbrauen und antwortete nicht. Petrosky erinnerte ihn in diesem Augenblick an eine Wildkatze, die auf ihre Beute zuspringen will. Allmählich empfand er das Schweigen als etwas peinlich, und da er von Natur aus ein höflicher Mensch war, schlug er bedächtig in Petroskys Hand ein. Aber seine Lippen blieben verschlossen, und er gab kein Versprechen ab. Nach außen schien es, als ob die beiden sich wie gute Freunde voneinander trennten, doch innerlich mißtraute einer dem anderen.

In der Nacht konnte Gobi kaum schlafen. Er wälzte sich auf dem Boden herum, um endlich den langersehnten Schlaf zu finden, in dem er seine Probleme für einige Stunden vergessen konnte. Aber er schlief nicht ein. Schließlich warf er die Decke aus Wolfspelz von den Schultern, setzte sich hin und weckte zu guter Letzt seinen Vater. »Ich kann nicht einschlafen. Mein Gewissen wird durch eine bestimmte Angelegenheit so geplagt, daß ich dir mein Problem anvertrauen möchte. Wir gehen am besten nach draußen.«

»Ich habe auch etwas auf dem Herzen, laß uns ins Freie gehen. Wenn ein kommunistischer Spion in der Nähe sein sollte, können wir ihn ohne Anstrengung entdecken, weil der Mond in dieser Nacht sehr hell scheint.« Sie zogen sich schnell ihre Pelzkleider an und verließen das Zelt.

»Ich habe Petrosky versprochen, ihn auf einer Inspektionstour zu begleiten. Ich weiß natürlich, daß du ihm keine Sympathie entgegenbringst, aber ich konnte ihm keinen Korb geben, ohne ihn zutiefst zu verletzen.«

»Es ist nicht weiter schlimm, wenn man in der jetzigen Situation einen russischen Offizier beleidigt. Allein in unserem Bezirk hat die Chinesische Kommunistische Partei Tausende von Hirten in ein Arbeitslager transportiert und weitere tausend in Gefängnisse eingesperrt«, bemerkte Juchi. »Doch was ich dir sagen will, ist für uns von viel größerer Wichtigkeit. Ich habe eine Abschrift von Mao Tse-tungs Testament in meinem Besitz.«

»Wie hast du dir diese beschafft?«

»Mit Hilfe eines Goldbarrens. Dutzende Kopien kreisen unter den chinesischen Beamten, und ich habe mir eine davon kaufen können. Sie war ihren Preis wert, weil ich aus ihr ersehe, daß Mao China zur Aufrüstung drängt, seitdem Rußland ein gemeinsames Sicherheitsabkommen mit Asien vorgeschlagen hat.«

»Mit ganz Asien?«

»In gewisser Beziehung. Alle Länder verbünden sich, wobei Rußland, Japan und Indien die führende Stellung einnehmen und die kleineren Staaten sich einordnen.«

»Das bedeutet Krieg«, sagte Gobi. »Einen unkontrollierbaren Krieg! Er könnte sich schnell zu einem Dritten Weltkrieg entwikkeln. Hat er erst einmal begonnen, dann wird kein Kontinent verschont bleiben. Er würde zu einem Atomkrieg ausarten, glaubst du nicht auch, Vater?«

»Natürlich. Mit den heute zur Verfügung stehenden Vorrichtungen und Todeswaffen würde jeder Staat in Mitleidenschaft gezogen werden. Ein Drittel der Menschheit könnte ausgelöscht werden. Die kapitalistische Welt würde dem Untergang bestimmt sein und die ganze Welt kommunistisch werden.«

Sie hörten das Brüllen einer Kuh, und Gobi sah sich gezwungen, solange mit seiner Frage zu warten, bis das Tier sein klagendes Lärmen beendet hatte. »Meinst du wirklich, Vater, daß ein Krieg ausbrechen könnte? Wir haben bisher noch keinen Atomkrieg miterlebt.«

»China wird zur Zeit von unerbittlichen, aggressiven Kräften geführt, die den festen Entschluß gefaßt haben, sich noch weiter nach Norden und Süden auszudehnen, koste es, was es wolle.«

»Dann wird sicher alles bis ins Detail hinein vorbereitet sein«, bemerkte Gobi.

»Natürlich hat auch Rußland nichts außer acht gelassen. Zuerst wird es sein Augenmerk auf die Vernichtung der chinesischen Nuklearanlagen richten. Ich fürchte, daß die Innere Mongolei ein ungeschütztes Zielobjekt sein wird. Die Äußere Mongolei steht schon unter russischer Vorherrschaft, und unser Land wird als nächstes an der Reihe sein. Eine gut ausgerüstete russische Militärmacht könnte mühelos 400 Meilen durch unser Gebiet bis nach Lanchom zurücklegen, um dort das Hauptatomzentrum der Chinesen in Grund und Boden zu vernichten. Anschließend werden die Russen wahrscheinlich die chinesische Luftmacht von oben herab angreifen und zerstören und außerdem mit ihren Bombern versuchen, das chinesische Reich völlig zu vernichten. Bitte, halte das, was ich dir soeben anvertraut habe, geheim. Vor allem erwähne unser Gespräch nie in der Anwesenheit Petroskys. Die hohen Herren in Moskau debattieren noch über ihr Vorgehen. Der Frieden auf unserer Erde hängt an einem dünnen Faden.«

Eine Wolke bedeckte den Mond, und sein Leuchten schwächte sich ab. »Wir sollten uns wieder schlafen legen«, schlug Juchi vor. »Wir müssen für eine Weile den drohenden Krieg vergessen.«

Schon früh am Morgen, lange bevor die anderen wach waren, verließ Gobi mit seiner Leibwache das Zelt. Die Familie vermutete, daß er – wie so oft – zu einer Jagd aufgebrochen sei. Niemand kümmerte sich weiter darum, daß er tagelang ausblieb. Nach einer Woche kehrte er mit einem erbeuteten Hirsch zurück, den er über den Sattel gehängt hatte. Schon von ferne hatte er seinen Vater erblickt, der gerade dabei war, sein Pferd an einer Quelle zu tränken. Er beschleunigte den Schritt Sages und ritt zum Vater hin. Er verneigte sich vor ihm und fragte ihn bei der Begrüßung: »Hast du schon gegessen? Ich habe nämlich einen Hirsch als Beute mit nach Hause gebracht, dazu zwei Murmeltiere und eine Gans für unseren Fleischtopf,«

»Hast du dann auch wenigstens jenen Halsabschneider geschossen, jenen kommunistischen Emporkömmling Petrosky?«

»Wie kommst du denn darauf? Die politische Lage haben wir mit keinem Wort erwähnt, denn als ich danach fragten wollte, winkte er nur ab: ›Ich fände es besser, wir würden unsere politische Meinung, die doch so unterschiedlich ist, eine Woche lang vergessen und Freunde sein.‹«

»Also hat er dir nicht erzählt, daß Rußland es jetzt auf unser Land abgesehen hat? An dem Tag nach deinem Aufbruch haben seine Soldaten nämlich unsere Wege mit verborgenen Minen ausgestattet, und nur die Parteimitglieder wissen, wo diese liegen. In Sekundenschnelle sind viele Stammesgenossen in Stücke gesprengt worden. Du kannst dir sicher vorstellen, was daraufhin folgte. Die Leute strömten ins russische Lager und traten der kommunistischen Partei bei, nur um zu erfahren, wo die Minen versteckt sind.«

Juchi spähte zum Horizont, als ob er dort eine Lösung für seine Probleme erhoffte. Er wirkte wie eine mächtige Gestalt aus dem Mittelalter, sein Kleid aus wunderschön gemustertem gelben Satin fiel in weiten Falten von seinen Schultern. Dann führte er sein Pferd von der Quelle weg, zog an den Zügeln, so daß das Tier seinen Kopf an die Schultern seines Herrn lehnte, als ob es an seinen Nöten teilhaben wollte. Die beiden schienen in der urwüchsigen Landschaft zu einer Einheit zu verschmelzen. Überall erblickte man knorrige Bäume und zerklüftete Felsen, die ohne eine bestimmte Ordnung aus der Landschaft emporragten.

Gobi trat einen Schritt nach vorn und machte eine Handbewegung, als ob er etwas zu sagen hätte. Juchi war ganz aufgeregt: »Was sollen unsere Leute denn anderes tun, als sich mit den Kommunisten zu verbünden, seitdem es bei uns mehr russische als chinesische Soldaten gibt? Sie sind einfach gezwungen, weiter ihre Herden zu hüten, oder bist du da anderer Meinung? Sie können doch nicht nur in ihren Zelten herumsitzen.«

Er unterbrach sich, um tief Luft zu holen. »Petroskys Offiziere haben jetzt noch mehr Spione angeheuert, die uns zur Unterwürfigkeit zwingen sollen. Sie führen sich auf, als wären sie unsere Führer und als hätten sie die Chinesen aus ihrem Machtbereich vertrieben. Sie haben sogar eine Verordnung erlassen, daß niemand ohne Erlaubnis und Straßenbenutzungskarte sein Haus verlassen dürfe, erst müsse die zuständige kommunistische Behörde eine Bewilligung erteilt haben.« Juchi knackte mit seinen Fingern: »Ich kümmere mich allerdings wenig um ihre Anweisungen. Ich könnte diesen Mann umbringen!«

Gobi faßte seinen Vater am Arm: »Das darfst du auf keinen Fall tun. Handle nicht voreilig, Vater. Petrosky ist ein Mann, der wie eine Heuschrecke umherspringen kann, und sei es bis nach Moskau. Wenn du ihn umbringst, wird die russische Regierung diese Tat rächen, und zwar in der Form, daß sie unser Land, wie früher die Äußere Mongolei, ganz in Besitz nehmen.«

Juchi hatte noch mehr zu berichten. Er tat es fast automatisch: »Es gab noch einen gefährlichen Grenzzwischenfall. Petroskys Offiziere haben unsere Guerillakämpfer veranlaßt, eine Grenzstadt anzugreifen. Deren Bewohner hatten bisher keine Bereitschaft gezeigt, in die Partei einzutreten. Die Verluste auf unserer Seite waren sehr hoch. Russische Soldaten kamen daraufhin in unser Lager, um die Reihen der erschöpften Streitkräfte wieder aufzufüllen und viele unserer Stammesgenossen als neue Rekruten zu erfassen. Man führte sie gefesselt ab, und sie mußten in den hohen Stiefeln unbeholfen mitgehen. Nur wenigen ist es unterwegs gelungen zu entfliehen. Russische Flugzeuge verfolgten die Entflohenen und schossen sie mit ihren Maschinenpistolen ab, so daß sie ins hohe Gras fielen, wo man sie dann schnell eingekreist hatte. Sie wurden abgeführt und, wie ich fürchte, nie wieder gesehen.

Als ob das noch nicht genügt hätte, entführten die Russen Hunderte unserer Jungen, um sie in Ulan Bator in der russischen Ideologie zu unterweisen. Sie werden später als Propagandisten zurückkehren und uns zum Kommunismus bekehren wollen. Dein Petrosky spinnt ein ausgedehntes Netz voller Intrigen. Er möchte alles unter seiner Kontrolle haben und die Innere Mongolei ganz dem Herrschaftsbereich des russischen Reiches einverleiben.«

Ohne ein weiteres Wort warf sich Fürst Juchi wie ein junger Mann in den Sattel.

»Nun, was fesselt denn deine Aufmerksamkeit? Etwa die Gänseblümchen auf der Wiese? Hältst du nach der Göttin der Blumen Ausschau? Komm, reite mit mir nach Hause.«

Von seinem inneren Zorn getrieben, ließ Juchi sein Pferd über die Quelle springen. Ein hoher Strauch, der in der Nähe stand, wurde dabei ausgerissen. Einen Augenblick starrte Gobi dem Vater nach, dann stieg auch er auf sein Pferd und jagte davon. Die gelben Bänder, die seine Stellung als Prinzen bekundeten, schwebten wie zwei vom Wind getriebene Banner der Unabhängigkeit hinter ihm her.

In den folgenden Monaten verfolgte Gobi die politische Lage mit großem Interesse. Sehr oft dachte er an Petrosky und dessen kommunistische Ideen. Wenn er nicht mit ihm die Guerillagruppen überprüfte oder sich die eben angekommenen Flugzeuge oder altes Kriegsmaterial ansah, dann hielt er sich im Lager seines Vaters auf und hörte dort ein abschreckendes Gerücht nach dem anderen über den russischen Einmarsch.

Morgens fühlte sich Gobi oft ruhelos und unausgeglichen. Er verglich sich dann gerne mit einer Wildgans, die sich an einem unbekannten Futterplatz niedergelassen und keine rechte Orientierung hat.

Eines Tages stieg er wieder auf sein Pferd, um Petrosky in seinem Ausbildungslager aufzusuchen. Er ließ sein Gewand von den Schultern bis auf die Taille fallen, so daß er wie ein normal gekleideter Nomade aussah. Plötzlich kam Yana zu Pferde um die Ecke gejagt und hielt dicht vor ihm an. Gobi hätte nie erwartet, daß sie ihn aus so großer Entfernung ausfindig gemacht und die ganze Situation so geschickt eingefädelt hatte, um dem Zusammentreffen den Anschein einer zufälligen Begegnung zu geben. Sie warf ihr Haar in den Nacken.

»Warum reitest du so nackt und bloß in der Gegend umher?« fragte sie.

»Das Klima ist augenblicklich nicht dazu geeignet, ein Pelzgewand zu tragen. Außerdem habe ich in der letzten Zeit eine demokratischere Einstellung gewonnen. Doch wo führt dein Weg hin?«

»Wenn du mich nicht so offensichtlich gemieden und deine Ohren nicht immer verschlossen hättest, dann hättest du längst vernommen, wohin ich täglich reite.«

»Ach so, ich bin so taub wie ein Stein? Nun gut, ich bin eben noch ein kleines Kind, das in den Wäldern aufgewachsen ist. Alle neugeborenen Kinder können nun mal nicht hören, weil diese Fähigkeit erst im Laufe der Zeit ausgebildet werden muß. Aber du siehst wirklich gut aus, Yana! Du bist so prächtig wie ein Vogel. Hat dich dein Weg etwa nach der langen Trennung zu mir geführt?«

Sie legte einen Finger an den Mund, zuckte mit den Schultern und kicherte: »Nein, ich reite zu Petrosky.«

»Zu Petrosky?« Gobi runzelte die Stirn und beobachtete sie sehr eindringlich. Ärger stieg in ihm hoch: »Was trägst du denn da an deiner Kette? Ein Militärabzeichen? Was haben die goldenen Schulterklappen zu bedeuten? Und die Ringe an deinem Kleid! Yana . . .! Bist du etwa Offizier geworden? Hast du dich mit den russischen Kommunisten verbündet?«

»Ja . . .! Ja . . .! Ich bin in Petroskys Partei eingetreten. Er hat mich als Offizier ausgebildet, denn uns mongolischen Mädchen fällt ein bedeutender Anteil an der Ausbreitung des Kommunismus zu. Zumindest hat er das zu mir gesagt. Er verfolgt das Ziel, aus jeder mongolischen Frau ein aktives Parteimitglied zu machen. Er möchte uns aus unserem alten Leben herausholen und in Fabriken oder sogar Parteiausschüsse stecken. Ja, wir werden frei sein, und nicht mehr um unseren Topf mit Hammelfleisch herumsitzen.«

»Dann wird aber das jahrhundertelange Familiensystem aufgelöst werden«, meinte Gobi mürrisch.

»Was ist denn daran so bedauernswert? Wer sollte an dieser Tatsache Anstoß nehmen? Wir Frauen machen 50% der Gesamtbevölkerung aus, warum sollten wir nicht auch das Recht haben, Stammesälteste und Regierungsmitglieder zu werden? Petrosky sagt, daß wir eine mächtige revolutionäre Kraft seien. Wir werden Gruppen bilden, welche Familien bearbeiten und ihnen die richtige kommunistische Praxis beibringen.«

»Was willst du außer einer Frau und Herrin eines Zeltes sein?«

»Meinst du mich? Ich habe keinen sehnlicheren Wunsch, als Soldat zu sein. Ein Soldat, der sein Leben voller Hingabe in den Dienst Petroskys stellt. Jemand, der bei Regen mit Schlamm und bei Wind mit Staub bedeckt ist. Eine Frau in der Stellung eines Soldaten wird nie auf Ruhm oder persönlichen Vorteil bedacht sein, sondern wird sich ganz in den Dienst der Sache stellen. Ich werde alles für Petrosky tun.«

Nachdenklich betrachtete Yana eine Antilopenherde, die sie am fernen Horizont entdeckt hatte. Die Tiere stoben durch das hohe Gras und boten ein Bild natürlicher Schönheit. Yana malte sich ein Bild von ihrer angeblichen Unabhängigkeit und Freiheit. Sie merkte gar nicht, wie sie sich im Grunde lauter Täuschungen hingab und sich in andere Abhängigkeiten begab. Sie nahm eine stolze Haltung ein: »Petrosky hat mir einige russiche Offiziere – Frauen – zur Verfügung gestellt, die mich im Lesen, Spinnen, Weben und Schustern unterrichten sollten. Ich sehe keinen Grund, warum du mich mit solch zornerfüllten Augen ansiehst, du kannst mich nicht mehr umstimmen. Die Würfel sind gefallen. Wir Mädchen tragen allerdings anstelle der schweren Stiefel Socken und niedrige Schuhe. Petrosky sorgt dafür, daß wir unser eigenes Einkommen haben. Er hat unseren gesellschaftlichen Status deutlich angehoben, damit wir im Falle einer Heirat von der Herrschaft der Schwiegermutter unabhängig sind.«

Yana machte einen Augenblick Pause, um tief Atem holen zu können. Bevor Gobi ein Wort erwiderte, fuhr sie schon wieder fort:

»Ich helfe Petrosky bei seiner Aufgabe. Du brauchst mich nicht so dumm anzustarren, Gobi, denn ich bin nun mal Yana und nicht irgendein Traumbild deiner Phantasie. Man kann mich zu allem gebrauchen. Frage meinetwegen Petrosky, ob es stimmt. Er wird es dir nur bestätigen. Die Arbeit geht mir leicht von der Hand. Siehst du das große Zelt dort drüben in östlicher Richtung? Unsere Mädchen werden da von russischen Frauen ausgebildet. Ich gehöre schon seit geraumer Zeit zu den Lehrerinnen.«

Gobi saß aufrecht im Sattel und machte eine Handbewegung, als ob er die Zügel ergreifen wollte.

»Yana . . .! Hör mir bitte zu!«

Sie versetzte ihrem Pferd einen kräftigen Hieb mit der Peitsche und ritt auf das eben erwähnte Zelt zu. Gobi fühlte sich in diesem Augenblick von allen Lebensgeistern verlassen. Er gab seinem Pferd die Sporen und jagte in die andere Richtung davon.

Plötzlich erhob sich ein stürmischer Wind, wie man ihn im Wandernden Sand öfter erlebt. Er tobte derart, daß Gobi ihn mit seinen inneren Empfindungen verglich: »Sieh! Sieh! Das hohe Gras neigt sich, die Bäume verneigen sich, und die Äste berühren den Erdboden. Aber ich werde mich nie im Leben unterkriegen lassen. Petrosky wird mich nie zur Unterordnung zwingen können. Ich werde mich nie dem Kommunismus unterwerfen. Irgendwie erinnern mich seine Theorien an einen Traum, den ich in der vergangenen Nacht hatte. Ich sah Yana und mich in der Gestalt zweier junger Vögel, die sich fröhlich im Sonnenschein vergnügten. Plötzlich geriet ich in ein riesiges Spinnengewebe. Die klebrigen, durchwebten Fäden ließen mich nicht mehr los. Ich mühte mich vergeblich ab, meine Freiheit wiederzuerlangen, ich blieb im Netz gefangen. Yana sah gar nicht, in welch gefährlicher Lage ich mich befand. Sie flog weiter umher und pickte an den winzigen, verführerischen Fleischstückchen, die im Netz hingen. Aber auf einmal geriet auch sie in das Spinnennetz, und zu meinem Entsetzen erblickte ich eine riesige, giftige Spinne, die immer näher auf sie zukam, um sie allmählich mit ihrem Gift zu infizieren. Ich schrie auf und zog an den Fäden, um sie dadurch zu befreien. Schließlich wachte ich von meinen eigenen Angstschreien auf. Auch Petrosky erschreckt mich zutiefst, und alles, was er tut, verwirrt mich. Seine Guerillataktiken gleichen keiner der Kriegsführungen, von denen mir mein Lehrer erzählt hat. Er verstreut seine Männer nach einem bestimmten Plan so im ganzen Land, daß sie nicht leicht ausfindig zu machen sind.«

Am nächsten Tag berief Petrosky eine Ratsversammlung ein. Juchis Diener riefen die Ältesten zusammen, rollten eine Wand des Hofzeltes auf und stellten einen Thron aus Kissen für Juchi und Gobi auf. Als die Stunde gekommen war, nahmen Vater und Sohn würdevoll ihre Plätze ein. Die Ältesten gruppierten sich in eindrucksvoller Ehrerbietung um sie herum. Als ein Diener ins Horn blies, standen die Versammelten erwartungsvoll auf. Petrosky erschien im Gefolge seiner Offiziere. Nach den höflichen Verbeugungen und freundlichen Worten zur Begrüßung machte Petrosky bedeutungsschwere Ausführungen:

»Das russische Militärkommando verfolgt das Ziel, euer Land vor dem chinesischen Despotismus zu schützen. Aus diesem Grund hat es die Innere Mongolei zu einer fernöstlichen Kriegszone erklärt. Solange eure Zivilregierung nicht mehr im Amt ist, werde ich alle

Rechte und die Befehlsgewalt in meiner Person vereinigen. Mit der Hilfe meiner Armee bemühe ich mich, jeden Versuch Chinas, in euer Land einzudringen, abzuwehren. Um euer Lager werde ich eine Verteidigungsmacht aufbauen. Ich werde Wachtposten aufstellen und einen geheimen Nachrichtendienst errichten.«

Ein ernster Ausdruck lag auf Petroskys Gesicht. Ohne eine Antwort oder eine Diskussion abzuwarten, entfernte er sich mit seinen Offizieren wie ein moderner Diktator, den stets eine Sicherheitsgarde umgibt.

Von diesem Tag an bewachten Petroskys Agenten Tag und Nacht die Zelte Juchis. Sogar im Hofzelt mußte er mit seinen Beamten im Flüsterton sprechen, wenn er sich nicht von Spionen abgehorcht wissen wollte.

Eines Abends saß er mit Gobi vor dem offenen Feuer und sagte mit leiser Stimme: »Heute nachmittag besuchte mich eine Abordnung des Steintal-Lagers. Ich erfuhr, daß Petrosky kleine Jungen dafür bezahlt, wenn sie ihre Nachbarn bespitzeln und sie dann wegen Kritik an der kommunistischen Partei anklagen.

Während eines solchen Scheinverhörs wurden 22 Personen von uns ›überführt‹. Sie wurden bis zum Hals begraben, und ihre eigenen Pferde mußten auf ihrem Kopf herumtrampeln.«

»Mir ist er immer freundlich begegnet.«

»Das ist mir klar, weil er dich sehr schätzt und du ein Prinz bist. Aber in Gegenwart von einfachen Nomaden nimmt er diese Haltung nicht ein, ihnen ist er nicht gnädig gesonnen. Man liest dann eine tiefe Verachtung in seinen Augen.«

Der Diener trat ein und setzte sich in die Nähe des Feuers. Juchi sprach nicht mehr weiter, weil er nicht wissen konnte, ob ihn sein eigener Diener nicht bespitzelte. Gobi stand auf und verließ das Zelt. Er schwang sich auf sein Pferd und ritt eilends zu Petrosky, um ihm seine Not verständlich zu machen. Er hatte erst eine kurze Strecke zurückgelegt, als er eine Gruppe Reiter entdeckte, die sich, so schnell sie nur konnten, auf ihren leichtfüßigen Pferden vorwärtsbewegten. Sie hatten sogleich die gelben Streifen auf Gobis Pelzkappe gesehen, stiegen von ihren Pferden ab und rannten zu ihm hin. Ein Mann kniete sich im Staub vor ihm nieder:

»Wir sind gerade auf dem Weg zum Zelt Ihres Vaters. Die russischen Kommunisten haben eine Siedlung besetzt und unser Vieh mitgenommen. Sie haben schon Hunderte von Viehherden eingezogen und uns alles, was wir besaßen, geraubt.«

Ein anderer konnte nicht mehr länger an sich halten und stürzte nach vorn. Er kniete sich neben den ersten und hob flehend seine Arme: »Was soll ich unternehmen, Prinz? Sie haben mir sogar meinen Weizen und meine Hirse genommen. Wir werden im kommenden Winter verhungern.«

Gobi sprang ab. Er nahm keine Rücksicht mehr auf seine fürstliche Herkunft und richtete die beiden Männer, die zu seinen Füßen lagen, auf.

»Wenn ihr mir das Versprechen abgebt, meinem Vater nichts von der Beschlagnahmung mitzuteilen, dann werdet ihr alles, was ihr verloren habt, zurückbekommen.« Sie sahen ihn erstaunt an, weil sie ihren Ohren kaum trauen konnten. Ihre Augen gingen hin und her und ließen ihren inneren Argwohn erkennen.

Hielt der junge Prinz sie zum Narren? Macht er sie zum Gespött ihrer Nachbarn?

»Ich gebe mein Wort darauf.«

Die Männer zögerten. War es wirklich denkbar, daß sie alle ihre Kamele und Schafe zurückbekommen sollten? Daß sie noch einmal vor dem Hunger und Hungertod bewahrt bleiben würden?

»Ich halte mein Versprechen.«

Ein zaghaftes Lächeln umspielte ihre Lippen, als sie sich vor dem Prinzen verneigten. Sie waren nur zum Teil überzeugt und zögerten noch, während sie sich gegenseitig ihre Zweifel mitteilten.

»Geht jetzt!« Gobi wurde richtig ungeduldig.

Bei dem Klang seiner befehlsbetonten Stimme sprangen sie auf die Pferde und ritten zu ihrem Lager zurück.

Gobi sah ihnen nach, bis sie hinter einer Staubwolke verschwunden waren. Heimlicher Ärger erfüllte ihn: »Jetzt liegt es an mir! Wenn ich Petrosky davon abhalten will, die Herden meines Volkes zu beschlagnahmen, dann muß ich auf ihn zutreten und ihm sagen, wo er etwas von unserem Gold und Öl finden kann, um damit seine Soldaten zu bezahlen.«

Er schnalzte laut mit der Zunge, worauf Sage als Antwort den Kopf hob. Sie galoppierte schnell über die weite Fläche der Wüste. Kurz vor Petroskys Zelt verlangsamte sie ihren Schritt. Einige Soldaten versuchten, den Ankömmling anzuhalten. Als sie aber Gobi erkannten, nahmen sie ihm die Zügel ab und forderten ihn auf, einzutreten. Petrosky saß an einem niedrigen Tisch und war von mehreren Offizieren umgeben. Vor ihm stand eine Karaffe mit Kaffee und eine Flasche Wodka. Er stand sofort auf und streckte Gobi seine Hand zur Begrüßung hin. Dieser schlug jedoch nicht in die dargereichte Hand ein.

»Ich möchte mit Ihnen allein sprechen, weil ich Ihnen etwas Dringendes mitzuteilen habe.«

Ein Schatten von Angst und Belästigung huschte über Petroskys Gesicht, doch er willigte in Gobis Vorschlag ein und entließ seine Offiziere mit einer Handbewegung und einigen gebieterischen Worten. Nachdem sie hinter dem Vorhang verschwunden waren, langte er nach dem leeren Glas und goß Wodka ein.

»Sie scheinen erregt, sogar wütend zu sein. Setzen Sie sich bitte und trinken Sie etwas.«

Gobi schlug die Einladung aus und blieb stehen. Er verzichtete auf die übliche mongolische Vorrede und kam sofort auf sein Anliegen zu sprechen: »Sie müssen endlich damit aufhören, das Vieh unserer Nomaden zu beschlagnahmen! Ich fordere Sie auf, alles sobald wie möglich zurückzuerstatten.«

»Was wollen Sie damit sagen? Wer zwingt mich denn dazu? Etwa Sie?« Ein peinliches Schweigen folgte. »Verlangen Sie auch von mir, alle Pelze zurückzubezahlen? Oder vielleicht die bronzenen Götterbilder, die Weihrauchkerzen und Tempelglocken, die ich den törichten Lamas abverlangt habe?«

»Ich würde nie einen Finger erheben, um Sie daran zu hindern, unsere Tempelglocken zu entfernen. Meinetwegen können Sie unsere Tempel vollkommen entleeren, aber geben Sie uns unsere Viehbestände wieder! Ohne diese werden wir verhungern.«

»Und wer kommt dann für meine mongolischen Truppen auf?«

»Ich werde dafür zahlen.«

»Und mit welchen Mitteln, wenn ich mir diese Frage erlauben darf?«

»Mit Gold.«

Petrosky setzte sich hin und lehnte seine Schultern zurück, als ob ihm ein Schlag ins Gesicht versetzt worden wäre. »Gold?«

»Und Öl, Erz und andere Bodenschätze, u. a. Uran, wovon bei euch immer die Rede ist.«

Petrosky konnte nicht mehr ruhig sitzenbleiben. Er sprang vor Freude und Erregung auf, legte seine Hände auf Gobis Schultern und blickte in seine Augen, als ob er da eine Bestätigung für die gute Nachricht finden wollte.

»Ich verrate Ihnen, wo Sie genügend Gold und Uran finden, damit Sie den Unterhalt für Ihre Soldaten finanzieren können, wenn Sie mir vorerst drei Dinge versprechen: 1. Daß Sie unser Volk für alles entschädigen, was Sie beschlagnahmt haben; 2. daß Sie nicht mehr von unseren Vorräten nehmen, als Sie zum Unterhalt Ihrer Armee benötigen und 3. daß Sie niemandem verraten, auch nicht Ihren Offizieren, von wem Sie die Mitteilung erhalten haben.«

»Abgemacht.«

Petrosky setzte sich jetzt wieder an den Tisch und führte mit Gobi ein Gespräch, das niemand belauschen konnte. »Wo kann ich denn Gold und Uran finden?« Sein Atem drang bis an Gobis Gesicht. Die Nähe des Russen erinnerte diesen an den stechenden Geruch eines Pferdes bei Regen, er fühlte sich auf einmal in Alarm versetzt: »Mache ich hier einen Fehler? Vielleicht habe ich zu voreilig gehandelt, als ich meinen Stammesgenossen helfen wollte, nur weil sie schon halb verhungert waren. Doch warum mache ich mir solche Sorgen? Wir besitzen ja einen Goldschatz, der jahrhundertelang verborgen war, ohne je benötigt worden zu sein.«

»Die Bodenschätze liegen in der Berglandschaft an der Grenze zu Nord-Sui yuan. Die Uranvorräte könnt ihr im Tagebau an den Abhängen der Liang-Berge heben.«

Gobi hob seine Schultern, und seine Augen strahlten vor innerer Freude.

»Ich werde die Berge stets bewachen lassen und sofort einige Flugzeuge von Rußland anfordern, damit wir das Gold und Uran ausführen können. Alles Übrige hat noch Zeit.«

»Ich hoffe, Sie halten Ihr Versprechen ein.«

»Ich habe mir die drei Bedingungen ins Herz geschrieben.«

Die beiden wechselten einen bedeutsamen Blick miteinander, dann erhob sich Gobi und verabschiedete sich mit einem militärischen Gruß.

In der kommenden Nacht hatte er einen sonderbaren Traum, nachdem er endlich vom Schlaf übermannt worden war. Er sah einen Geier, der sich vom Himmel herabstürzte. Dieser rollte seine unheimlichen Flügel ein und stürzte sich mit einem dumpfen Aufprall auf Gobis Brust. Er krächzte leise und senkte den Kopf, um auf seinem Opfer herumzuhacken. Gobi kämpfte gegen den Vogel an und versuchte immer wieder, ihn wegzuscheuchen, aber die Schreie blieben in seiner Kehle stecken und kamen nur noch als Röcheln heraus. So sehr er sich auch mühte, er vermochte einfach seine Arme nicht zu bewegen. Leblos und vor Entsetzen gelähmt beobachtete er mit weit geöffneten Augen, wie sich das Gesicht des Geiers in das Antlitz Petroskys verwandelte. Schließlich erwachte er durch seine eigenen Laute und kehrte von dem furchtbaren Erlebnis des Traumes in die Wirklichkeit zurück. Aber der Traum hinterließ seine Spuren. Gobi nahm sich in dieser Nacht vor, jeden Kontakt mit dem Russen abzubrechen.

Einige Wochen später erklärten die russischen Offiziere, daß sich die Guerillas auf einen erneuten Angriff auf die Stadt Kalgan vorbereitet hätten. Petrosky bat Gobi, ihn und seine Truppen dorthin zu begleiten. Obwohl dieser noch große Antipathien gegen ihn und den Kommunismus hegte, gab er ohne Wissen seines Vaters seine Einwilligung. Nach einigen Tagen kamen die beiden in der Dämmerung in der Nähe von Kalgan an, um zu sehen, wie sich Tausende von Guerillas vereinigten und sich zum Angriff rüsteten. Als die Nomaden auf die Stadt zuritten, gaben sie sich unterwegs alle erdenkliche Mühe, jeden zu töten, der ihnen begegnete, weil sie ihre Bewegung vor der chinesisch-kommunistischen Garnison geheimhalten wollten.

Daher waren die Soldaten in der Stadt auch völlig überrascht, als viele Reitertruppen im Schutz der Dunkelheit herangaloppierten. Diese besetzten den riesigen Platz vor dem Stadttor, um von hier aus geschickt vorgehen zu können. Sie waren mit modernen Kanonen und Maschinengewehren ausgerüstet, aber auch mit alten Lanzen bewaffnet. Sie schmetterten auf ihren Trompeten und trommelten unaufhörlich auf ihren Kesselpauken. Sie waren kaum von den Pferden abgestiegen und hatten sich aufgestellt, als sie auch schon anfingen, das Tor zu bombardieren. Dieses leistete ihnen noch Widerstand, weil es aus massivem Holz bestand und ganz mit Eisenplatten bedeckt war.

Die Guerillas ließen sich aber nicht entmutigen, und unter Petroskys Kommando erklommen sie die Stadtmauer. Sie schienen darin so geübt zu sein wie Affen im Bäumeklettern.

Sie hatten starke Seile um den Körper gelegt, mit deren Hilfe sie Eimer hochzogen, die bis zum Rand mit Teer gefüllt waren. Dann steckten sie den Teer mit ihren Fackeln an und warfen die Eimer in Richtung Tor. Nach und nach löste sich das Eisen von der Hitze auf. Und schon bald stand das ganze Tor in Flammen, so daß die Guerillas es ohne Mühe rammen konnten. Sie atmeten erleichtert auf, als es ihnen gelungen war, das Tor aufzustoßen. Im Nu stürmten die russischen und mongolischen Soldaten in die Stadt. Gobi war ganz entsetzt über die Gewalttätigkeit seiner sonst so besonnenen Stammesgefährten. Eine unstillbare Gier nach Beute hatte sie ergriffen, sie waren nicht mehr wiederzuerkennen. Kann sich ein Mensch in so kurzer Zeit in seinem Wesen um 180 Grad drehen? In seiner inneren Verzweiflung wandte Gobi sich an Petrosky, der gerade neben ihm stand:

»Sie täten gut daran, eine straffere Hand anzulegen. Ich glaube nämlich nicht, daß die Kämpfer von dem Eifer für die Ausbreitung des Kommunismus ergriffen sind, sondern daß die einfache, ungezügelte Gier sie zu diesem Handeln treibt. Wenn Sie die Leute nicht hindern, werden diese die ganze Stadt plündern und anschließend in Brand stecken.«

Petrosky wußte genau, was Gobi zu diesen Worten veranlaßt hatte, aber er erwiderte nichts auf dessen Bemerkung, sondern zuckte völlig gleichgültig mit den Schultern. Schon im nächsten Augenblick war Gobi von der tobenden Menge erfaßt und weggestoßen worden. Um ihn herum entbrannte eine grauenhafte Schlacht. Die Guerillas feuerten eine Salve nach der anderen los. Weit und breit hörte man das Krachen ihrer Gewehre. Die Straße verwandelte sich in einen Strudel von kreischenden und kämpfenden Menschen. Viele Geschosse drangen wahllos in die Häuser ein, und die Verluste wuchsen auf beiden Seiten erschreckend in die Höhe. Eine Zeitlang sah es aus, als ob die chinesische Garnison die Angreifer erfolgreich abwehren könnte, doch die Mongolen und Russen kämpften bis zum letzten. Sie waren sich der Tatsache bewußt, daß sie wie Tiere abgeschlachtet würden, wenn sie das Gefecht verlieren sollten. Petrosky war von dem Kampf ganz erhitzt. Er rief gerade seinen Männern zu, daß sie Maschinengewehre und Kanonen heraufbringen sollten. Mit Hilfe der Kanonen ließen sie die Mauern, die die Häuser umgaben, einstürzen und auf die Verteidiger fallen. Mit den Maschinengewehren mähten sie auch die hin, die noch nicht von den herunterfallenden Ziegeln verletzt worden waren. Die chinesischen Soldaten hingegen waren nicht für die Schlacht ausgerüstet und flohen, sobald sie nicht mehr von einer ausreichenden Anzahl Offiziere befehligt wurden. Endlich fand die Schlacht ein Ende.

Ein Höllenlärm erhob sich. Viele mongolische Guerillas und russische Soldaten erklommen die Wände der Häuser, um die Tore von innen zu öffnen. Sobald sie sich im Innenhof befanden, schlugen sie mit Hilfe ihrer Bajonetten Fenster und Türen in Stücke, um dann so viel zu plündern, wie ihr Herz begehrte. Hatten die Mongolen und Russen ein Haus hinter sich gelassen, folgten ihnen die gewalttätigen chinesischen Straßenkehrer auf den Fersen, um sich das, was die Angreifer nicht mitgenommen hatten, anzueignen. Sie zerstörten beinahe noch mehr als die Kommunisten, sie schwirrten wie Heuschrecken umher und drängten sich durch die aufgebrachte Menschenmenge. Aus Angst preßten sie die Beute nur noch fester an sich.

Gobi war von der furchtbaren und unmenschlichen Situation wie versteinert. Er starrte einen Mann an, der bewegunglos an seinen Türpfosten gelehnt dastand, um in seiner äußersten Verzweiflung und Hoffnungslosigkeit seine letzte Habe vor den Händen der Raufbolde zu schützen. Er beobachtete auch einen halsstarrigen Geldwechsler, der seine Kasse retten wollte und sich mit seinem breiten Körper vor den Eingang seines Hauses stellte. Der Mann schrie unheimlich auf, als ein Guerilla ihn entdeckte und sein Bajonett in den Magen seines Opfers stieß. Der Geldwechsler floh und hielt seinen Magen mit beiden Händen fest, weil er furchtbare Schmerzen verspürte.

Schnell fanden sich andere Guerillas ein, sie stießen die Tür mit vereinten Kräften auf und stürzten in das Innere. Sie warfen ein Möbelstück nach dem anderen in die schreiende Masse. Von dem Gefühl eines plötzlichen Triumphes erfaßt, schleuderten sie mit Zigarettenpäckchen um sich, über die sich die Leute dann eifrig hermachten.

Die Gier nach Beute hatte die Leute vollkommen berauscht. Sie fuchtelten mit ihren Gewehren und taumelten immer weiter. Gobi folgte und wartete, als sie wenig später wieder anhielten. Er beobachtete sie beim Aufbrechen einer Wohnung, die sich als ein chinesisches Geschäft herausstellte. Das war für sie eine Enttäuschung, die sie verärgerte. Sie führten sich drinnen wie ein Rudel Bären auf, das sich an der freien Wahl seines Weges gehindert fühlte. Aus dem Hintergrund drängte die Menge, und einige der Guerillas wurden in die Wandschränke gepreßt, wobei sie einen aufgestapelten Haufen von chinesischem Porzellan zertrümmerten.

Die Frau des Inhabers stellte sich demonstrativ in den Eingang und sah dem Treiben eine Zeitlang zu. Dann stürzte sie sich aufgebracht auf die Eindringlinge und schlug auf die Plünderer ein. Einem Mann knallte sie ihre Faust mitten ins Gesicht, einen anderen trat sie. Und anschließend verschaffte sie sich mit einigen kräftigen Bewegungen freie Bahn nach draußen. Die Soldaten versuchten, sie an sich zu reißen, aber der Versuch mißlang, weil sie sich so flink wie eine Robbe aus der gefährlichen Situation wand. Wütend zerstörten sie die Inneneinrichtung und machten sich eilends in das nächste Haus auf.

Gobi wollte den Versuch unternehmen, sie durch seine Autoritätsstellung als Prinz wegzuscheuchen. Doch Petrosky hielt ihn zurück. Er bemerkte Gobis Ärger und erklärte daraufhin: »Mischen Sie sich nicht in die Angelegenheiten meiner Soldaten ein. Ich habe ihnen die Erlaubnis gegeben, daß sie zur Belohnung so viel plündern könnten, wie sie nur wollten. Jeder Soldat hat ein Recht dazu.«

Gobi wußte zwar, daß in Kriegszeiten das Recht des Plünderns galt, aber er entzog seinen Arm sofort aus der Hand Petroskys. Der Kommunismus hatte es also auch nicht geschafft, diese unmenschliche Angewohnheit zu überwinden und abzuschaffen. Ein Gefühl der Übelkeit ergriff ihn. Er gab Petrosky keine Antwort. Seine Augen folgten einigen russischen Soldaten, die gerade auf die verbarrikadierten Fenster eines Pfandhauses einschlugen. Manche gaben Schüsse ab, andere riefen: »Macht die Tür auf!« Aber der Pfandleiher hielt sich in einem Raum verborgen und reagierte überhaupt nicht. Erneut schrien sie: »Öffnet die Tür! Im Namen des Kommunismus, gehorcht uns auf der Stelle!« Es blieb still, keine Antwort.

Sie zerschlugen die Tür mit ihren Äxten und drangen in das Geschäft ein, bis sie vor einem hohen Zahltisch halt machten. Dieser Tisch war dazu bestimmt, alle armen Kunden in einem respektvollen Abstand von dem reichen Besitzer zu halten. Diese vornehme Aufmachung des Leihhauses rief den Ärger und die Verachtung der Kommunisten hervor. Zwei junge Rowdies sprangen auf den Tisch und fragten die andern in ihrer ausgelassenen Stimmung, ob sie ihnen die Damenkleider zuwerfen sollten, die in einem der Schränke aufbewahrt wurden.

Unter schallendem Gelächter zogen sie die Kleidungsstücke dann selber an und schleuderten eine Perücke nach der anderen in die Menge. Sie wurden immer ausgelassener, warfen sich Zinnleuchter und Pelzhüte zu, und jeder versuchte, die Gegenstände an sich zu reißen.

Hier und da loderte ein Feuer auf. Manche mußten einen qualvollen Tod erleiden. Andere gerieten in das Flammenmeer, das sich im Nu ausbreitete, weil das Feuer von einem Haus zum anderen und von einer Straße zur anderen übersprang. In den Flammen brannten die Geschäfte aus, und die allgemeine Verwirrung wurde immer größer. Die kommunistischen Ausbeuter ließen sich dadurch nicht aus der Ruhe bringen und plünderten immer weiter. Gobi ging ihnen mit großem Widerstreben nach, allerdings unternahm er nicht den Versuch, sich in ihre Angelegenheiten einzumischen oder sie gar abzuhalten. Einige Offiziere gierten nach immer größeren Reichtümern und waren nur auf ihren eigenen Vorteil bedacht. Es war nichts mehr davon zu sehen, daß sie ihr Leben in den Dienst der Ausbreitung des Kommunismus gestellt hatten.

Ein Offizier versuchte, einem Mann ein Paket zu entreißen. Dieser wehrte sich mit allen Kräften und stieß den Offizier zur Seite. Mit einem heftigen Ruck zückte der Russe sein Schwert und stieß es in die Kehle des Mannes. Der Verletzte stieß einen grauenhaften Schrei aus und stürzte auf der Stelle zu Boden. Gobi war außer sich und hatte für die entsetzliche Handlungsweise der russischen Kommunisten nur schärfste Mißbilligung und Verachtung. Er wandte sich in seiner Wut rasch um, um Petrosky gegenüberzutreten, der ihn schon wieder aufgespürt hatte.

»Warum beenden Sie nicht endlich dieses unmenschliche Abschlachten? Wollen Sie mit solchen Methoden die Proletarier auf Ihre Seite ziehen?«

Petrosky hob seinen Arm, als ob er seinem Gegenüber ins Gesicht schlagen wollte. Er hielt sich dann aber doch unter Kontrolle. »Lassen Sie meine Leute in Ruhe. Sie haben das Recht, soviel mitzunehmen, wie sie gebrauchen können.«

Gobi entfernte sich und suchte einen Weg durch die umherlaufende Masse. Aber sein Versuch, dem grausamen Treiben zu entrinnen, war von vornherein zum Scheitern verdammt. Einen Augenblick später begegnete er einem alten Mann, der auf der Treppe seines Hauses stand und seiner Frau eine Vase zuwarf. Sie fing den Familienschatz auf und wollte damit entfliehen, als ein junger, frecher mongolischer Soldat sie an sich zerrte und ihr die Vase entriß. Die zersprang in Stücke. Doch die Frau unternahm nicht einmal den Versuch, ihre Stimme zum Protest zu erheben. Gobi half einem kleinen Mädchen, die Scherben der wertvollen Vase aufzuheben. Im gleichen Augenblick bemerkte er, wie ein Mongole einen alten Mann zu Boden warf, als dieser versuchte, seinen Lieblingsvogel in einem Käfig in Sicherheit zu bringen. Einen anderen stach der Rohling nieder, weil er ihm beim Plündern im Wege stand. Er wandte sich dann um und hielt eine Schar Frauen und Mädchen auf, von denen jede ein Bündel Kleider im Arm hatte. Als ein Mädchen seine blutbefleckten Hände sah, versteckte es sich in der Menge.

Gobi konnte seinen Augen kaum trauen. Seine Stammesgenossen waren doch früher fast kindlich in ihrer Unschuld gewesen. Wie hatten sie sich verändert! Heute waren sie ekelhafte Plünderer. Er mußte sich an eine Mauer lehnen, denn er empfand sein Elend wie einen physischen Schmerz.

Einen Augenblick später folgten seine Augen einer jungen Frau, die aus ihrem Haus stürzte und einen mongolischen Soldaten abzuwehren versuchte, der soeben vor ihrer Tür aufgetaucht war. Der Mann griff nach ihr, aber er packte anstelle der Frau das kleine Kind, das sie in ihren Armen hielt. Mit einem Blick der Verachtung streifte er das Kind und warf es zu Boden. Hilflos schreiend lag der winzige Körper in dem Dreck der Straße. Die Frau hatte in ihrem ersten Schrecken gar nicht bemerkt, daß sie ihr Kind verloren hatte. Sie erblickte einen Arbeitstisch, schnappte ihn und stieß den Mann damit an die Mauer des Hauses. Dann gelang es ihr, sich auf das Dach hochzuziehen. Sie blieb flach auf den Ziegeln liegen, um keine Aufmerksamkeit zu erregen. Erst jetzt vermißte sie ihr Kind.

Hastig drehte sie sich um und spähte nach unten. Ihre Augen weiteten sich vor Entsetzen, sie konnte nur noch einen schreckenserregenden Schrei ausstoßen. Ihr Gesicht erstarrte und sank auf die Ziegeln. Sie zitterte am ganzen Körper und glitt aus. Sie versuchte noch, sich an den Ziegeln festzuhalten, fand aber keinen Halt mehr und griff in die Luft. Sie stürzte, prallte zuerst mit dem Kopf auf, dann fiel der ganze Körper mit einem dumpfen Aufprall direkt vor die Füße des Guerillas.

Ehe der Mann ihren Schmuck entreißen konnte, war Gobi schon auf ihn zugesprungen und schlug heftig auf ihn ein. Der Nomade erkannte ihn sofort. Obwohl er sich dem Kommunismus verschrieben hatte und ein Anhänger seiner Gleichheitsprinzipien war, war er noch von Respekt gegenüber dem Sohn des herrschenden Fürsten erfüllt. Er stand bewegungslos vor Gobi und ließ sich für seine Untat bestrafen, ohne einen Ton von sich zu geben oder ein Glied zu bewegen. Nachdem sein Ärger sich so abreagiert hatte, verschwand Gobi. Er erkannte, daß Petroskys theoretische Ansätze überhaupt nicht der Praxis entsprachen. Er fühlte sich völlig desillusioniert. Dann sah er eine Gruppe Guerillas, die eine Anzahl erschreckter Frauen hetzten.

»Ich komme mir so vor, als hätte ich mich in Brennesseln gesetzt«, sagte Gobi mit vernehmbarer Stimme. Er bahnte sich einen Weg an Kamelen und Pferden vorbei und durch das Menschengedränge, die die Straßen versperrten. Unterwegs begegnete er einem Bettler, der gerade damit beschäftigt war, einem Toten voller Genugtuung und mit einem höhnischen Lächeln die Goldzähne wegzunehmen.

Endlich befand er sich außerhalb der Stadt. Sein Pferd stand noch auf demselben Platz, an dem er es verlassen hatte. Auch der Zaum lag noch immer um seinen Kopf, während es geduldig auf seinen Herrn wartete. Gobi flüsterte ihm einige erklärende Worte ins Ohr, stieg dann auf und ritt in der Dunkelheit über die Steppe. Er war am Ende seiner Kräfte.

Den ganzen folgenden Tag legte er den Weg nach Hause zurück. Er nahm sich kaum Zeit, Kamelfleisch aus seiner Satteltasche zu essen. In den frühen Morgenstunden des zweiten Tages hörte er ein Flugzeug über sich, das die gleiche Richtung wie er einschlug. Chinesische Flugzeuge! Er fragte sich bang: »Ob sie einen Vergeltungsschlag üben? Ob sie sich zum Ziel gesetzt haben, unser Lager in einem erneuten Grenzzwischenfall zu bombardieren? Wie werde ich mein Lager antreffen? Wird es total zerstört sein? Sind unsere Leute getötet, die Zelte niedergebrannt und die Herden vernichtet?«

Er ritt weiter in finsterer Stimmung. Der Weg führte über die ausgetrocknete Ebene und bot kaum Abwechslung. Nach weiteren zwei Tagen erreichte er endlich seine Siedlung. Schon der erste Eindruck machte ihm klar, daß die Angriffe durch Flugzeuge und Truppen noch schlimmere und verheerendere Ausmaße angenommen hatten, als er es sich vorgestellt hatte. Die Familien hatten die Flucht ergriffen und in den nahen Bergen Zuflucht gesucht. Doch am Abend kehrten sie zurück, die Männer waren vollkommen übermüdet und überanstrengt. Die Frauen sahen unordentlich aus, sie hatten ihr Haar nicht frisieren können, das einfach herunterhing. Die Menschen stiegen von ihren Pferden und taumelten bestürzt von einem durchwühlten Zelt zum anderen, ihre Füße schienen zu Steinen geworden zu sein. Sogar die Kinder schwiegen. Die Katastrophe, die ihr Lager heimgesucht hatte, flößte ihnen entsetzliche Furcht ein.

An jenem Abend lagerten sich die Stammesältesten um das Feuer, das sie inmitten der zerstörten Zelte angezündet hatten. Sie hatten diese Ratsversammlung, wenn sie alle auch noch so verdrossen und niedergeschlagen waren, einberufen müssen, um sich mit dem Problem zu beschäftigen, wie die heimat- und mittellos Gewordenen ernährt und wie ihnen eine Unterkunft verschafft werden könnte. In der Nähe standen schweigende Männer und Frauen und lauschten dem Gespräch, das wahrscheinlich über ihre nahe Zukunft entschied.

Juchi, Houlun und Gobi saßen auf einem Platz, der etwas hervorstach. Wie die anderen hockten sie aber auf der Erde ohne Sitzkissen. Gobi blickte unentwegt in die Flammen, ab und zu wandte sich sein Blick den verwüsteten Zelten, der Menge zerstörter Sättel und leblosen Körper von Menschen und Tieren zu, an die sich schon bald die Wildhunde herangemacht hatten.

Dann stand auf einmal der Führer der Ältesten auf und sprach mit verzweifelter und hoffnungsloser Stimme: »Wer hätte je daran gedacht, daß die Truppen der chinesischen Kommunisten auf der Stelle einen Vergeltungsschlag verüben würden, nachdem Petroskys Guerillatruppen Kalgan überfallen hatten?«

»Die sowjetischen Soldaten haben uns gegen unseren Willen überrollt«, klagte ein Ältester. »Es ist dahin gekommen, daß sie mit uns machen, was ihnen beliebt. Wir haben uns ihrem Einfluß willenlos hingegeben. Wie hätte Petrosky sonst eine solch große Truppe aus unseren Reihen in dieser kurzen Zeit aufbieten können? Die Russen sind nicht nur in unser Gebiet eingedrungen, sondern haben sich ebenso der weiteren elf Siedlungen unseres Stammes bemächtigt.«

»Wie haben sich die Russen so schnell ein Heimatrecht erschlichen!« fügte Houlun hinzu. »Ihr Ältesten, ihr habt ihnen genügend Mädchen gegeben, die bei ihnen geblieben sind. Habt ihr sie nur wie andere Gäste empfangen? Nein, auf keinen Fall! Viele haben ein mongolisches Mädchen gekauft, um es zur Frau zu nehmen. Aber keiner von ihnen hat je im Traum daran gedacht, ein Kamel dafür herzugeben. Ich habe gehört, daß es Offiziere geben soll, die sich in jedem Camp eine mongolische Frau zugelegt haben.«

»Es ist eine ihrer Taktiken, mongolische Frauen zu heiraten und damit gleichzeitig unsere Familien für den Kommunismus zu gewinnen«, erklärte Fürst Juchi. »Die Kinder, die aus einer solchen Ehe hervorgehen, haben einen russischen Vater und stehen demnach nicht unter dem Schutz unserer Gesetze.«

»Unsere Männer wurden unmerklich in den russischen Kommunismus hineingezogen«, meinte ein Ältester. »Petrosky hat in jeder unserer Versammlungen von seinen Idealen gesprochen. Er hat prosowjetische Spiele aufführen und Vorträge halten lassen. Immer mehr Militärparaden wurden abgehalten. Er hatte immer etwas im Rückhalt, um unsere Jugend für sich zu gewinnen. Wir haben noch nie ein so ausgelassenes Treiben in unserem Lager erlebt. Unsere Männer waren völlig begeistert und haben nicht unterscheiden können, ob Petrosky ihnen in ihren Lebensumständen wirklich helfen oder ob er sie nur für den Kommunismus beschlagnahmen wollte. Jetzt sehen wir mit eigenen Augen, was aus diesen Männern geworden ist! Sie haben uns ins Unglück gestürzt.«

Bei diesen Worten erhob sich Houlun. Sie nahm einen Spaten und warf ein wenig Kameldung auf das Feuer. Sofort entstand Rauch und verteilte sich über die Schar der Versammelten. Er war eine phantastische Umrahmung für die Pracht der gelben Kleider und den Glanz des kostbaren Haarschmuckes. Sie sah die Männer an. Als eine Prinzessin von Geburt und als Frau des Fürsten besaß sie gewisse Vorrechte. Man verlangte daher auch nicht von ihr, mit den anderen Frauen am Rande der Versammlung zu stehen.

»Ich für meinen Teil habe mich nie von dem vordergründigen Lächeln und dem kameradschaftlichen Auftreten Petroskys einfangen lassen. Auch seine Militärparaden haben mich nicht beeindruckt. Von Anfang an bin ich der übertriebenen Art, wie unsere Frauen die Soldaten begrüßt haben, mißtrauisch begegnet. Unsere Mädchen hätten Männer, die direkt vom Mond gekommen wären, nicht liebevoller begrüßen können.«

Houlun sprach nur stockend weiter, weil sie sich immer nur ungern über persönliche Dinge äußerte. Sie hob ihr Haupt: »Wenn ich nachts nicht schlafen kann, dann tauchen immer zwei Bilder in meinem Inneren auf. Auf dem einen blicken unsere vertrauensvollen Mädchen lächelnd zu den stattlichen russischen Soldaten auf, und auf dem anderen werden unsere jungen Männer hinterrücks von Kugeln getroffen und fallen auf der Stelle ins hohe Gras.«

Sie hätte sicher von den Dingen, die sie so sehr bewegten, weitergeredet, wenn nicht eine Frau in die Versammlung getaumelt wäre. Diese hatte in dem Durcheinander nach dem Angriff der Chinesen ihren fünfjährigen Sohn verloren. Nach der Rückkehr hatte sie jede Leiche einer ausgiebigen Untersuchung unterzogen, aber trotz allen Bemühungen hatte sie ihren Sohn nicht ausfindig machen können.

Große Tränen rannen über ihre Wangen, so daß sie alles nur noch verschwommen erkennen konnte. Sie ging einer kleinen Hand nach, die unter eine Decke von Schaffellen hervorguckte. Sie streckte ihre Hand aus und lief wie eine Schlafwandlerin darauf zu. Sie wurde von einem unwiderstehlichen Impuls angetrieben. Sie fiel auf die Knie, zog die Decke beiseite und begann herzzerbrechend zu schluchzen. Sie hatte ihr Kind endlich gefunden, es hielt sogar noch sein Lieblingstier im Arm. Eine Kugel hatte seinen Mund durchbohrt, eine andere war durch die blauen Augen seiner weißen Katze gedrungen. Mit dem einen Arm hielt die Mutter ihren Sohn fest und mit dem anderen die tote Katze. Mit diesem traurigen Bündel taumelte sie in die Dunkelheit der Nacht, ein Bild des Schrekkens, das die Sinnlosigkeit jedes kriegerischen Unterfangens zum Ausdruck brachte. Lange nach dem Verschwinden der Frau vernahmen die Versammelten noch ihr herzzerreißendes Schluchzen.

Juchi stand auf und sagte mit gedämpfter Stimme: »Diese Frau hält das Ergebnis von Petroskys kommunistischer Propaganda in den Armen. Die Kommunisten haben ihren Rachen weit geöffnet, damit sie den ganzen Osten verschlingen können.«

Es war schon sehr spät, als Juchi die Versammlung verließ, um mit seiner Familie nach Hause aufzubrechen.

Zu Hause saßen sie noch eine Weile am Feuer. Gobi wandte sich an seinen Vater: »Es ist sehr bedauerlich, daß eine so in die Augen fallende Differenz zwischen der Lehre und der Praxis des Kommunismus besteht. Das eine ist wirklich erstrebenswert, aber das andere so furchtbar grausam. Die Kommunisten setzen ihre Lehre mit Waffengewalt durch. Ich habe herausgefunden, daß es in dieser Welt nur zwei bestimmende Kräfte gibt, den Geist und das Schwert.«

»Doch letztlich trägt der Geist den Sieg davon«, erwiderte Juchi.

»Der letzte Grenzzwischenfall hat mich sehr beunruhigt, und ich bin sehr traurig über den Tod so vieler Mitglieder unseres Clans und über die verbrannten Zelte. Aber trotz der zerstörerischen Auswirkungen glaube ich dennoch, daß uns nur der Kommunismus zu der sozialen Verbesserung verhelfen kann, die wir so dringend brauchen.«

»Wir wollen uns zur Ruhe begeben, Gobi. Manchmal redest du wie ein echter Kommunist. Wir wollen im Schlaf unsere Sorgen vergessen. Oder soll ich einen Diener mit der Aufwärmung unseres Fleischtopfes beauftragen?«

»Nein! Auf keinen Fall für mich, Vater!«

Sie zogen sich aus und wickelten sich in die Decken aus Wolfspelz ein. Vor dem Einschlafen faßte Juchi den Entschluß, Gobi eine Zeitlang in eine andere Gegend zu schicken: »Ich werde ihn zur Universität in Peking schicken. Es hat schon immer die Sitte bestanden, den ältesten Sohn des Führers der Inneren Mongolei dort studieren zu lassen. Die chinesischen Kommunisten werden ihn mit Freuden aufnehmen. Es wird Gobi sicher außerordentlichen Spaß machen, wenn er auf einem gemästeten Schwein reiten kann! Am besten begibt er sich so bald wie möglich auf den Weg, bevor Petrosky ihn in einen anderen Grenzzwischenfall hineinzieht.«

5. Kapitel

Peking, die Stadt der »Goldenen Dächer«

Fürst Juchi hatte als Ausbildungsstätte für seinen Sohn Gobi die Stadt Peking ins Auge gefaßt. Gobi war sehr stolz auf das Angebot seines Vaters. Er war fasziniert, Peking zu besuchen und kennenzulernen, die Stadt der »Goldenen Dächer« zu sehen, durch die Paläste der alten »Verbotenen Stadt« zu schlendern. Seine wenige Habe verpackte er in drei getrockneten Schafsmägen und brach dann auf. Man hatte schon das Frühstück eingenommen, und manches Mädchen stand am Brunnen und schwatzte mit den Nachbarn. Gobi winkte allen freundlich zu und nahm von seinem Stamm Abschied. Die Menschen blickten traurig hinter ihm her, denn der stattliche Prinz genoß großes Ansehen und war sehr beliebt bei seinen Landsleuten.

Sein Vater hatte ihm einen Lehrer und eine Leibwache aus vier Reitern bestehend, zur Verfügung gestellt. Die Leibwache hatte die Familienflagge mitgenommen. Sie bestand aus neun Fuchsschwänzen, die an einer Stange im Wind flatterten. Weil sie die Stadt Kalgan meiden mußten, würden sie vier Tage benötigen, um den nächsten Bahnhof zu erreichen. Zum Glück waren sie sicher, daß keine Räuberbande den Versuch unternehmen würde, einen Angriff auf den jungen Prinzen zu wagen. Das Hoheitszeichen der neun Fuchsschwänze, das auf die Abstammung von Dschingis-Khan hinwies, würde ihn schützen. Außerdem bedeutete ein Vergeltungsschlag nicht nur den Tod der Plünderer, sondern auch den ihrer gesamten Verwandtschaft.

Am späten Nachmittag kam die Reitergruppe der sechs Mongolen auf einem Bahnhof in China an. Ein Zug stand da und wartete auf Reisende. Als Gobi einstieg, erfuhr er, daß der Zug mit Verspätung abfahren würde. Eine große Gruppe von Passagieren, die schon Platz genommen hatten, sollten nämlich in einen anderen Zug, der die gleiche Strecke fahren sollte, umsteigen.

Die offenbar ungehaltenen und nicht allzu hilfsbereiten Fahrgäste setzten sich aus den unterschiedlichsten Menschentypen zusammen. Einige waren arbeitslos, andere hatten Versicherungsgelder veruntreut, wieder andere waren faule Arbeiter oder unzufriedene Hausfrauen. Eines allerdings war ihnen allen gemeinsam: Sie waren von der chinesischen kommunistischen Partei aufgrund des Spruches des »Känguru-Gerichtshofes« der Untreue für schuldig befunden worden. Das Gericht setzte sich aus einer Anzahl zufällig ausgewählter Passanten zusammen, die mit Knüppeln dazu gezwungen worden waren, sich zueinander zu gesellen, auf der Straße Gericht abzuhalten und das Maß der Strafe zu bestimmen. Dieses wurde ihnen jedoch von den kommunistischen Soldaten ins Ohr geflüstert. Einige der Angeklagten mußten auf den Knien eine lange Strecke zurücklegen. Andere schritten daher, manche sogar nackt, und trugen riesige kommunistische Plakate vor sich. Andere wurden lediglich von oben bis unten bespuckt.

Erleichtert atmete Gobi auf, als der Zug nach langem Warten abfuhr. Es ging durch ein weites und ermüdendes Gebiet, durch Ebenen und Wüstenflächen. Manchmal wurde die eintönige Landschaft durch eine Bergkette unterbrochen. Gobi betrachtete aus dem Fenster eine Straße, die aus Lehm ohne eine harte Oberfläche bestand. Es herrschte kaum Verkehr. Selten begegnete man Bussen oder Lastwagen. Ein Schwein, das mit landwirtschaftlichen Produkten beladen war, wurde auf den Markt getrieben.

Die Bauern benützten noch Holzpflüge und Sicheln zum Mähen. Flüsse und Kanäle hatten noch handgetriebene Wasserräder. Aber die einfachen Leute schienen mit ihrem Lebens- und Arbeitsstil zufrieden zu sein, obwohl sich dieser noch auf dem Stand früherer Generationen befand. Sie führten ein Leben endloser Plackerei, und jedes Familienmitglied vom 70jährigen Großvater bis zum kleinen Kind hatte an der gemeinsamen Arbeit Anteil und nahm seinen festgefügten Platz innerhalb der Lebensgemeinschaft ein.

Ohne Verspätung kam Gobi in Peking an. Er stieß die Wagentür auf, und vor ihm erstreckte sich der lange Bahnsteig im Sonnenlicht. Im Hintergrund erhob sich geheimnisvoll die Stadt Peking.

Peking! Die alte historische Stadt, die eine unvergleichbare Vergangenheit hinter sich hatte. Überall glitzerte ein ehrwürdiger Schimmer der Vergangenheit. Der Chien Men-Bogen, die »Geldstraße«, die Silberläden und viele Antiquitätengeschäfte hießen die Neuankömmlinge willkommen. Verglichen mit der Schlichtheit des Lebens in der Wüste mußte Gobi feststellen, daß das Leben in Peking recht kostspielig sein würde. Aber was sollte das schon heißen? Hatte sein Vater nicht genug Gold, das unter dem Zeltboden in Eisentruhen aufbewahrt, in verborgenen Berghöhlen und in den Banken von Ulan Bator und Peking gelagert wurde? Offenes Erstaunen drückte sich in seinem Gesicht aus, und die Freude sprühte aus seinen Augen, wenn er an seine Zukunft dachte. Welche Möglichkeiten lagen vor ihm! Auf der Stelle wollte er die fremde Stadt genauer erforschen, aber er willigte dann doch zunächst in den Vorschlag seiner Leibwache ein, das große mongolische Gästehaus aufzusuchen. Es war direkt neben den Tempelbezirken der Lamas gebaut worden, so daß man es kaum davon unterscheiden konnte.

Gleich am Tag der Ankunft schickte Gobi seinen Lehrer in Begleitung der Leibwache zum Touristenbüro, wo jeder Fremde seine Ankunft melden mußte. Fürst Juchi hatte ein Telegramm aufgegeben, weil er wußte, daß der Reiseverkehr in China einer sorgfältigen Kontrolle unterzogen wurde. Alle Ankömmlinge wurden in der Stadt herumgeführt und erhielten von den offiziellen Führern ausdrückliche Anweisungen darüber, welche Straßen sie benutzen durften und welche bestimmten renovierten Stätten sie besichtigen konnten. Prinz Gobi betrachtete man allerdings nicht als einen normalen Touristen. War er doch der mongolische Prinz, der eine Ausbildung erhielt, um dann nach der Art und Weise seiner Vorfahren seine Stammesgenossen zu regieren, wenn er auch nur auf dem Papier die Herrschaft innehaben würde. Er würde der Ehrengast der Regierung sein, und als solchem würden ihm zwei Zimmer in dem stattlichen Haus des Dr. Lin zugewiesen werden. Dieser genoß als Privatarzt der hohen kommunistischen Führer ein großes Ansehen. Er bewohnte ein zweistöckiges Haus im ehemaligen Häuserblock der Pekinger Medizinischen Hochschule, die seltsamerweise noch immer den Namen Yu Wang Fu-Palast des Prinzen Fu trug. Von hier aus konnte das Touristenbüro seine Gäste ohne Mühe im Auge behalten.

Schon am nächsten Morgen ließ Dr. Lin im Gästehaus die Nachricht überbringen, daß er sich während seines Aufenthaltes in Peking in seinem Hause aufhalten und natürlich dort wohnen könne. Gobi verstand die Einladung als eine höfliche Aufforderung und machte sich sofort auf den Weg. Er nahm seinen Lehrer und die Leibwache als Begleiter mit. Die sechs Personen nahmen beinahe die ganze Straße in Anspruch, wenn sie nebeneinander hergingen. In einer kleinen, abgelegenen Seitenstraße trat ein Hausierer mit getrockneten Dattelpflaumen auf sie zu und bot ihnen seine Ware feil. Die Datteln zogen sogleich Gobis Aufmerksamkeit auf sich, er kaufte sich einige und steckte sie in seine Hosentasche, auch seinem Lehrer steckte er ein paar zu. Beim Kauen sahen seine Backen richtig aufgeblasen aus, und er gab eine lustige Figur ab.

»Die Art der Chinesen wird Sie verwirren«, sagte er, noch kauend, zu seinem Lehrer. »Jedes Haus ist von einer Mauer umgeben, und auch zum Herzen der Bewohner findet man keinen leichten Zugang.« Er schwieg plötzlich, als sein Blick auf einen Passanten fiel, der ihn anstarrte. Ein junger mongolischer Prinz in seinem prächtigen Gewand, und in seinem Gefolge eine Leibwache in Pelzkleidern! Ein außergewöhnliches Ereignis für einen Chinesen, und aus diesem einleuchtenden Grund wollte der Mann sich den Prinzen genauer ansehen. Aber Gobi fühlte sich dadurch belästigt.

Ohne weiteren besonderen Zwischenfall erreichte die außergewöhnliche Gruppe das eingezäunte Anwesen des Arztes. Verwirrt zeigte der Pförtner Gobi, welche Richtung er einschlagen sollte, um zu Dr. Lins Haus zu gelangen. Die sechs gingen durch den Garten, als ob es ihr Eigentum wäre. Voller Verwunderung reckten sie den Hals, um besser auf das Dach sehen zu können.

Dr. Lin kam ihnen entgegen. Dieser war völlig überrascht von der Herzlichkeit des ihm fremden Menschen und erwiderte den Gruß in angemessener Weise. Die vier dunkelhäutigen Mongolen fühlten sich bei Dr. Lins stürmischer Form der Begrüßung etwas unwohl und stellten sich neben den Prinzen. Es paßte ihnen nicht recht, daß ihr Schützling mit einem Fremden so freundlich umging. Sie murmelten sich ein paar Brocken auf mongolisch zu. Dr. Lin verstand die Worte zwar nicht, aber er wußte auf Anhieb, was die vier Leibwächter meinten. Gobi warf ihnen einen zurechtweisenden Blick zu, worauf sie sofort einen Schritt zurücktraten. Es war, als ob ihnen ein kräftiger Peitschenhieb versetzt worden sei. Dr. Lin betrachtete kurz ihre Hände, die in Ärmeln steckten, die bis ans Knie reichten. Etwas stimmte nicht! Trugen sie etwa einen Revolver bei sich? Sein Verdacht verstärkte sich, als Gobi ihnen einen weiteren eindringlichen Blick der Mißbilligung zuwarf.

»Ich bin wegen meiner Ausbildung nach Peking gekommen«, sagte Gobi und versuchte damit, Dr. Lins Aufmerksamkeit von seiner Leibwache abzuwenden. »Mein bisheriges Leben hat sich in einer kleinen Gemeinschaft mit begrenztem Horizont abgespielt. Daher finde ich diese Stadt richtig verwirrend und gerade wegen ihrer Andersartigkeit interessant.«

»Sie werden bald einen Freundeskreis gefunden haben«, versicherte Dr. Lin mit seiner sympathischen Stimme. »Ich werde Sie mit vielen meiner Bekannten vertraut machen. Bitte, treten Sie ein!«

Völlig ungezwungen betrat Gobi den Wohnraum, sein Lehrer und die Wache folgten ihm.

»Wie farbenfroh wirkt dieser Raum! Und wie sauber! Wie viele Personen können denn auf dem wunderschönen, kleinen, blauen Teppich schlafen?«

Gobi ging im Zimmer herum, ohne auf eine Antwort zu warten. Dr. Lin nötigte ihn, doch endlich Platz zu nehmen. Aber Gobi überhörte die Aufforderung, weil er sich viel zu sehr für die Qualität der Stoffbehänge interessierte.

»Gelb? Sind Sie von königlicher Abstammung?« fragte er.

Dr. Lin war mit der Geschichte der Mongolen vertraut und erwiderte deshalb: »In der heutigen Zeit suchen wir uns die Farben nach unserem eigenen Geschmack aus.«

Gobis Aufmerksamkeit wandte sich einem chinesischen Diener zu, der gerade Tee und Platten mit Kuchen und Gebäck hereintrug.

»Sind Sie in Trauer?« fragte er den Diener.

»Nein. Warum stellen Sie mir diese Frage?«

»Weil Sie sich ganz in Weiß gekleidet haben.«

»In Peking besteht die Sitte, daß die Bediensteten gewöhnlich weiße Kleidung tragen«, lautete die Antwort. »Aber der Kommunismus hat die Standesunterschiede zwischen Herren und Sklaven aufgehoben. Wenn uns jedoch kein Aufpasser beobachten kann, dann ziehe ich mit Vorliebe mein weißes Gewand aus der guten, alten Zeit an.«

Gobi war sprachlos. Er bediente sich einer Platte, die mit Keksen gefüllt war und aß ein Stück nach dem anderen. Wie aus heiterem Himmel sagte er auf einmal, ohne vorher etwas angedeutet zu haben: »Ich freue mich über das Vorrecht, in diesem Hause untergebracht zu sein.«

Dr. Lin warf ihm einen fragenden Blick zu. Er versuchte, sich in die Seele dieses jungen Mannes hineinzuversetzen, in ein Leben, das gerade erst im Begriff war, sich zu entfalten und die ihm gegebenen Möglichkeiten kennenzulernen. Es war wie bei der Sonne, wenn sie die Spitze eines Baumes berührt. Dann ließ er seine Frau rufen, um sie mit Gobi bekanntzumachen.

»Sie sind bei uns herzlich willkommen«, begrüßte Frau Lin Gobi nach der Vorstellung. »Leider können wir nur zwei Personen in unserem Haus unterbringen. Nur zwei haben in unserem Gästezimmer Platz. Fünf können doch unmöglich in einem Bett schlafen.«

»Die anderen bleiben solange im mongolischen Gästehaus, das zum Lama-Tempelbezirk gehört.«

Gobi entließ damit seine vier Begleiter, nur der Lehrer blieb bei ihm. Sie gehorchten ihm auf der Stelle und begaben sich zu ihrem Quartier. Er führte mit seinen Gastgebern eine längere, entspannte Unterhaltung. Später zeigte Dr. Lin ihm sein Zimmer. Zuerst mußte sich Gobi an die Farbtöne gewöhnen: braun und rosa, harte und weiche Farben, die sich durch den Kontrast hervorragend ergänzten. Bald gefielen sie ihm, er fühlte sich hier richtig wohl.

Als er die weiße Bettdecke sah, trat er verwundert einen Schritt zurück. So etwas war ihm noch nie in seinem Leben begegnet.

»Weiß . . .!«

»Neuerdings haben wir weiße Decken und Bezüge«, rechtfertigte sich Dr. Lin. »Außerdem habe ich mein Studium im Ausland absolviert und mich schon daran gewöhnt.«

»Weiß! Es erinnert mich an den Tod! Kein Mongole würde sich mit einer weißen Decke zudecken.«

Gobi ging aber nicht weiter auf das angeschnittene Thema ein, weil jetzt das Badezimmer seine Aufmerksamkeit auf sich zog. Er ging hinein, berührte die Badewanne und die Wasserhähne und ließ seine Finger über den gekachelten Fußboden gleiten.

»Was sind das für schöne Farben! Darf ich jederzeit ein Bad nehmen?«

»So oft, wie Sie wünschen. Doch zunächst möchte ich Ihnen erklären, wie man mit den Wasserhähnen umgeht.«

Anschließend zog sich Dr. Lin in sein Wohnzimmer zurück, und Gobi bereitete sich auf den Genuß des ersten Bades in einer richtigen Badewanne vor. Er legte die Kleidung auf einen Hocker und sprang hinein. Er betätigte gleichzeitig den Heiß- und Kaltwasserhahn und versank in die endlose Flut. Voller Freude klatschte er auf der Oberfläche, so daß das Wasser gegen die Wand, sein Satinkleid, die Stiefel und den reizenden kleinen Hut spritzte. Aber er nahm das alles nicht mehr richtig wahr, er versank in eine Art Rauschzustand.

Dann versuchte er, eine Scheinschlacht zu spielen. Das Wasser sollte einen kommunistischen Propagandisten darstellen und er selbst einen Guerilla. Er wich aus, lachte und kreischte, als das Wasser immer höher stieg. Allmählich schwappte ein Teil über den

Rand der Wanne, woraufhin Gobi die Freude an dem interessanten Spiel verlor. Ein Ausdruck der Angst machte sich in seinem Gesicht bemerkbar. Er wollte aufstehen, ruschte aber aus und fiel in die Fluten zurück. Er sprang sofort wieder auf die Beine und griff nach einem Wasserhahn, ein kalter Schauer ergoß sich über seinen Körper. Ganz erschrocken schrie er um Hilfe, so etwas war ihm noch nie passiert. Er drehte einen Hahn nach dem anderen auf, denn er glaubte sich in Todesgefahr zu befinden, weil die Wasserflut immer höher stieg und er nicht mehr wußte, wie er Herr der Lage werden sollte. Dr. Lin kam ins Badezimmer hereingestürzt und brach beim Anblick der Überschwemmung in ein herzliches Lachen aus. Er sah, wie Gobi – ein braungebrannter junger Gott – die Flut mit allen Kräften und erhobenen Armen abzuwehren versuchte. Mit einem Handgriff hatte er der schlimmen Situation ein Ende bereitet.

»Ach! Wie habe ich um Hilfe geschrien! Sie müssen bedenken, daß ich nicht aus Holz geschnitzt bin und der Wasserstrahl mich furchtbar erschreckt hat, weil er nicht aufhören wollte zu fließen.«

Da Gobis Kleider völlig durchnäßt waren, blieb ihm keine andere Wahl, als einen Anzug seines Gastgebers anzuziehen. Als einfaches Kind der Natur gefiel es ihm, sich einmal herauszuputzen. Der Anzug stand ihm sehr gut. Aber er kam sich in der neuen Aufmachung richtig fremd vor.

Am Abend wurde ein Essen nach westlichem Stil aufgetragen, für Gobi ein ungewohntes Ereignis. Er ahmte einfach Dr. Lin nach, weil er sich in den andersartigen Tischsitten nicht auskannte. Auch das reichhaltige Aufgebot an Silberbesteck verwirrte ihn.

»Obwohl ich ein Prinz bin, habe ich mich in meinem bisherigen Leben mit modernen Tischsitten noch nicht vertraut machen können. Aber ist das schlimm?«

Der chinesische Diener warf ihm einen mißfälligen Blick zu. Er hielt sich nicht an die Tatsache, daß man sich in China weder beim Essen noch beim Arbeiten übereilt und räumte schon die Suppentassen fort, bevor die Anwesenden überhaupt ihre Suppe ausgelöffelt hatten. Und da Gobi nicht letzter sein wollte, schluckte er die Suppe einfach herunter und lächelte dabei: »Ein schüchterner Hund wird niemals dick.« Mit einigen kräftigen Strichen säuberte er den Löffel am Anzug gemäß der mongolischen Tischsitte und übergab ihn dann dem Diener. Anschließend leckte er noch den Teller sauber. Innerlich mußte Dr. Lin lächeln. Gobi spürte instinktiv, daß er etwas verkehrt gemacht hatte, aber es störte ihn nicht allzu sehr, er lachte und redete weiter. Es hatte den Anschein, als ob ihm das ungewöhnliche Essen außerordentlich gefiel.

Mit überraschendem Einfühlungsvermögen stellte er fest: »Sitten und Gebräuche sind in den meisten Fällen örtlich begrenzt und die Manieren mehr oder weniger geographisch bedingt. Ich habe ja Augen und werde das noch lernen, was hier gilt.«

»Natürlich, Sie werden schon bald unsere Tischsitten beherrschen.«

»Ich bin ein anpassungsfähiger Mensch«, meinte Gobi und ließ dabei einen Hühnerknochen zu Boden fallen.

Nachdem die Mahlzeit beendet war, langte er nach einer Schüssel mit Wasser, nahm einen Schluck und gurgelte geräuschvoll. Anschließend stand er auf, öffnete ein Fenster und spuckte das Wasser in den Garten. Unbefangen schloß er das Fenster wieder. Zu aller Belustigung versuchte er, mit seiner eigentümlich weichen Stimme chinesisch mit einem mongolischen Akzent zu sprechen.

Für Gobi war es das erste Abendessen nach westlicher Art gewesen, und wegen seiner unbekümmerten Haltung war er relativ gut mit der neuen Situation fertig geworden. Allzu schnell vergingen die schönen Stunden. Bevor er sich auf sein Zimmer zurückzog, sagte er noch: »Ich habe den heutigen Tag als einen erfrischenden Trunk kühlen Wassers nach einem endlosen Ritt durch die Wüste empfunden.«

Später kam Dr. Lin noch einmal in Gobis Schlafzimmer, um nach dem Rechten zu sehen. Zu seinem Erstaunen fand er ihn schlafend auf dem Fußboden vor, er hatte sich unbekleidet in eine Decke eingewickelt. Aber er wachte sofort auf, als er Dr. Lins Schritte vernahm, und war munter wie ein umherschleichender Fuchs.

»Das Bett war für mich zu weich und die Decken zu weiß. Diese Farbe erinnert mich stets an den Tod und an Trauer«, so rechtfertigte Gobi sein Verhalten. »Außerdem kann ich keinen Schlafanzug anziehen. Ein Anzug für die Nacht ist mir vollkommen fremd.«

Schon früh am nächsten Morgen hatte er sich für das Frühstück fertig gemacht. Er aß, ohne ein Wort zu sagen, weil sein Magen – an große Fleischmengen gewöhnt – jetzt seine volle Aufmerksamkeit forderte. Wie alle Mongolen verabscheute er die Sitte, beim Essen zu sprechen.

Gobi teilte seinem Gastgeber mit, daß er lieber einen gelblichgrauen

Anzug, wie die Kommunisten ihn tragen, anziehen möchte als die feine westliche Kleidung. Er nahm sich vor, einen Schneider aufzusuchen, der ihn im Leninstil ausstatten sollte. Dr. Lin leistete ihm Gesellschaft und war ihm bei der Auswahl behilflich.

Nachdem die beiden ihre Einkäufe erledigt hatten, verbeugten sich beim Hinausgehen der Besitzer und alle Verkäufer vor ihnen. Draußen hielt eine Rikscha unter viel Geschrei des Fahrers am Bordstein an. Eine junge Dame trat bedächtig aus dem Wagen heraus.

»Sylvia! Ich wundere mich, daß du mal Zeit für einen Einkaufsbummel findest!«

Gobi drehte sich um und trat einen Schritt näher.

»Sylvia, ich möchte dir einen neuen Freund vorstellen. Prinz Gobi. Meine Tochter, Dr. Sylvia Lin.«

Gobi machte eine tiefe orientalische Verbeugung. Sylvia antwortete nur mit einem Kopfnicken.

»Doktor?« Gobi konnte sein Erstaunen nicht unterdrücken. Es imponierte ihm, daß ein junges Mädchen diesen Titel trug.

»Sylvia ist von Beruf Arzt wie ich. Sie ist in einem Krankenhaus in Peking beschäftigt.«

Dr. Lin las die Bewunderung in Gobis Augen. Ein Mädchen, zerbrechlich wie ein Bambusrohr, mit einer ausgesprochen guten Figur und den Beruf eines Arztes ausübend! Sie sah aus, als ob sie aus Elfenbein und Rosenblättern bestünde. Ihre Schönheit faszinierte Gobi. Und genauso der intelligente Ausdruck ihres Gesichtes. Sie hatte sicher schon viel Erfolg in ihrem jungen Leben erringen können, aber dieser hatte in ihrem Gesicht keine Spuren des Hochmutes hinterlassen. Ihr Antlitz wies klare Konturen auf, und sie hatte kräftige Knochen und einen vollen Mund. Sie besaß Humor und Selbstbewußtsein und strahlte weibliche Anziehungskraft aus. Aber sie wirkte überhaupt nicht anmaßend, sondern sie war von einer natürlichen Schönheit und Offenheit gekennzeichnet.

Erneut warf Sylvia Gobi einen Blick zu. Durch ihre Wimpern drang ein Funke, sie streckte ihm ihre schlanke Hand entgegen und hieß ihn willkommen.

»Nimm dir einen Abend frei, Sylvia, damit du mit uns essen kannst. Deine Mutter möchte einen kleinen Empfang für Prinz Gobi geben. Würde dir Montagabend in der nächsten Woche passen?«

»Ganz ausgezeichnet! Ich nehme die Einladung gerne an. Gegen 19 Uhr?«

»Ja, ich denke schon. 19 Uhr ist eine passende Zeit.«

Sylvia verabschiedete sich. Zwei Rikschajungen kamen mit ihren Fahrgestellen aus blankem Messing auf Dr. Lin und Gobi zu. Die beiden mieteten die Wagen und ließen sich durch Peking fahren. Plötzlich wandte sich Gobi zu Dr. Lin. Beim Sprechen hoben sich seine weißen Zähne von der braunen Haut ab. »Sylvia ist das faszinierendste Mädchen, das mir je begegnet ist.«

Dr. Lin sah ihn mit einem durchdringenden Blick an. Er dachte, wie anziehend er doch aussähe. Ein bescheidener, unverdorbener, junger, braungebrannter Wüstengott. Was wird das Leben für ihn bereithalten? Ein Zelt, ein Hirtendasein? Kleider aus Fellen und Dekken? Vielleicht kann er sich aus eigener Kraft von dem Nomadendasein seiner Vorfahren losreißen und sich in der Stadt ein Haus bauen, um hier ein bequemes und angenehmes Leben zu führen. Doch das wäre im Grunde schade, weil der Wandernde Sand ihm im Blute liegt. Wenn er jemals von dort wegginge, würden ihn die windigen Ebenen und die wilden Berge doch stets zurückrufen.

Gobis Augen strahlten seine innere Freude wider: »Was für ein schönes Mädchen! Zuerst hat mich ihre Selbstsicherheit etwas überrascht, denn in unserem Land kennen wir keine gebildeten Mädchen. Aber ich kann eigentlich nicht verstehen, woher sie die Kraft hat, ein guter Arzt zu sein. Sie ist eine zerbrechliche Erscheinung, und ich habe daraus zunächst den Schluß gezogen, daß ihr Leben sich in einer sicheren, unkomplizierten Welt abspielt.«

»Sylvia mag zwar zerbrechlich erscheinen, aber sie arbeitet ausgesprochen gern, und sie ist in ihrem Beruf genau so tüchtig wie als Tennisspielerin.«

»Sie spielt Tennis? Ein Mädchen, das Tennis spielen kann! Das seine Arme gern, ungezwungen und frei bewegt.«

Heimlich verglich Gobi Sylvia mit Yana. Was war das für ein gewaltiger Unterschied zwischen ihr und der unbeholfenen Yana, die in Männerstiefeln im Zelt herumstolperte! Sie waren zwei entgegengesetzte Pole. Yana mit den hochgesteckten Haaren, die die Schüsseln mit getrocknetem Kameldung säuberte, und Sylvia, die sterilisierte Instrumente in einem Operationssaal benutzte.

»Wenn ich jemals Kinder haben sollte, werde ich sie zur Schule schicken«, sagte Gobi wie aus heiteren Himmel.

Dr. Lin war ganz verwirrt. Woran dachte sein Gast?

»Niemals werde ich meine Kinder auf dem Rücken eines Schafes festbinden, so wie ich reiten lernen mußte, bevor ich überhaupt gehen konnte. Ich werde sie auch nie auffordern, auf Ratten und Mäuse zu schießen, sobald sie auf den Füßen stehen können.«

Gobi hätte weitergeredet, wenn seine Rikscha nicht mit einer anderen zusammengestoßen wäre, als sie sich unter dem Bogenausgang zur Hatamen-Straße befanden. Der Junge fiel zu Boden und war nicht mehr fähig, sich zu erheben. Augenblicklich hatte sich eine Menschenmenge um sie herum versammelt. Ein Passant half dem unglücklichen Burschen wieder auf sie Beine

»Das ist richtig«, rief Gobi beim Aussteigen. »Der Mann muß gerade sitzen, laßt ihn nicht flach auf dem Boden liegen, denn sonst wird sein Geist aus dem Körper entschwinden.«

Der Besitzer der anderen Rikscha rannte auf Gobi zu und fuhr ihn an: »Geist? Geist? Sie unzivilisierter Mongole! Sie mit ihrem gelben Gewand und dem verrückten Hut auf dem Korallenkopf! Geben Sie dem Mann zwei Silberstücke für eine reichhaltige Mahlzeit! Dann wird auch der Geist zufrieden sein!«

Gobi holte zu einem Schlag in das Gesicht des frechen Burschen aus. Bisher hatte niemand gewagt, mit ihm in einer so geringschätzigen Art und Weise umzugehen. Dr. Lin hielt ihn zurück. Gobis Augen funkelten zwar noch wie glühende Diamanten, aber er hielt sich in Zucht und gab seiner Entrüstung nicht weiter nach. Dann drehte er sich um und stieg wieder in seine Rikscha, ohne den Gegner eines weiteren Blickes zu würdigen. Dr. Lin gab dem verletzten Jungen zwei Silberstücke, und damit war die Sache erledigt. Diese freigebige Geste machte ihn rascher wieder munter als es jede Medizin vermocht hätte.

Ein »Känguru«-Gerichtshof trug dazu bei, daß Gobi wenige Tage später Dr. Lin noch besser kennenlernte. Er hatte einen Spaziergang durch die Häuserblocks gemacht. Vier Häuserreihen von Dr. Lins Wohnung entfernt war er auf einmal auf eine Demonstration gestoßen. Es handelte sich hierbei um einen jener Gerichtshöfe, die ab und zu wie von Wahnsinnigen abgehalten wurden. Es wurden Leute zum Tode verurteilt, gegen die eine Anklage wegen antikommunistischer Tätigkeit ergangen war. Soldaten hatten Tausende mit Gewalt zusammengebracht und in ein Sportstadion gepfercht. Einige Angeklagte wurden auf die Plattform gestellt. Man legte ihnen die verschiedenartigsten und abscheulichsten Vergehen gegen die kommunistischen Führer zur Last. Die Beschuldigten durften sich nicht verteidigen. Der Ankläger rief durch Lautsprecher der Menge zu: »Befindet ihr diese Männer und Frauen für schuldig?« Die Zuhörer wurden bis zur Hysterie aufgeputscht und schrien, Bajonette in ihrem Rücken: »Schuldig!«

»Welche Strafe steht darauf?« rief das »Gericht«.

»Todesstrafe! Bringt sie um!«

Daraufhin wählten die kommunistischen Anführer blindlings einige der Versammelten von den verschiedensten Plätzen im Stadion aus, und diese mußten als Zeugen der Hinrichtung beiwohnen. Ein Trupp Soldaten führte die Gefangenen aus dem Stadion heraus, und Gobi hörte, wie kurze Zeit später Schüsse abgegeben wurden. Die Zeugen kamen bald wieder und berichteten der Masse, daß die Hinrichtung ausgeführt worden sei. Erst jetzt durften die Leute auseinandergehen.

»Was für eine Ungerechtigkeit, Grausamkeit und Barbarei seitens der kommunistischen Führer! Sie erlauben nicht einmal, daß die Beschuldigten zu der Anklage Stellung nehmen und ihre Meinung zu dem behaupteten Sachverhalt äußern! Sie bringen die Leute einfach um und treten das Recht mit Füßen.« So berichtete Gobi ganz aufgebracht Dr. Lin.

»Wir haben das in den vergangenen Jahren recht häufig erlebt«, gab dieser zur Antwort. »Auch in der Zukunft wird sich daran nichts ändern, weil die Kommunisten keine Opposition dulden.«

»Wenn ich Sie so reden höre, habe ich den Eindruck, daß Sie kein Parteimitglied sind?«

»Nein, ich habe mich nicht der Partei angeschlossen, auch meine Tochter Sylvia nicht. Sie würden überrascht sein, wenn sie wüßten, wie wenige Chinesen überhaupt der Partei angehören.«

»Ist das denn nicht gefährlich?«

»Selbstverständlich.«

»Ich bin gerade Zeuge einer Szene gewesen, die sich von der Sauberkeit eurer Straßen total unterscheidet. Man könnte es als den entgegengesetzten Pol bezeichnen, es ist eine völlig andere Ebene.«

»Unsere äußere Sauberkeit kommt daher, daß alle Hausbewohner von Aufsehern angehalten werden, Aufräumungsmannschaften zu stellen und alles in Ordnung zu halten. Die Aufseher sorgen dafür, daß die Hausfrauen jeden Tag den Schmutz vor den Häusern kehren und auch in der Wohnung alles in Ordnung halten.«

»Eure Straßen sind meiner Ansicht nach nicht allein sauber, man stößt auch nicht auf Bettler und herumliegende Lumpen.«

»Es hat sich viel zum Positiven gewendet«, gab Dr. Lin zu. »Heute hat jeder genug zu essen, vor allem Kinder erhalten eine gute Ernährung. Die Lebensmittelpreise werden relativ niedrig gehalten, und auch die Mieten sind sehr erschwinglich. Die ›Oberen Zehntausend‹ besitzen Kühlschränke, Telefone und Fernsehgeräte, doch auch die weniger bemittelten Hausfrauen haben zum großen Teil ihre eigene Nähmaschine.«

»Aber mir ist bisher kaum ein Auto zu Gesicht gekommen.«

»Sie stehen nur den kommunistischen Funktionären und den ausländischen Diplomaten zur Verfügung. Dafür kann jeder ein Fahrrad sein eigen nennen. Allerdings muß er für den Erwerb oft zwei Monatsgehälter opfern. Radios sind allgemein verbreitet, kosten allerdings das Einkommen von sieben Monaten.«

»Mir gefallen die schlechtsitzenden blauen und grauen Baumwollkleider nicht, die jedermann auf der Straße trägt.«

»Eintönigkeit in der Kleidung schafft Gleichheit behaupten die Kommunisten. Es gibt ungeheuer viele Nachteile in unserem Regime, aber auch einige Vorteile.«

Es war für Gobi eine große Hilfe, bei der Familie Lin Unterkunft gefunden zu haben. Dr. Lin bewahrte ihn vor schlimmen Reinfällen in seinen Anpassungsbemühungen. Als Nomade hatte Gobi ja in einer völlig anderen Welt gelebt. Er besaß zum Glück etwas von der chinesischen Eigenart, sich in Zucht zu nehmen und seinen Gefühlen nicht freien Lauf zu lassen. So lernte er, sich in jeder Situation zurechtzufinden.

Wenige Tage später wurde Gobi ins Touristenbüro gerufen, wo man ihm die Mitteilung machte, sein Vater habe den Wunsch ausgesprochen, für seinen Sohn ein wohlhabendes Wohngebiet ausfindig zu machen. Aus diesem Grund hatte das Büro für den Prinzen eine möblierte Wohnung im Innenhof des Palastes von Herzog Yi gemietet. Zu beiderseitigem Bedauern mußte Gobi das Haus von Dr. Lin verlassen.

Während er sein neues Quartier nach eigenem Geschmack einrichtete, mit der ungewöhnlichen Stadt allmählich vertrauter wurde, mit dem Studium an der Universität begann, war er in seinen Gedanken meistens mit dem bevorstehenden Abendessen bei Sylvias Eltern beschäftigt. Er lebte in großer Erwartung auf diesen Tag zu. Frau Lin hatte noch einige Medizinstudenten eingeladen. Die meisten waren lebhafte Gesellen aus dem Norden des Landes und ließen sich in ihrem Aussehen mehr oder weniger mit einem Mongolen vergleichen. Im Gegensatz zu dem Chinesen, der im Süden aufgewachsen ist, hat der Bewohner des Nordens eine große und kräftige Gestalt, eine runde Kopfform und eine Hautfarbe von schwach oliver Tönung. Sie besitzen ein untersetztes Kinn und mandelförmige Augen. Auch hinsichtlich der gebogenen Nase und des breiten Mundes zeigen sie eine Ähnlichkeit mit dem mongolischen Typ.

Gobi fand die Runde richtig nett. Die Mädchen waren schlank und hatten eine gute Figur. Sie hatten schöne Hände, wie man sie im Westen nicht kennt, und verfügten über ungezwungene Umgangsformen. Es überraschte Dr. Lin, daß Gobi sich im chinesisch-leninistischen Stil gekleidet hatte und von den anderen Chinesen kaum zu unterscheiden war. Als Sylvia in den Raum trat, erhob sich Gobi, trat auf sie zu und machte eine tiefe Verbeugung vor ihr.

Nach der Vorstellung der Gäste setzten sich alle auf eine Bank aus glattem, hartem chinesischem Holz. Sie war mit vielen Schnitzereien versehen, z. B. Drachen und Vögel, die eine hervorragende Umrahmung abgaben. Gobi nahm in der Nähe der Tochter des Hauses Platz. Am Anfang verhielt Sylvia sich still und unbeweglich, dann hob jedoch eine innere Unruhe diese betonte Distanz auf.

In ihr erwachte ein völlig neues, geheimnisvolles Gefühl, das sie sich selbst nicht erklären und auch mit Worten nicht umschreiben konnte. Hatte der junge mongolische Prinz Gefallen an ihr gefunden? Bedeutete sie ihm etwas? Es mußte so sein. Irgend etwas lag in seinen Augen. Sie antwortete ihm mit dem Leuchten von tausend Lichtern aus den ihrigen, und ein Lachen unendlichen Glücklichseins erheiterte ihre Stimmen. Gobi wurde zu einer noch lebhafteren Unterhaltung angeregt, Sylvia wurde von seinen überschwenglichen Worten in den Bann gezogen. Gefesselt hörte sie ihm zu. War seine Aufmerkamkeit ihr gegenüber aber wirklich echt oder doch nur gespielt? Nach außen hin gab sie sich vollkommen gelassen, aber ihr Gesicht glühte.

Er dachte an ein Bild von daheim: Gobis Augen bewegten sich hin und her. Sein Herz sprach offen, seine Gedanken wurden transparent. Er hatte das Empfinden, als wärmte er seine Füße am Feuer nach einem anstrengenden Tag zu Pferde. Aber es schwirrten auch einige Insekten im Zelt herum und suchten nach dem wärmsten Zeh, um hineinbeißen zu können.

Und dann dachte Gobi an Yana. Er sah sie auf dem Boden sitzen. Der Glanz der Kerze spiegelte unzählige goldene Punkte auf ihrem Kopfschmuck, und die Flammen warfen einen rosigen Schein auf ihr Gesicht. Sie blickte zu ihm hin, und ihre Augen flehten ihn schweigend um Hilfe an. Mit der angeborenen Gabe des Orientalen zur inneren Schau bemerkte er sofort, daß sie sich in größter Gefahr befand, und ein kalter Schauer lief über seinen Rücken. Es war ihm, als hätte er einen Warnschrei von halbwilden Hunden vernommen. Von irgendwoher tauchte Petrosky auf und stellte sich in die Türöffnung. Plötzlich hob er den Vorhang. Ein stürmischer Wind fegte in das Zelt, er wirbelte gegen die Zeltbahnen, um den Altar, blies die Kerzen aus und stieß Yana und Petrosky zusammen. Gobi warf seinen Blick wieder Sylvia zu. Hatte sie wohl seine Unruhe wahrgenommen?

Er setzte alles daran, seine Verwirrung zu verbergen und sagte zu ihr: »Mein mongolisches Gewand sieht im Vergleich zu der modernen chinesischen Kleidung zu weiblich aus. Ich werde meine alte Tracht ablegen.«

Er warf den Kopf zurück und brach in ein herzhaftes Lachen aus, in das Sylvia gerne mit einstimmte. Anschließend begab sich die Gesellschaft in das nahegelegene Speisezimmer.

»Ich wünschte, einige Ärzte könnten in unser Gebiet kommen und die medizinische Arbeit organisieren. Die meisten meiner Stammesgenossen werden geboren, verbringen ihr Dasein in einfachen Verhältnissen und sterben, ohne jemals eine medizinische Betreuung in Anspruch genommen zu haben.«

»Ihr solltet einige unserer ›Barfuß-Ärzte‹ verpflichten«, erwiderte ein Student. »Sie sind nicht so teuer.«

»›Barfuß-Ärzte‹? Wie soll ich das verstehen?«

»Es handelt sich hierbei um Leute vom Lande mit einer kurzen Ausbildungszeit, die in der heutigen Zeit unsere professionellen Ärzte ersetzen, seitdem wir zu wenig Mediziner im Lande haben. Zudem sind deren Gehaltsforderungen zu hoch und ihre Arzneimittel zu teuer.«

»Es kann aber doch nicht das Ziel sein, die medizinische Ausbildung zu verschlechtern?« entgegnete Gobi.« Wir haben in der Äußeren und Inneren Mongolei einen äußerst hohen Bedarf an geschickten und hochqualifizierten Ärzten.«

»›Barfuß-Ärzte‹ – eine der neuesten Errungenschaften unserer Kommunistischen Partei«, ergänzte ein Medizinstudent höhnisch.

»Wenn es sich so damit verhält, dann behaltet ihr sie besser in China.«

Während Gobi sich mit den anderen unterhielt, behielt Sylvia ihn stets im Auge. »Der Wunsch nach sozialem Aufstieg scheint in seinem Wesen zu liegen«, dachte sie. »Ich frage mich, ob er wirklich eines Tages in die Wüste zurückkehrt, um seinem Volk die Hilfe, die es braucht, zu bringen.«

Als das Abendessen beendet war und Gobi sich einen Platz in ihrer Nähe gesucht hatte, blickte sie ihn mit fragenden Augen an: »Gehen Sie wieder in Ihre Heimat des Wandernden Sandes zurück?«

Voller Begeisterung gab er ihr zur Antwort, daß er den Wunsch hege, sein Land vom Despotismus zu befreien. Er teilte ihr seine Gedanken so lebhaft mit, daß ihr Herz mitfühlte und sie sich ihm zärtlich öffnete.

Der Abend ging dem Ende zu, als Gobi dicht an Sylvia heranrückte und ihr die Frage stellte: »Können wir uns wiedersehen?«

Sie zögerte. Sollte sie ihre Einwilligung geben? Sie wurde ganz unruhig und aufgeregt: »Wohin könnten wir denn gehen?«

»Zum Jadebrunnen.«

Ruhiger werdend, flüsterte sie ihm zu: »Ja, morgen um 4 Uhr nachmittags. Dann habe ich frei.«

Gobi wachte auf und horchte nach draußen. Er wagte kaum zu atmen. Hörte er einen Vogel draußen vor dem Fenster auf einer Ulme singen oder vernahm er etwa die Stimme Sylvias? Er stand auf und trat in die Tür, die in den Hofgarten führte. Die Blätter waren vom Morgentau mit Perlen und Diamanten besetzt. Er war ganz versunken in die Schönheit der Natur, und sein Wesen, sein Inneres war von der Gegenwart Sylvias erfüllt. Er konnte nur an sie denken. »Wie schön ist sie! Ihr Gesicht ist leuchtender als der Mond in einer eiskalten Nacht.«

Er rief ihre tiefen und dunklen Augen in sein Gedächtnis zurück, ihre schönen Haare, die so sanft auf die Schulter fielen. Seine Sinne und Gedanken waren von dem Wunder der erwachenden Liebe erfüllt. Er begehrte nur, bei ihr zu sein, ihre Stimme zu hören und sie zu berühren.

»Wie gerne würde ich jetzt mit Sage über die wilden Felder des Wandernden Sandes reiten, den Duft des Taus in der Wüste einatmen und die Murmeltiere beobachten, wie sie vorsichtig aus ihrem Bau hervorkommen. Das Leben ist einfach wunderbar und unbeschreiblich schön.« Gobis Augen nahmen ein paar Tauben wahr, die über ihn hinflogen. Das Leben ging wie gewohnt weiter. Gab es noch Menschen, die in Not und Einsamkeit ihr Leben fristeten? Oh, ja! Die Taubenschar kehrte sicher zu ihrem Nistplatz zurück, nachdem sie sich in der Kornkammer der Regierung gesättigt hatte. Irgendeine alte Frau wartete sicher schon voller Ungeduld auf die Tauben, um sie zu zwingen, den Inhalt ihres Kropfes zu entleeren. Ihre Vögel sammelten vom Morgen bis zum Abend ein halbes Pfund Reis für ihre Herrin, damit diese ihren hungrigen Magen zufriedenstellen konnte. Das Leben verlief in den gewohnten Bahnen, nichts hatte sich geändert!

Gobi kehrte ins Zimmer zurück, wusch sich und kleidete sich an. Nach dem Frühstück ging er, wie von einer fremden Macht getrieben, auf die Straße, um seine Augen an der Pracht einer Tempelmesse zu weiden. Erst am späten Morgen kehrte er wieder zurück in seine Unterkunft, bis ins Innerste aufgewühlt. Er hatte bei einem Autohändler einen Wagen gesehen, der zum Verkauf angeboten wurde. Er war leuchtend gelb, trug also die Farbe seiner Familie, seines Herrschergeschlechts. Er gab dem übermächtigen Drang nach und eilte sogleich zum Touristenbüro, um eine Kauferlaubnis zu beantragen. Für den Direktor bedeutete das eine schwere Entscheidung. Aber durfte er den Prinzen der Inneren Mongolei enttäuschen? Dieses besetzte Land bereitete den Chinesen wahrhaftig schon genug Schwierigkeiten. Zwei Stunden verhandelte er mit verschiedenen Dienststellen, dann gab er endlich seine Zustimmung. Natürlich hatte er nicht im Traum daran gedacht, daß das Auto eine leuchtend gelbe Farbe trug. Gobi begab sich auf der Stelle zum Autohändler und kaufte den Wagen. Außerdem stellte er einen Chauffeur ein.

Um 4 Uhr stand das Auto in seinem herrschaftlichen Glanz vor dem Tor, das zu Dr. Lins Haus führte. Der Chauffeur – er trug eine kastanienbraune Uniform – bewachte den Wagen.

Als Sylvia erschien, eilte Gobi ihr entgegen. In kurzer Zeit gelangten sie an die Stadttore und verließen die Stadt, um zum Jadebrunnen zu kommen. Es handelte sich dabei um einen bekannten Vergnügungspark aus der Kaiserzeit, der zu den Hügeln im Westen der Stadt gehörte. O du Park, was hast du aus dem jungen, glühenden Prinzen gemacht? Die Atmosphäre des Parks war von dem Brunnen, den Wellen auf den kleinen Teichen und dem Geflüster der Kiefern geprägt. Und diese Stimmung drang in Gobis Gefühlswelt ein. Wie hast du Park, seine Sinne verändert, die doch sonst so gelassen und beherrscht waren! Weißt du nicht, daß im Wandernden Sand noch immer die Tradition besteht, daß die Eltern für ihren Sohn eine Braut aussuchen? Du hast zwei Liebende zusammengeführt, als ob die Liebe schon vor der Hochzeit erwachen dürfe! Aber ich weiß ja, daß du niemandem davon erzählst! Deine sonnigen Felsen und deine wilden Blumen sprechen stets die zarten Saiten des Herzens an! Deine Kiefern flüstern den Verliebten die schönsten Worte ins Ohr! Gobi ist deinem Zauber anheimgefallen, so daß er mit freudigem Entzücken und glühenden Augen nach Hause geht!

»Ich habe mich verlobt!« teilte Gobi seinem Lehrer mit. »Mit einem Mädchen, das ich liebe – mit Sylvia.«

Gobi kündigte seine Verlobung in einer sehr modernen und unkonventionellen Art und Weise an. Den Lehrer erfüllte die Neuigkeit im ersten Augenblick mit einer tiefen Freude. Gobi hatte sich mit Sylvia verlobt! Seine Wahl war wirklich weitaus besser, als wenn sie auf die unzivilisierte Yana gefallen wäre, die nach Schafen roch und wie ein Kamel in der Wüste lebte. Doch nur einen Augenblick schwangen die Gedanken des Lehrers hoch, um dann im nächsten Augenblick wie ein Stein in die Tiefe des Meeres zu versinken.

»Mit Sylvia! Sie ist doch eine aktive Christin! Und du ein Lama, ein Buddhist!«

»Ich bin kein Lama, ich war nie einer und werde mich auch nie als solchen bezeichnen! Was Sylvia angeht, was hat denn ihre Religion mit mir zu tun? Sie hat mir viel darüber erzählt. Sie sagte mir sogar, daß sie gerne als Ärztin und Missionarin in die Mongolei gehen würde. Ich kann mir allerdings nicht recht vorstellen, welche Erwartungen an eine Missionarin gestellt werden. Ich werde mich auch nicht weiter um diese Sache kümmern. Was sie auch immer tun möchte, kann sie ausführen. Mein Vater besitzt genug Gold, um alle ihre Wünsche zu befriedigen.«

Der Lehrer erwiderte nichts. Er wußte, daß Sylvias Eltern nie ihre Zustimmung geben würden, daß sie einen Nomaden heiratet, ihr Leben in einem Zelt verbringen, in einem nomadischen Clan eintreten und eine Stellung einnehmen würde, die ihr jede weitere geistige Entwicklung unmöglich machen würde. Auch Gobis Eltern würden sich gegen eine solche Ehe wehren. Ihr ältester Sohn, der Thronnachfolger, sollte doch nie ein chinesisches Mädchen heiraten, das noch nicht einmal zum Adel gehörte! Die Gedanken des Lehrers waren vollkommen verwirrt, so daß er einen Seufzer ausstieß.

»Ich weiß, woran Sie im Augenblick denken. Und dennoch müssen Sie mir beistehen. Sie dürfen mich nicht wie ein Stück Holz auf einem Bergfluß treiben lassen.«

»Selbstverständlich werde ich mein möglichstes tun. Zuerst werde ich mit Sylvias Eltern sprechen.«

Dankbar drückte Gobi die Hände seines Lehrers. Sein Herz setzte aus, aber er wagte nicht zu sprechen. Schweigend begab er sich ins Wohnzimmer. Der Lehrer wandte sich sofort seinen Pflichten zu. Er war nicht daran gewöhnt, langsam und gemächlich vorzugehen. Schon am folgenden Tag klopfte er an dem roten Tor von Dr. Lins Haus an. Sylvias Eltern hießen ihn willkommen. Er wußte, daß sie weitherzige Menschen aus der Intelligenzschicht waren, die Veränderungen offen gegenüberstanden. Sie hörten ihm ruhig zu, bis er Gobis Namen erwähnte. Sylvias Mutter war bestürzt. Welche Wahl hatte ihre Tochter getroffen!

»Einen umherziehenden Nomaden will sie heiraten! Einen Nichtchristen! Einen Buddhisten!« Niedergeschlagen rieb sie ihre Handflächen aneinander, als ob Sylvia um ihre Gelenke Handschellen gelegt hätte. Sie fuhr seufzend fort: »Einen Mann aus dem Wandernden Sand, und wenn es sich auch um einen Prinzen handelt! Ein Tiger und ein Hirsch passen einfach nicht zusammen! Was sollen wir dagegen unternehmen? Wie hat Sylvia ihn nur zu etwas ermuntern können?«

Schnell versicherte der Lehrer Frau Lin, daß sie eine vollkommen falsche Vorstellung von Gobi hätte. Ihre Augen füllten sich mit Tränen: »Wenn ich daran denke, daß unsere Tochter in eine Nomadenfamilie einheiratet! Sie muß mit den Eltern, Onkeln und Tanten fertig werden. Sie heiratet ja nicht nur Gobi, sondern die ganze Familie.«

Sie faßte sich an die Stirn. Ihre Lippen zitterten, und sie begann zu schluchzen. Aber der Lehrer räumte Schritt für Schritt die Vorurteile weg. Seine beruhigenden Worte wirkten langsam wie warmes Wasser auf kalten Schnee. Wenn ihre Tochter sich wirklich für diesen Mann entschieden hatte, dann würde sie auch keine Einwände mehr machen, zumindest würde sie diese nicht offen zeigen. Nicht einmal, wenn Sylvia einen Nichtchristen heiratete. Da Gobis Vater ziemlich wohlhabend war, könnte Dr. Lin eine amtliche Abmachung über die soziale Stellung seiner Tochter treffen, damit ihr ein eigenes Einkommen zur Verfügung stände. Die Eltern sprachen die Hoffnung aus, daß so Sylvias Unabhängigkeit vom mongolischen System gewährleistet und sie nicht auf den Haushaltsfonds ihrer Schwiegermutter angewiesen sein würde. Den beiden sollte ein eigenes Haus in irgendeiner Stadt zur Verfügung stehen, ein Haus, das sie nicht mit Verwandten teilen müßten. Außerdem sollte ein Einkommen für Gobi festgelegt werden, anstelle der traditionellen gelegentlichen Unterstützung aus dem Familienbudget bei Bedürftigkeit.

Als der Lehrer zurückkehrte, war Gobi bis zum Zerreißen gespannt, wie die Verhandlung mit Sylvias Eltern ausgegangen war. Er erhob keine Vorwürfe und Einwände, sondern sagte voller Hoffnung und festentschlossen: »Der kräftige Wind unserer Steppe hat öfter den Versuch unternommen, sich mit mir zu messen und mich auszuspielen. Ich habe daraus die Folgerung gezogen, daß man nie nachgeben darf.«

Noch eine Woche zögerten Sylvias Eltern mit der endgültigen Einwilligung in diese Ehe. Als sie dann schließlich die Zustimmung zur Verlobung gegeben hatten, war das junge Paar überglücklich. Die beiden trafen sich zu gemeinsamen Ausflügen in die Berge und gingen manchmal abends aus. Die Zeit verging wie im Flug.

Eines Nachmittags ging Gobi im Garten von Sylvias Eltern spazieren, als er den Ruf eines Straßenverkäufers vernahm, der gepökelte Schweinefüßchen zum Kauf anbot. Gobi ging zum Pförtnerhaus, und der Mann hielt die Schüssel mit überredenden Worten hoch. Gobi eilte durchs Tor, um einige Schweinepfoten käuflich zu erwerben. Sie sahen richtig verführerisch aus, ab und zu aß er ein wenig davon, schnalzte mit der Zunge und leckte seine Finger in äußerster Befriedigung ab. Dr. Lin traf ihn auf der Straße inmitten der Gesellschaft des Verkäufers und eines Haufens umherstreunender Jungen.

»Einem Thronerben steht es nicht an, in der Öffentlichkeit gepökeltes Schweinefleisch zu essen«, wies der Arzt Gobi mit einem Lächeln zurecht.

Über dessen Gesicht glitt ein seltsames Grinsen: »Vor langer, langer Zeit, im Jahre 850, verfolgten zwei Brüder das Ziel, die Thronnachfolge durch einen Ringkampf zu bestimmen. Wer als Sieger aus dem Kampf hervorginge, sollte Herrscher von Japan werden. Ich glaube, daß sie die richtige Vorstellung von einem Kronprinzen hatten.«

Die beiden gingen durch den Garten zurück in Dr. Lins Arbeitszimmer: »Wir können das Thema nicht länger aufschieben. Ich muß unwillkürlich an meinen Vater denken. Es ist jetzt an der Zeit, daß er von der Verlobung erfährt. Ich selbst könnte ihm das nie sagen, weil ich nicht dafür zuständig bin. Meine Eltern mögen mir zwar stillschweigend einräumen, meine Hochzeit selbst zu bestimmen, aber sie würden ihr Gesicht verlieren, wenn ich dieses Thema in ihrer Gegenwart offen anschneiden würde. Ich wünschte, Sie könnten als Mittelsmann fungieren.«

Dr. Lin war verwirrt, faßte aber einen schnellen Entschluß.

»Ich werde dir diesen Gefallen tun. Doch finde ich es ratsam, wenn du einen Mann deiner Leibwache vorausschickst um mein Kommen anzukündigen. Deine Eltern würden über das plötzliche Auftauchen eines Chinesen sehr erstaunt sein.«

»Wann wären Sie denn dazu bereit?«

»Irgendwann in der nächsten Woche.«

»Ich werde Sie begleiten.«

Am Dienstagmorgen in der folgenden Woche fanden sich die beiden am Bahnhof ein. Der knarrende, dröhnende Zug würde sie nach Paotan bringen, von da aus stand ihnen noch eine lange Reise bevor. Sie würden in drei Wagen über die wilde Ebene der Inneren Mongolei bis zum Lager von Gobis Eltern holpern. Mit gebührender Feierlichkeit bewegte sich der Vorsteher des Bahnhofs, um den Sohn des fürstlichen Hauses in das für ihn reservierte Abteil zu führen. Jetzt war alles zur Abfahrt bereit. Plötzlich entdeckte Gobi, daß sich noch einige Gepäckstücke auf dem Bahnsteig befanden, die er extra für Dr. Lin angeschafft hatte, um ihm das Leben in einem Zelt etwas angenehmer und moderner zu gestalten. Er verließ das Abteil und rief dem Bahnhofsvorsteher zu: »Wir müssen noch den Ofen und den Armsessel mitnehmen.«

Der Angeredete verneigte sich höflich: »Die Sachen werden später nachkommen. Auf diesem Zug gibt es keine Güterfracht.«

Gobi wußte, daß das Versprechen eines Bahnhofsvorstehers in China weder Hand noch Fuß hat, und gab sich deshalb mit seiner Auskunft nicht zufrieden. »Es soll später folgen! Nein, das kommt überhaupt nicht in Frage! Entweder werden die Sachen auf diesem Zug mitgenommen, oder ich fahre nicht mit.«

Der Bahnhofsvorsteher wurde ganz verlegen. Die Atmosphäre war bis zum Zerreißen gespannt. Er hoffte, daß jeder Mongole, der seinen Kopf aus dem Wagenfenster steckte, seiner Weigerung beipflichten würde. Doch es herrschte eisiges Schweigen. Kein Passagier rührte sich. Wer würde es schon wagen, sich gegen den jungen Prinzen aufzulehnen? Wer würde sich der Gefahr aussetzen, in die Ungnade des herrschenden Geschlechtes zu fallen?

Nun traten die vier Leibwächter vor, und auf einmal erinnerte sich der Bahnhofsvorsteher daran, daß eine nachgiebige Haltung im Leben oft besser ist als eine starre. Er erteilte den Gepäckträgern den Befehl, Gobis Sachen in den Gang des Dritte-Klasse-Wagens zu stellen, damit sie dort niemandem im Weg ständen.

Noch am selben Abend kamen die Reisenden in der Stadt Paotan an. Sie suchten einen Gasthof auf, dessen Eingang von zwei riesigen Steinlöwen bewacht wurde. Sie mieteten den einzigen Raum, der zur Verfügung stand. Nach dem Essen sprach der Inhaber die beiden an: »Es ist mir eine große Ehre, solch hohen Besuch in meinem Hause aufnehmen zu dürfen: einen Prinzen und einen vornehmen Gelehrten. Ich lade Sie in mein Büro zu einem gemütlichen Beisammensein ein. Der Raum ist geheizt und hat starke Wände, so daß niemand unser Gespräch abhören kann. Wir können frei reden, was für mich eine seltene Gelegenheit bedeutet.«

Sie traten ein, und Gobi bemerkte: »Ich möchte Sie fragen, ob Sie vielleicht etwas zu lesen für uns haben? Ein Buch, eine Zeitschrift oder ein Flugblatt?«

»Davon können Sie soviel haben, wie Sie nur wollen. Das Nachrichtenbüro unserer Regierung in Peking schickt mir regelmäßig einen Stapel zur freien Verfügung zu. Bücher und Zeitschriften für Kinder und Erwachsene. Wissen Sie, wie viele Bücher im vergangenen Jahr herausgegeben worden sind?«

»Woher sollte ich das wissen?« erwiderte Gobi.

»Stellen Sie sich vor: drei Milliarden Bücher! Mehr als ein Buch für jeden Menschen auf dieser Erde! Sie sind in verschiedene Sprachen übertragen worden und auch für Übersee bestimmt. Tausende gingen allein nach Amerika.«

»Ich vermute, daß der Inhalt immer auf den Kommunismus abgestimmt ist«, ergänzte Dr. Lin.

»Das ist klar. Es handelt sich um Propagandageschosse. Der Nachdruck liegt weniger auf Unterhaltung als auf Information.«

»Sind die Bücher teuer?« fragte Gobi.

»Teuer? Manche kosten nur fünf Pfennig, sogar gebunden. Die Regierung gibt Subventionen.«

»Wer könnte denn damit in Konkurrenz treten?«

»Eigentlich keiner. Wettbewerb ist bei uns ein unmögliches Unterfangen. Millionen sind einfache Paperbacks. Andere wiederum sind gut eingebunden, mit wertvollen Zeichnungen und Bildern illustriert, manche sogar in Leinen.«

»So sieht nun einmal der kommunistische Weg der Infiltration aus«, sagte Dr. Lin. »Die Ideologie sucht sich beständig auszubreiten.«

»Überall!« stimmte ihm der Inhaber des Gasthauses zu. »Das erste Lied, das mein Sohn im Kindergarten lernte, hatte propagandistischen Inhalt. Meine Tochter in der Mittelschule lernt sogar Schießen und militärisches Nachrichtenwesen. Im Spiel zeigt man ihnen, wie man Bajonette handhabt – natürlich in diesem Fall noch als Attrappe – und wie man eine Handgranate wirft. Mein Sohn in der Oberschule erfährt, wie man in ein Land einmarschiert, wie man Festungen sprengt, Bunker stürmt, über Stacheldraht klettert, Schützengräben überquert und Wache schiebt. Das Schlimme an der ganzen Situation besteht allerdings darin, daß Rußland und China, die in der Mongolei die Hauptrolle spielen, die oberste Regierungsgewalt innehaben und jeder den andern ausstechen will. Ein totalitäres System kann niemand anderes neben sich dulden, keine Rivalität gutheißen oder verschiedene Weltanschauungen und abweichende Vorstellungen gelten lassen.«

Eine Zeitlang saßen die drei schweigend da und tranken von dem Reiswein in den kleinen Tassen. Der Inhaber öffnete ein Fenster, um sicher zu gehen, daß niemand sie belauscht hatte. Als er sich vergewissert hatte, daß alles in Ordnung war, redete er weiter: »Mein Sohn hegt den Wunsch, an der Universität in Peking zu studieren. Ich machte ihn darauf aufmerksam, daß er vor und nach den Vorlesungen und auch zu Hause für die kommunistische Partei arbeiten und Propaganda betreiben müsse. Er ging aber überhaupt nicht auf meine Bedenken ein. Wenn es erforderlich sein sollte, wäre er auch bereit, nachts seine Pflichten gegenüber der Regierung zu erfüllen und tagsüber zu studieren.«

Er sah zur Türe hin, als ob er darauf warte, daß jetzt jemand hereinkäme, um ihn wegen seiner unzufriedenen Einstellung und antikommunistischen Redeweise in ein Arbeitslager abzuführen. Er beugte sich etwas nach vorne und zuckte mit den Schultern. »Kommunismus! Kommunismus! Mein Sohn bewundert ihn ja. Es beeindruckte ihn nicht, als ich entgegenhielt, daß die kommunistische Ideologie Lebensmittelkarten, Knappheit und Unterernährung bedeute, daß meine Felder vernichtet wurden und daß ich eine Quittung für alle alten Sachen vorzeigen müsse, bevor ich mir etwas Neues anschaffen könne. Wenn ich eine Glühbirne auswechseln muß, kann ich darauf mitunter ein oder zwei Monate warten. Und wenn man sich nicht nach den allgemeinen Vorschriften richtet, ist man gebrandmarkt und verbaut sich gleichzeitig alle Chancen, im Beruf weiterzukommen oder andere Vergünstigungen in Anspruch nehmen zu können.«

Der Mann sprach nicht weiter. Hatte er seinen Gefühlen schon zu sehr den Lauf gelassen? War er zu unvorsichtig gewesen? Hatte er den Fremden zuviel erzählt? Er beruhigte sich erst wieder, als Dr. Lin sagte: »In vielen Beziehungen hat man ein Recht, unser System zu hassen. Aber trotz seiner vielen Unzulänglichkeiten sitzt der Kommunismus fest im Sattel. Und jede Opposition wird im Keim erstickt.«

»Die Führer der kommunistischen Partei machen aber schwerwiegende Fehler«, gab Gobi zu bedenken. »Einer der augenfälligsten war die große Kulturrevolution der Proletarier. Sie stieg sehr schnell an und ebbte dann ab, als die obersten Führer Studenten der Jahrgänge 1966–1968 mobilisierten und sie von Stadt zu Stadt schickten, um die Bevölkerung zu bearbeiten, z. B. durch Parolen, Massenveranstaltungen, Flugblätter.«

»Das stimmt«, äußerte Dr. Lin. »Anfangs haben die Kommunisten unsere Jugend verachtet. Dann begann eine völlig neue Ära. Die Jugend wurde zum Militärdienst herangezogen und die Rote Armee gebildet. Sie nannten sie ›die Reinen Herzen‹, die ›Unverdorbenen‹, ›die frei von dem Makel der Bourgeoisie sind‹. Man hat nicht nur drei Millionen Jungen und Mädchen nach Peking geschickt, damit man ihnen die kommunistische Ideologie einimpfte, sondern Millionen Jungen und Mädchen wurden zusätzlich dazu angereizt, nach Belieben durchs Land zu ziehen, und das für drei Jahre. Sie wurden einfach dazu gezwungen, keiner fragte danach, ob sie innerlich zustimmten. Sie konnten kostenlos alle Züge benutzen und überall frei wohnen und essen. Sie marschierten mit Gongschlägen, Trommeln und Zimbeln durch die Straßen.«

»Außerdem waren sie bewaffnet«, fügte Gobi hinzu. »Mit Gewehren, Eisenstangen, Messern und Panzergürteln.«

»Sie drangen in Häuser, Geschäfte, öffentliche Gebäude, Fabriken, Tempel und Museen ein«, fuhr Dr. Lin fort. »Sie hörten nicht auf zu schreien, zu trommeln und über Lautsprecher ihre Parolen zu rufen: ›Baut euch eine neue Welt auf und zerstört die alte!‹ Jungen und Mädchen von zwölf bis achtzehn Jahren waren so fanatisiert, daß sie altmodische Tore und Fenster aus Reispapier zerschlugen, alte Möbel, Bilder und Bücher vernichteten. Sie begossen sie mit Benzin und veranstalteten ein Freudenfeuer. Luxus-Geschäfte mit gutem Ruf wurden ausgeraubt, Tempel zerstört und die Götterbilder zerbrochen. In Peking haben sie sogar den berühmten Sommerpalast der französischen Eroberer ausgeplündert und lediglich die Außenwände stehengelassen. Sie haben die Menschen zu Tode gequält und dabei noch ein Gefühl der Genugtuung empfunden. Sie haben Menschen durch die glühende Asche ihrer Besitztümer gezerrt, andere an die eigene Haustür gebunden und anschließend zu Tode geschlagen.«

»Heute besucht diese fanatische Jugend wieder die Schule«, fügte Gobi hinzu. »Der Eisenbesen, der die alte, verdorbene Gesellschaft beiseitekehren und den Boden für die neue, proletarische Gesellschaft säubern sollte, ist in den hintersten Winkel der Schränke geschoben worden.«

»Ich bedaure die Lehrer aufrichtig, die sich mit einer solchen Jugend abgeben müssen. Ich hätte fast gesagt, daß sie mit ihnen fertig werden müssen. Mein Sohn hat mich jedoch aufgeklärt, daß dieses Wort vollkommen veraltet sei und man es heute nicht mehr mit gutem Gewissen gebrauchen dürfe.«

Der Gastgeber öffnete eine Reisweinflasche. Die drei tranken manche Tasse und unterhielten sich dabei weiter. Es war ein schöner Abend, wo man sich einmal richtig austauschen konnte, ohne beständig in der Angst leben zu müssen, von irgendwelchen Spionen abgehört zu werden. Die Männer legten sich erst spät zur Ruhe. Dr. Lin und Gobi verbrachten die Nacht in einem Bett aus Ziegelsteinen und roten Polsterkisssen. Am nächsten Morgen sah das Wetter etwas bedrohlich aus, die Sonne schien zwar noch, verbreitete aber ein seltsames Licht und wunderliche Schattenfiguren. Schon bald versteckte sie sich hinter schwarzen Wolken, die wie eine vom Wolf verfolgte Schafherde aussahen. Plötzlich wurde der Himmel von einer unsichtbaren Hand aufgerissen, und ein Wolkenbruch entlud sich auf die Erde.

Gobi ging ans Fenster und fiel gegen Dr. Lin, der wie ein Betrunkener durchs Zimmer taumelte. Er starrte mit weit offenen Augen auf den Balkon, während er hin- und herwankte. Verwirrt und bestürzt rannten die Menschen auf die Straße. Aus einer Ecke ertönte der Ausruf: »Ein Erdbeben!«

Im Nu beugte sich der Gasthof auf eine Seite. Man mußte fürchten, daß er einstürzen würde, aber er richtete sich dann doch wider Erwarten von selbst wieder auf. Mit einem Satz erreichten Gobi und Dr. Lin das Fenster. Sie sahen mit an, wie drei Häuser gleichzeitig zusammenstürzten. Staubwolken wirbelten auf. Immer mehr Gebäude wurden von der Katastrophe betroffen. Kreischende Laute drangen durch die Luft. Es war mit einem Mal alles still, kein Laut war mehr zu vernehmen. In diesem furchtbaren Schweigen hielten die Elemente ihren Atem an. Die Erdstöße, die jetzt folgten, nahmen noch schlimmere Ausmaße als die vorhergehenden an. Die Lage wurde immer bedrohlicher, und die Erde verwandelte sich in ein einziges Chaos. Das Beben wütete wie ein Drache, der mit gewaltigen Schlägen mit dem Schwanz um sich schlägt und den Rükken furchterregend erhebt.

Gobi war wie betäubt. Ein Laut nach dem anderen blieb ihm in der Kehle stecken. Seine Nerven waren bis aufs äußerste gespannt, und dennoch blieb er am Fenster stehen. Der Atem des Drachen bedrohte alles Lebendige und ließ es erschrecken. Auch der Himmel sah angsterregend aus. Überall entstanden Feuer, und große, lodernde Flammen zischten im niederprasselnden Regen.

Dr. Lin rannte aus dem Haus. »Wir müssen den Leuten helfen. Wir können sie nicht in ihrem Elend umkommen lassen.«

Gobi folgte ihm auf den Fersen. Die Flammen versuchten, ihn zu verschlingen, aber er konnte sich einen Weg durch das Getümmel bahnen. Auch die zusammenfallenden Dächer vermochten nicht, die beiden an ihrem Vorhaben zu hindern. Sie schleiften Frauen und Kinder in einen sicheren Winkel, banden die Pferde von den Wagen und retteten viele Gegenstände vor dem Flammenmeer. Den ganzen Tag über rangen sie darum, das Chaos etwas zu mildern. Als die Feuer gelöscht worden waren, brach die Nacht in der plötzlichen Weise des Orients herein, und die beiden kehrten notgedrungen in den Gasthof zurück.

Am nächsten Morgen fuhren Gobi und Dr. Lin weiter. Sie nahmen ihre Sachen mit und ließen sich von der Leibwache begleiten. Wilde Grasflächen und trostlose, öde Felder erstreckten sich vor ihnen.

Sie fuhren von einem Lager zum anderen und erreichten nach zwei Tagen die derzeitige Niederlassung von Gobis Eltern. Schon von weitem zeigte der Prinz ganz erregt auf die Zelte, die offensichtlich für kommunistische Beamte und Funktionäre gedacht waren. Sie standen um das Zelt der Herrscherfamilie herum.

Die Ankömmlinge wurden herzlich aufgenommen. Es herrschte große Freude. Juchi, Houlun und alle anderen, Frauen und Kinder, kamen aus den Zelten gestürzt, um sie willkommen zu heißen. Auch Yana war zugegen. Ihre wilde Schönheit hob sie von den anderen Frauen merklich ab. Ehe Gobi überhaupt ein paar Worte mit ihr wechseln konnte, hatte man ihn schon ins Zelt geschoben. Sogleich wurde ihm und seinem Begleiter ein Topf mit Hammelfleisch vorgesetzt. Während des Essens nahm Gobi keine Notiz von Yana. Auch sie zeigte sich kühl und verkroch sich schweigend in einen Winkel des Zeltes. Aus ihrem Benehmen konnte Gobi berechtigterweise den Schluß ziehen, daß sie von seiner Verbindung mit Sylvia erfahren hatte. Von seiner Liebe zu einer Christin, die überhaupt keine Beziehung zu der religiösen Vorstellung der Lamas hatte.

Gobi vermutete, daß irgendein Mongole, der sich in Peking aufgehalten hatte und vor ihnen zurückgekehrt war, seine Eltern von der Verlobung unterrichtet hatte. Wollten diese nun mit Yana einen Gegenschlag auf seinen Entschluß hin führen? Gobi war überzeugt, daß sie alles daran setzten, um ihn von seinem Vorhaben abzuhalten. Sie konnten ja nicht wissen, daß jetzt keine Möglichkeit zur Umkehr mehr bestand.

Gobi glaubte hinter dem Plan vor allem seine Mutter zu sehen. Er konnte seinerseits nicht wissen, daß diese schon seit Tagen Yana beschwatzt hatte, zu ihr ins Zelt zu kommen. Sie wollte Yana moderne Manieren beibringen, die sie selbst während eines Aufenthaltes in Peking und Ulan Bator kennengelernt hatte.

Mit zustimmendem Eifer hatte Houlun über die modernen Frauen in China, Japan und Rußland gesprochen. Ganz offen hatte sie Yana auf deren Schwächen aufmerksam gemacht und sie auf die Fähigkeiten hingewiesen, die ein Mädchen besitzen müsse, wenn es die Frau eines modernen Prinzen werden möchte. Das Ergebnis all ihrer Bemühungen und ihres Einmischens war nun, daß die sonst so leicht erregbare und hitzige Yana nachdenklich auf dem Boden saß und kein Wort sagte. Aber in ihren Augen spiegelten sich kleine Funken, während sie über Gobis seltsame Kleidung wanderten. Noch nie hatte sie den chinesisch-leninistischen Modestil gesehen.

Dieser rief ihr Befremden hervor. Sie war nur an lange, weite Kleider gewohnt. Gobi hatte sich völlig verändert, er trug eine Hose aus festem Stoff und eine maßgeschneiderte Jacke, die seine gute Figur besonders zur Geltung brachte. Dann wandten sich Yanas Augen seinem weißen Hemd mit den fleckenlos weißen Manschetten zu, und sie rümpfte die Nase.

Was war das für eine weibische Großtuerei! Ihr Widerstand Gobi gegenüber steigerte sich immer mehr, und ein eiskalter Schauer lief über ihren Rücken. Sie neigte den Kopf, um ihre Verachtung nicht in aller Öffentlichkeit zu zeigen. Tränen netzten ihre Lider. Am liebsten hätte sie ihre Kritik laut hinausgeschrien. Könnte sie doch nur zu Petrosky eilen! Sie wünschte, sie könnte die Seile des Zeltes herausreißen und das ganze Zelt auf Gobis gestriegelten Kopf fallen lassen.

Gobi nahm ein Taschentuch aus seiner Hosentasche und trocknete damit seine Lippen. Yanas Augen weiteten sich immer mehr. Zum erstenmal in ihrem Leben hatte sie ein Taschentuch in Gebrauch gesehen. Ihre Geringschätzung entfachte sich zu einem Sturm der Verachtung: »Wenn Gobis Gewohnheiten das Ergebnis der modernen Zivilisation sein sollen, von der ich schon so viel gehört habe, dann werde ich mich davon vollkommen distanzieren. Ich kann ohne das auskommen.«

Gobi hatte sich noch keine Sekunde wie sonst auf den Boden gelegt. Was hatte seine Mutter andeuten wollen, als sie über ein wohlerzogenes chinesisches Mädchen sprach? Liebte er sie wirklich? Wollte er sie heiraten? Und wenn schon, sie machte sich nichts mehr daraus. Sie nicht . . .!

Yana fuhr erregt mit den Händen durchs Gesicht. Sie konnte nicht länger auf ihrem Platz verweilen und so tun, als wäre sie eine leblose Buddhafigur aus irgendeinem Tempel. Ihre Gedanken drangen ins Unendliche. Wilde Angewohnheiten . . .? Fürstin Houlun hatte diese bei ihr zu sehen gemeint. Nun, sie würde ihr beweisen, wie ungezügelt sie in Wirklichkeit war. Sie sprang auf und stürmte auf Gobi zu wie eine wilde Bärin, die ihre Jungen verteidigt. Mit beiden Händen stieß sie ihn zur Seite. Voller Genugtuung warf sie den Fleischtopf zu Boden. Dr. Lin und Gobi mühten sich vergeblich, das Ausströmen des Inhaltes zu verhindern.

»Da! Sehen Sie mit eigenen Augen, welch eine schlechte Erziehung ich genossen habe! Sie und Ihr wohlerzogener Sohn mit seinen so vortrefflichen Manieren! Geben Sie ihm doch das Mädchen, von dem Sie mir erzählt haben! Ich verabscheue ihn! Ich hasse ihn!«

Wütend stürzte sie mit furchterregenden Gebärden auf die Zelttür zu, warf sich draußen auf ihr Pferd und jagte nach Hause.

Eine schmerzhafte Stille folgte unter denen, die sie verlassen hatte. Als erste nahm Houlun das Gespräch wieder auf: »Was für ein ungezähmtes Mädchen! Was für eine Wildheit! Und das, nachdem ich mich so für sie eingesetzt habe. Ich fühle mich richtig betäubt, als ob mich ein Stachelschwein berührt hätte. Wie sie auch mich verabscheut! Und ich sehe nicht den geringsten Grund für ein solches Verhalten.«

Juchi betrachtete seine Frau mit heimlichem Vergnügen. Er verstand Yanas Reaktion genau. Er hatte einen Wutausbruch in irgendeiner Form erwartet, und daher hatte ihn die ganze Szene belustigt. Er mochte Holz, das schnell Feuer fing. Er machte eine Handbewegung, als ob er Yanas Verhalten entschuldigen wollte: »Yana ist zwar ein wildes Mädchen, aber sie ist dennoch ein Fasan unter einer Schar Küken.«

Er ließ einen Diener kommen, der das umgestoßene Fleisch aufkehren sollte. Lässig befahl er: »Bereite anderes Fleisch zu!« Gobi blickte den Diener an. ›Ein Fasan unter Küken! Sie ist noch weitaus mehr! Ich finde sie wirklich nett, aber ihre Natur bricht von Mal zu Mal stärker durch. Auf jeden Fall sind meine Gefühle für sie nichts im Vergleich zu der Liebe, die ich für Sylvia empfinde.‹

Yanas Rückzug hatte eine gute Voraussetzung geschaffen, um Gobis Anliegen zur Sprache zu bringen. Taktvoll wies Dr. Lin Gobi aus dem Zelt. Dann teilte er den Eltern die Verbindung ihres Sohnes mit seiner Tochter mit. Zu seinem Erstaunen mußte er erkennen, daß sie schon von der Romanze wußten und der erste Schock der Enttäuschung schon verflogen war. Je mehr er sprach, um so mehr steigerte sich seine Begeisterung, vor allem bei den Worten: »Wenn Gobi in eine bekannte chinesische Familie einheiratete, könnte er ohne Mühe Verbindungsoffizier werden.«

Juchi war ganz erfreut zu hören, daß Sylvias Vater gute Beziehungen im politischen Bereich hatte. Er verspürte einen heimlichen Stolz, daß das Mädchen eine so gute Ausbildung genossen hatte, und daß eine gemeinsame Lebensführung mit ihr offenbar sinnvoll war. Der Vorschlag von seiten ihrer Eltern, wie die finanziellen Angelegenheiten in der Ehe geregelt werden sollten, machte ihm nicht viel zu schaffen. Für ihn war es doch nur eine Kleinigkeit, einige Goldbarren auszugraben, um Gobis Zukunft in wirtschaftlicher Hinsicht abzusichern. Auf Sylvias Einkommen war Gobi unter keinen Umständen angewiesen.

Die Verbindung seines Sohnes mit diesem Mädchen erschien Juchi immer positiver, je mehr er sich damit beschäftigte. Einem plötzlichen Einfall folgend, klatschte er als Zeichen seines Einverständnisses in die Hände: »Gobi könnte als Mittelsmann zwischen China und dem Wandernden Sand fungieren und die Grenzzwischenfälle zu einem Ende bringen. Der Angriff auf Kalgan sollte in Vergessenheit geraten. Das junge Paar könnte zu einem Räderpaar werden, das unseren Staatswagen ohne Mühe vorwärtsbewegt.

Gobi könnte als Verbindungsoffizier in Peking wohnen. Er hätte dann mit den führenden chinesischen Staatsmännern Umgang, könnte für die Zukunft eine bessere Beziehung zwischen uns und China herstellen und Rußlands Einfluß und die Macht Petroskys brechen. Sylvia wäre uns bestimmt bei Vertragsabschlüssen behilflich. Aber die beiden können machen, was sie wollen. Wir werden uns auf keinen Fall einmischen, sie sollen frei entscheiden. In diesem Jahrhundert haben wir schon viel Seltsames erlebt. Doch . . . doch ich muß noch eine Weile über alles nachdenken.«

Dr. Lin traute seinen Ohren kaum. Er hatte sich vorgenommen, eine gewaltige Festung zu stürmen, und jetzt war gar kein ›Kreuzzug‹ für Gobi nötig. Seine gutgemeinte Überzeugungskraft war nicht mehr als Schnee, der in heißem Wasser schmilzt. Er konnte es kaum abwarten, bis er Gobi davon erzählte.

In der Zwischenzeit hatte Yana ihr Zelt erreicht und hielt unmittelbar vor der Türe an. Ein Diener stürzte sofort heraus. Ohne ein Wort zu verlieren, warf sie ihm die Zügel zu und trat wie eine wildgewordene Furie ins Zelt. Voller Mißbilligung schüttelte der Diener seinen Kopf; solch schlechte Manieren hatte er noch nie an ihr erlebt.

»Ich hasse einen Mann, der sich wie ein Narr herausgeputzt hat«, sagte sie zu ihren Eltern, die gerade vor dem Feuer saßen. »Niemals werde ich einen Affen heiraten. Ich hätte es vorher wissen sollen. Gobi ist von Kindheit an verdorben worden.«

Die Eltern wechselten bedeutungsvolle Blicke miteinander. Sie mußte sich jetzt mit den Gegebenheiten abfinden. Es gab kein Zurück mehr und auch keine Flucht in unwirkliche Träume. Gobi hatte sich dem Leben in der weitentfernten Stadt zugewandt, er würde nie mehr mit einem Leben im Zelt zufrieden sein.

Yanas Mutter überlegte, wer denn für ihre Tochter als Mann in Frage kommen könnte. Sie dachte an den einen und anderen, mit dem sie Yana verheiraten könnte. Um das Mädchen auf ihre Überlegungen vorzubereiten, zitierte sie eines ihrer beliebtesten Sprichwörter: »Wenn der Herbst kommt, kriecht das Insekt um der Wärme willen in ein Zelt.«

Yana verstand sofort, worauf sie anspielte und fuhr sie an: »Zelte gibt es im Überfluß, oder bist du da anderer Meinung? Eins ist so gut wie das andere.«

Ohne ein weiteres Wort zu dem Thema verlauten zu lassen, zog sie sich aus, legte sich an die Feuerstelle und deckte sich mit Pelzen zu. Sie schloß die Augen, aber der wohltuende Schlaf wollte nicht kommen. Der Vater starrte noch immer ins Feuer. Er sträubte sich dagegen, sich mit einer eventuellen Heirat seiner Tochter auseinanderzusetzen. Er zwang sich deshalb, über die Schwierigkeiten, die ihm sein alter zweirädriger Wagen bereitete, nachzudenken. Wie beschwerlich holperte dieser über die Sanddünen und wie tief blieb er in den vom Regen aufgeweichten Wegen stecken! Er machte sich auch über die Weihrauchstäbchen Sorge, die hinter dem Zelt zum Trocknen auslagen. Weihrauch, um den Verstorbenen damit eine Freude zu bereiten! Trotz allem kehrten seine Gedanken immer wieder zu seiner Tochter zurück, er konnte ihr Problem nicht einfach ins Unterbewußte verdrängen. Er seufzte.

»Wir müssen den Schicksalsgott so günstig wie möglich beim Schopf ergreifen«, meinte er zu seiner Frau gewandt. »Wir müssen Yana so schnell wie möglich demjenigen geben, der uns am meisten für sie bietet. Das Gerücht darf nicht verbreitet werden, daß sie von der Prinzenfamilie fallengelassen worden ist. Wir dürfen unser Gesicht nicht verlieren.«

Seine Frau nickte zustimmend. Dann legten sie sich beide auf den Boden, um Schlaf zu finden. Sie zergrübelten sich so lange und waren mit so vielen Plänen beschäftigt, bis ihre Augenlider schwer wurden.

Es war schon ziemlich spät, als Gobi Dr. Lin zum Gästezelt führte, das sie miteinander teilen sollten. Es handelte sich um ein gemütliches Zelt, das mit vielen Pelzen und bunten Stoffen ausgehängt war. Der Boden war mit weichen Läufern aus Filz belegt und die Tür mit dickem Samt gepolstert. Mittlerweile waren die Nächte wieder kälter geworden, und ein mongolisches Dienstmädchen zündete ein Feuer an. Die Flammen bewegten sich, warfen Licht und Schatten an die Decke und ließen Gobis Haut in dunkler Schattierung erscheinen. Ein faszinierendes Bild! Die behagliche Atmosphäre im Zelt verleitete den Arzt, über die Hochzeitspläne zu sprechen.

»Wenn Sie ein wohlerzogener Mongole sein wollen, dürfen Sie nicht einmal an Ihre Hochzeit denken«, so scherzte er. »Und Sie dürfen keine Vorbereitungen treffen. Ihre Eltern werden alles erledigen. Denken Sie daran, als Bräutigam haben Sie nichts zu sagen.«

»Es klingt fast so, als wollten Sie Sylvia verständlich machen, daß sie überhaupt nicht existiert, eine tote Puppe, taub und stumm ist, die von den Frauen meiner Familie hin- und hergezerrt werden kann. Zum Glück hat der Kommunismus mit dieser alten Tradition aufgeräumt.«

»Vielleicht könnte ich Ihren Vater dazu überreden, daß die Hochzeit in Kalgan stattfindet. Es ist die Grenzstadt der Mongolei.«

»Meinetwegen. Dann könnten Frau Lin, Sie und die anderen Verwandten in einem Hotel wohnen. Es gibt trotz der Verwüstungen, welche die Stadt erlitten hat, noch einige gute Hotels in Kalgan. Vater könnte einen würdigen Empfang bereiten, eine Theatergruppe aus Ulan Bator für diese Tage anfordern, Parties geben und andere Festlichkeiten durchführen. Meine Schwiegereltern können dann auf meine Familie mit Recht stolz sein.«

Am nächsten Morgen erwachte die Hochebene im Glanz der Sonne. Die beiden erhoben sich aus ihren Pelzkissen und traten ins Hauptzelt, wo sie von Houlun begrüßt wurden. Sie trug ein kirschrotes Kleid, das zu ihrer Gesichtsfarbe paßte. In ihren Augen konnte man Stolz lesen, als sie ihren Sohn in Begleitung Dr. Lins eintreten sah: »Was habe ich für einen stattlichen Sohn! Ich bin so froh, daß er sich dem Machtbereich Petroskys entzogen hat.«

Als sie so an den Russen dachte, stand dieser auf einmal in der Türe, als ob er von ihren Gedanken angezogen worden wäre. Er merkte sofort, daß sein Besuch nicht erwünscht sei, sagte dennoch mit einem Lächeln: »Ich habe von Ihrer Rückkehr erfahren, Gobi. Seien Sie zu Hause herzlich willkommen! Ich hoffe, daß Sie jetzt hierbleiben.«

Nur mit innerem Widerstreben stellte Juchi den Russen Dr. Lin vor. Petrosky erwies sich in diesem Augenblick als ein wenig höflicher Mann. Seine Augen brannten vor Abscheu, als er in dem Arzt aus Peking seinen Todfeind zu erblicken glaubte.

Gobi hatte Petrosky freundlich begrüßen wollen, aber die Grausamkeit in dessen Augen hielt ihn davon zurück.

Fürst Juchi konnte nicht umhin, Petrosky zum Frühstück einzuladen, und dieser nahm die Einladung an, obwohl er eher Widerwillen als Begeisterung zeigte.

»Habe ich recht mit der Annahme, daß Sie ein Führungsmitglied der Chinesischen Kommunistischen Partei sind?«

»Nein, ich bin nicht einmal in die Partei eingetreten. Ich bin von Beruf praktischer Arzt und werde gelegentlich zu den Mitgliedern der kommunistischen Regierung gerufen, um sie medizinisch zu betreuen.«

»Ich hoffe, daß Sie nichts dagegen haben, wenn ich meinem Auftrag nachkomme und Fürst Juchi als dem Führer der Inneren Mongolei eine Mitteilung mache!«

Ohne Dr. Lin die Möglichkeit einer Erwiderung einzuräumen, wandte Petrosky sich an Juchi und fuhr ohne Umschweife fort: »Meine Regierung hat sich bereiterklärt, euch Mongolen zu helfen, mehr Unabhängigkeit zu garantieren und euch alle Würde, Macht und Autorität zurückzugeben, deren euch China enthoben hat. Wenn ihr aus der Inneren Mongolei wieder einen starken und einflußreichen Staat machen wollt, würden wir euch gerne beistehen. China ist dazu nicht in der Lage. Was steht einem Bündnis mit uns im Weg?«

»China ist eine Weltmacht«, gab Juchi zu verstehen. »Und China ist unser Herrscher.«

»Eine Weltmacht, haben Sie gesagt? Ein Land unterwürfiger Bauern und unbewaffneter Soldaten mit noch 70% unkultiviertem Land! Eine Weltmacht? Daß ich nicht lache! Ohne die Hilfe meines Landes ist dieser Staat unfähig, überhaupt etwas darzustellen. Die Chinesen sind ausschließlich auf unsere Unterstützung angewiesen, wenn ich mir nur zum Beispiel Waffen, Maschinen, landwirtschaftliche Geräte und andere wichtige Werkzeuge anschaue.«

»China besitzt aber eine enorme Arbeitskraft.«

»Vielleicht ist es eine starke Militärmacht, aber die Transportmöglichkeiten sind vollkommen unzulänglich. Ich bezeichne China gern als Papiertiger.«

»Laßt uns die Diskussion über politische Fragen beenden!« meinte Juchi. »Wir wollen unsere Probleme wenigstens eine Zeitlang vergessen, da wir einen Gast in unserer Mitte haben und Gobi uns nach langer Zeit einen Besuch abstattet. Wir werden kaum eine befriedigende Lösung finden, wenn wir die Probleme überstürzt lösen wollen. Kommt mit und begutachtet das neue Pferd!« Die Männer konnten nicht anders, als sich dem Vorschlag Juchis anschließen. Er stand auf und hielt den Vorhang auf, um die anderen durchzulassen.

Bevor es Morgen wurde, wachte Yanas Vater auf. Er hatte sich zum Handeln entschlossen und kündigte seinen Freunden an, daß er am Nachmittag eine Kymisparty durchführen würde (Kymis ist die Bezeichnung für die Milch eines Kamels), um nach geeigneten Heiratsangeboten für seine Tochter Ausschau zu halten. Er hatte sogar die Familie des Prinzen eingeladen. Juchi ging auch hin, aber Gobi war vernünftigerweise zu Hause geblieben. Es war schon recht spät, als sich eine Reihe Nachbarn im Zelt eingefunden hatten, und die Luft war von dem Gesurr der Heuschrecken erfüllt. Obwohl es draußen noch warm war, hatte man zur Feier des Tages ein Feuer angezündet. Die Ältesten hatten in dessen Nähe Platz genommen. Ihr Haar war schneeweiß, das Licht der Sonne spiegelte sich in ihren Augen wider und regte sie zu einem vergnügten Plauderstündchen an.

Zu aller Bestürzung trat auf einmal Petrosky ins Zelt und setzte sich mitten unter die Versammelten. Warum war der Russe erschienen? Yanas Vater ließ eine Schale mit Milch nach der anderen herumreichen, um damit seine innere Unruhe zu verbergen. Jeder verhielt sich so, als ob alles in Ordnung sei und nichts Ungewöhnliches passiert sei. Endlich stand Yanas Vater auf und spuckte ins Feuer, um die Aufmerksamkeit auf sich zu lenken. Er deutete den eigentlichen Zweck der Zusammenkunft mit den folgenden eigentümlichen Worten an:

»Wenn eine Melone reif ist, muß der Stiel entfernt werden.«

Jeder verstand das Anliegen, und Schweigen legte sich über die Runde.

»Meine Tochter ist in das heiratsfähige Alter gekommen. Einige denken vielleicht, daß sie eine zu schnelle Zunge hat. Ich bin jedoch der Meinung, daß es schwierig ist, jedem gerecht zu werden. Sie ist einfühlsam, auch wenn sie nach außen hin oft einen anderen Eindruck erwecken könnte. Außerdem ist sie eine ausgezeichnete Köchin. Was ihre äußere Erscheinung betrifft, darf man sie natürlich nicht mit einem Adler vergleichen. Aber sie sieht auch nicht wie eine häßliche Krähe aus. Was bietet ihr für sie?«

Die Gäste saßen schweigend auf ihren Plätzen und warteten gespannt auf das, was nun kommen würde. Man vernahm nicht das geringste Geräusch. Aus einer Ecke ließ sich schließlich eine dünne

Stimme vernehmen: »Ich biete vier Kamele für meinen Sohn Tiger Tail. Vier Kamele.« Da sprang Petrosky auf, wie von einem Schuß ins Genick getroffen. Er verschaffte sich Bahn durch die Männer und Frauen hindurch und brüllte: »Ich gebe fünfzig! Fünfzig Kamele, damit ich Ihre Tochter zur Frau nehmen kann.«

Alle waren verwirrt. Fünfzig Kamele! Wer konnte ihn überbieten? Fünfzig Kamele für eine Frau! Yanas Vater rührte sich nicht und stand wie eine vom Wetter heimgesuchte alte Kiefer da. Sein feindliches Schweigen war von harter Opposition erfüllt. Petrosky konnte die gespannte Atmosphäre nicht mehr aushalten:

»Ich bin bereit, in euren Stammesverband einzutreten, falls hierin der Grund eures Schweigens liegt.«

Keiner gab eine Antwort. Die Stille wurde peinlich, jeder verstand das Bedrohliche der Situation. Petroskys Gesicht schwoll vor Ärger rot an. Er beugte seinen Kopf nach vorne und streckte seine Brust wie eine Taube heraus. Die Adern in seiner Stirn dehnten sich bis zum Zerplatzen. Schnell verkündigte Yanas Vater daraufhin, daß er seine Tochter dem Russen gebe werde. Er warf den Kopf in den Nacken und sagte mit zusammengezogenen Lippen: »Yana soll Ihnen gehören. Meine Tochter ist verlobt.«

Draußen krächzte eine Krähe und unterbrach das noch tiefere Schweigen, das der Entscheidung folgte. Die Stimmung blieb eiskalt. Um sie etwas abzuschwächen sagte Yanas Vater: »Reicht die Schalen mit der Kamelmilch herum! Jeder soll Wein trinken.« Nur wenige Männer nippten an der angebotenen Milch. Sie verließen das Zelt so schnell, wie es die Höflichkeit erlaubte.

Am späten Nachmittag standen sich Juchi und Dr. Lin gegenüber und betrachteten gemeinsam die sonnenüberflutete Steppe. Die Weite des Himmels und die Schönheit der Landschaft paßte sehr zu Juchis Stimmung. Er wandte sich zu Dr. Lin: »Meine Frau und ich wollen Gobis Glück nicht im Wege stehen. Wir werden ihm nicht widersprechen, wenn er Sylvia zur Frau nehmen möchte.«

Der Angeredete murmelte eine Antwort vor sich hin und machte sich anschließend auf die Suche nach Gobi. Endlich fand er ihn, auf dem Boden hockend. Er wirkte in diesem Augenblick wie ein einsamer, junger Sperling, der aus dem Nest gefallen ist.

»Freuen Sie sich! Jetzt haben Sie dazu Grund! Denn ihr Vater hat mir soeben die Zustimmung zu Ihrer Wahl, die auf Sylvia gefallen ist, gegeben.«

Gobi sprang jubelnd auf, schwang sich auf sein Pferd und galoppierte in die Wildnis hinaus, wo er bis zum Sonnenuntergang blieb.

Schon am nächsten Morgen nahmen Gobi und Dr. Lin zeitig Abschied und reisten mit einem großen Gefolge zurück in die Stadt der Goldenen Dächer.

6. Kapitel

Neue Ziele

Nach einer regnerischen Nacht erreichte der Zug im Morgengrauen Peking. Die Sonne verlieh den gelben Dächern der »Verbotenen Stadt« einen goldenen Glanz. Der Wind, der in Peking immer dem Regen wie eine Bauersfrau ihrem Mann folgt, hatte den Geruch der Westlichen Berge mitgebracht. Gobi war von seinem Glück vollkommen berauscht, und seine freudige Erwartung nahm immer mehr zu, je mehr sie sich Dr. Lins Haus näherten.

Ihn überkam das Verlangen, Sylvia sofort zu sehen und ihr alle Neuigkeiten mitzuteilen. Doch Dr. Lin wies ihn darauf hin, daß sie als Ärztin in einem Krankenhaus nur über wenig freie Zeit verfüge. Gobi mußte also solange warten, bis die Vögel mit ihrem Zwitschern aufhörten und die Heuschrecken mit ihrem Zirpen begannen.

Um Gobi besser auf seine zukünftige Führungsposition vorzubereiten und seine Ausbildung zu fördern, hatte Fürst Juchi Dr. Lin gebeten, drei Privatlehrer der Universität Peking für seinen Sohn anzuwerben. Dieser begrüßte die Lehrer schnell und eilte dann am frühen Abend zu Sylvia. Unterwegs kaufte er einen kleinen Strauß Rosen für ihr Haar. Er traf sie im Garten des Krankenhauses an. Sie war ganz in Gedanken versunken, während sie einen Goldfisch fütterte. Gobi hielt seinen Atem an und lief auf sie zu: »Wie hübsch du aussiehst, Sylvia! Wie ein Vogel mit weißen Flügeln! Doch auch dieser ist nicht mit dir zu vergleichen . . .!« Er konnte nicht weitersprechen.

Warum verhielt sie sich so still und unbeweglich? Sie war eine bezaubernde Person! Aber ihre Augen! Sie erinnerten ihn an einen Hirsch, der nach einer Fluchtmöglichkeit sucht.

Er überreichte ihr den kleinen Strauß. Sie nahm ihn mit einem schwachen Lächeln entgegen, steckte aber die Rosen nicht in ihr Haar. Plötzlich sprudelten die Worte nur so aus ihr heraus:

»Wir sind vollkommen verschieden, Gobi. Du bist an das wilde Leben in der Wüste gewöhnt, an das gemeinsame Wohnen in einem Zelt. Ich habe meine Jugend in einer Stadt verbracht. Aber hierin liegt nicht der eigentliche Kern meines Problems. Ich bin eine Christin, und du bist ein Lama. Ich habe die Erlösung gefunden und einen Retter, dem ich mein Leben übergeben habe und in dessen Dienst ich mein Leben stelle. Durch die Wiedergeburt hat sich mein Wesen zu seiner eigentlichen Bestimmung entfaltet. Ich höre auf die Stimme meines Gottes und lebe kein eigenmächtiges Dasein mehr. Ich bin vor meinem Herrn verantwortlich, für ihn arbeite ich mein Leben lang. Ich möchte Gottes Werkzeug in meinem Beruf sein. Daher ist es mir unmöglich, mein Leben mit einem Menschen zu teilen, der ganz andere Erwartungen vom Leben hat. Wir beide leben in vollkommen getrennten Welten.«

Gobi erstarrte bei diesen Worten. Liebte sie ihn nicht mehr? Was hatte ihre Arbeit mit ihrer Liebe zu tun? Arbeit! War er denn kein Prinz? War er nicht zum Herrschen geboren? Arbeit! Er war doch kein einfacher Nomade! Er mühte sich, ihre Gedanken zu erfassen und zu verstehen. Er sehnte sich nach einem winzigen Hoffnungsschimmer. Aber nicht ein noch so geringer Anhaltspunkt dafür bot sich ihm.

»Du liebst mich doch, Sylvia? Ich weiß es. Was zählt denn sonst? Ich baue ein Heim für dich, ein großes, wie du es haben möchtest. Meinetwegen eine Wohnung in Ulan Bator, in Kalgan, in Peking – nur für dich. Du brauchst überhaupt nicht in einem Zelt zu wohnen. Was kümmert dich die Arbeit?«

»Für mich hat sie eine große Bedeutung.«

Gobi berührte ihren Arm. Wie von einem elektrischen Schlag getroffen hörte sie auf zu sprechen.

»Vergiß doch das Problem der Arbeit!«

»Das ist unmöglich.«

Sie sah seine Hände an und wagte nicht, in seine Augen zu schauen.

»Ich begehre keine Villa. Auch habe ich kein Verlangen nach gesellschaftlichem Leben. Ich möchte aber ein Ziel vor Augen haben, für das es sich zu leben lohnt, für das ich mein Leben einsetzen und das mir Erfüllung geben kann. Ich will arbeiten und nicht spielen.«

Gobi starrte sie gebannt an. Er kam sich wie ein Mann vor, der sich gerade in einem Opiumrausch befindet.

»Was auch immer zwischen uns tritt, überwindet die Liebe, die sich durch nichts erschüttern läßt. Wenn meine Seele mit Dschingis-Khan verbunden ist und irgendwo in der Wüste schwebt und sich zwischen den hohen Gräsern der Steppe, über die Berge und entlang der Pfade bewegt – sie wird immer auf der Suche nach dir sein.«

Sylvia blickte in den Teich, als ob sie in dem Wasser ihre Zukunft erkennen könne. Sie strich mit der Hand, die den Strauß hielt, über die Stirn. Ihre schwarzen Augen standen in sonderbarem Kontrast zu der hellen Farbe der Knospen.

»Ich liebe dich, Gobi, aber ich kann meine Arbeit nicht aufgeben, meine . . .«

Sie verließ ihn, ohne ein weiteres Wort. Er war bei allem, was sie zu ihm hinzog, nun einmal der Sohn eines unzivilisierten Geschlechtes und in seine Religion verstrickt. Sylvia stürzte in ihr Zimmer, sank auf einen Stuhl und verbarg ihr Gesicht in den Kissen. Langsam flossen die Tränen, erst allmählich löste sich die innere Spannung, als sie an seine Worte dachte. Ihre Hand suchte den kleinen Strauß und fand ihn auf ihrem Schoß. Sie hielt das Gesicht an die Blüten und genoß den wunderbaren Duft. Aber war nicht Gift darin?

Mit einem Ruck zerbrach sie die Knospen mit zitternden Händen. Wan la . . .! Wan la . . .! – Schluß! Sie mußte sie verbrennen. Dann war sie wieder frei für ihre Laufbahn. Sie gehorchte einem pötzlichen Impuls und warf die zarten Blüten in die Kerzenflammen. Sie verzogen sich und wurden schwarz. Den Rest der verbrannten Rosen rettete sie aber und wickelte sie vorsichtig in ein Taschentuch. War ihre Liebe echt? Konnte sie die Schwierigkeiten nicht doch überwinden? Gobi hatte es sich zur Aufgabe gemacht, seinem Volk zu helfen. Sie wollte etwas Lohnendes im Leben tun? Nun gut, aber gab es überhaupt ein ärmeres Gebiet als den Wandernden Sand? Konnte sie dort nicht auch ihre Hilfe einsetzen? Ihre Entscheidung, Gobi aufzugeben, war ein Tropfen Wasser auf einen heißen Stein gewesen! Ss . . . tt . . . und schon war es vorbei. Er war weggegangen und hatte den Zugang zu ihr verschlossen. Besaß sie nicht den Schlüssel? Sie würde die Türe wieder aufschließen! Für eine Frau bleibt eine Tür niemals verschlossen. Ja, sie war bereit, ihm zu folgen und ihre Tätigkeit im Wandernden Sand aufzunehmen, wo die medizinische Hilfe so dringend erforderlich war.

Um Mitternacht stand sie auf und ging zum Teich, im Glauben, ihn dort noch anzutreffen. Kein Stern war am Himmel zu sehen, völlige Dunkelheit umgab sie. Auch der Mond hatte sein Antlitz verhüllt. Sie wurde ganz unruhig und stellte sich voller Sorge die Frage, was wohl in der Zwischenzeit passiert sein könnte.

Gobi war ganz erregt aus dem Garten gestürzt. Sobald er draußen angelangt war, war er dem Wind ausgesetzt gewesen, der von den westlichen Bergen herüberkam. Straßenstaub breitete sich vor seinen Augen aus, und er ging durch den Dunst auf sein Auto zu. Als er seinen Chauffeur erblickt hatte, verschaffte er seiner grenzenlosen Wut Luft.

»Ich fahre!«

»Aber Sie wissen doch gar nicht, wie man mit einem Auto umgeht!«

»Habe ich Ihnen denn nicht zusehen können?«

»Schon, aber . . .«

»Sind Sie derjenige, der Anweisungen erteilt, oder nehmen Sie diese sonst entgegen?«

Gobi ergriff das Steuer, und es gelang ihm, das Auto zu starten. Mit aller Kraft setzte er seinen Fuß auf das Gaspedal, das Auto bewegte sich vorwärts. Er konnte nicht beschreiben, wie es in seinem Inneren aussah, er fühlte sich nur angetrieben, seinen Fuß noch fester auf das Gaspedal zu setzen. »Sylvia liebt mich nicht, auf jeden Fall nicht richtig! Ihre Eltern nehmen mich nicht an, auch ihr Freundeskreis nicht. Sie schätzen mich allein wegen meines Geldes, mein mongolisches Blut verachten sie.«

Voller Verzweiflung gestikulierte er mit den Händen. Dabei verlor er die Gewalt über das Steuer, und in Sekundenschnelle raste der Wagen von einer Straßenseite zur anderen. Durch den aufgewirbelten Staub wurde Gobi von einem erleuchteten Gartentor geblendet. Plötzlich sah er, wie die Lampe herunterfiel. Er hörte Glas zersplittern, Holz reißen und fühlte, wie Blut über sein Gesicht rann. Dann fiel er in Ohnmacht.

Nach drei Tagen erlangte er durch eine Berührung auf die Dauer sein Bewußtsein zurück. Sylvia saß neben ihm. Ihre Hand hatte sein Handgelenk gefunden. Ihre schlanken Finger hielten es fest.

»Sylvia . . .! Liebst du mich noch?«

»Ich . . . Hunderttausendmal!«

Er strahlte sie an und hielt den Daumen seiner freien Hand hoch, um seiner freudigen Verwirrung Ausdruck zu geben. Sie lächelte ihn verständnisvoll an. Auch ihr Herz schlug vor Freude, und es erschien ihr wunderbar, daß man ein solches Glück und eine so tiefe Freude im Leben empfinden konnte.

Plötzlich sagte Gobi: »Ich muß dir etwas mitteilen, was mir noch nie widerfahren ist. In der vergangenen Nacht war ich schon so etwas wie wach. Ich glaubte mich dem Tode geweiht. Ich wußte genau, wie es um mich stand und lag mit weitaufgerissenen Augen da.

Wie aus heiterem Himmel durchdrang mich auf einmal ein unbekanntes Gefühl. Ich fühlte mich von meinem Körper gelöst und frei, um fortzuschweben. Mein geistiger Körper hatte den physischen verlassen, und ich fand mich am Tor des Himmels wieder. Ich erlebte einen flüchtigen Einblick, ein schnelles Vorüberhuschen von dem, was das Leben nach dem Tod bedeutet. Durch eine Erweiterung meiner Sinne erhielt ich einen Einblick in die andere Welt. Eine große Sehnsucht durchdrang mich, die Schwelle zu übertreten; ein Verlangen, vorwärtszudringen und alles zu sehen. Ich war mir des Geschehenen vollkommen bewußt. Ich wußte, daß ich der beschwerlichen Zelle meines Körpers entflohen war. Die ganze Zeit über betrachtete ich meinen Körper als etwas, das außerhalb meines Wesens war. Ich beobachtete gleichzeitig, wie die Krankenschwester meine Augen zudrücken wollte, meinen Herzschlag abhorchte und den Puls fühlte.

Um mich herum sah ich nur Licht – große Strahlen glühender Flammen, die überhaupt nicht flackerten oder mich blendeten, sondern eine faszinierende Ausstrahlungskraft besaßen. Mich erfüllte eine unbeschreibbare Ehrfurcht, und ich versank in einen Zustand der Ruhe. Mein Leiden hatte aufgehört, ebenso der unsagbare Schmerz und meine irdische Begrenztheit. An deren Stelle war Stille, Ruhe und eine Art Verklärung getreten. Die Schwester fühlte wieder meinen Puls und beobachtete besorgt meinen Blutdruck. Ich befand mich in einem Trancezustand, die Seele, der Verstand und der Geist lagen außerhalb meiner Körperlichkeit. Ich litt nicht mehr. Meine Seele konnte alle Organe kontrollieren. Mein Körper war für die höhere Welt des Geistes empfänglich geworden.

Ich hatte von meinen Vorfahren die Vorstellung übernommen, daß das Wort ›Tod‹ Kummer, Angst, Dunkelheit und Verzweiflung in sich schließt. Zu meiner Verwunderung habe ich nun die Erfahrung gemacht, daß diese Vorstellung nicht der Wahrheit entspricht. Ich habe mich umgeschaut, und der Himmel erschien mir wie eine Welt, die so schön wie eine Luftspiegelung ist. Ich glaubte mich umgeben von Bergen, Seen, Bäumen, Blumen und unzähligen anderen Pflanzen.«

Gobi blickte in Sylvias Augen, die ihn ganz erstaunt betrachteten. Er zögerte einen Augenblick und fuhr dann in seinem außergewöhnlichen Bericht fort: »Ich bin ein Geschöpf aus unserer Welt, Sylvia. Die andere Welt hatte für mich einen geheimnisvollen Charakter und lag in weiter Ferne. Ich hatte bisher nie ihre Nähe empfunden und wahrgenommen. Ich wußte allerdings mit Bestimmtheit, daß meiner Seele eine unendliche Zukunft verheißen ist, daß sie unsterblich ist und nach dem Tode weiterlebt. Im Himmel hat allerdings allein der Glaube eine Bedeutung, alle irdischen Güter, Vorstellungen und Ideale zählen hier nicht mehr. Sie haben nur einen Relativitätsgehalt innerhalb unserer menschlichen Gesellschaft.

Eine Sprache gibt es im Himmel nicht, daher habe ich auch keine Sprachunterschiede und sprachliche Grenzen feststellen können. Das Erlebnis ist einfach zu wunderbar, um es in irdischen Begriffen wiederzugeben. Man war untereinander im Glauben verbunden, in einem Glauben, der die bloße Blutsverwandtschaft überwindet. Das ist gar nicht so unverständlich, denn auch auf der Erde ist der leibliche Bruder nicht immer der beste Freund. Ich war nicht im Geringsten darüber überrascht, daß alle Menschen eine andere, himmlische Gestalt hatten. Sie trugen verklärte Gesichter, ohne Alter und ewig, so auserlesen wie ein Lichtstrahl, der durch hauchdünnes Glas leuchtet. Ihre Körper waren in Farbe getaucht, die sie wie eine dünne Wolke über der Sonne erscheinen ließen.

Aber eine Tatsache stand im Vordergrund: Der Tod bedeutet nicht, daß ich meine Flügel verliere, sondern daß ich mich mit ihnen in die Höhe aufschwingen kann. Mit meinem begrenzten Verstand vermochte ich die Größe des Erlebten nicht zu verstehen, aber ich erhielt eine tiefe Gewißheit, daß es einen Gott und Erlöser gibt. Die kurzen Augenblicke am Himmelstor haben mir die Weisheit von vielen Jahren vermittelt.«

Gobi hörte auf zu sprechen. Als aber Sylvia kein Wort erwiderte, fuhr er bedächtig fort: »Mein Lamaglaube kam mir vor, als ob er ein Restbestand aus dem Mittelalter sei. Das Paradies sah vollkommen anders aus, als man mich gelehrt hatte. Es war ein großartiges Erlebnis, Sylvia. Mir war, als ob der Himmel mir die Ehre und den Ruhm Gottes kundtun wollte.«

»Was für eine besondere und seltene Erfahrung hast du machen können, Gobi! Gott selbst hat dir den Weg der Rettung gezeigt. Du hast eine Botschaft empfangen, die unser beider Leben verändert und umgestaltet, das deinige ebenso wie das meinige. Sobald es dir etwas besser geht, werde ich dich in unser Krankenhaus überweisen lassen. Ich möchte dich unter meiner Obhut haben, um all das, was du durch mich erlitten hast, wiedergutzumachen. Wenn du wieder stark genug bist, möchte ich mit dir zu einer unserer evangelistischen Veranstaltungen gehen, damit du dort die Predigt des Evangelium hörst.«

»Warum, Sylvia?«

»Weil die Offenbarung, die du erlebt hast, nicht ausreicht, um Gott in seinem wahren Wesen zu erkennen.«

»Wird das kommunistische Regime keine Einwände machen, wenn ich mit dir dorthin gehe?«

»Nein, Treffen in Privathäusern werden nicht untersagt, auf jeden Fall solange nicht, wie die Kommunisten sich nicht in unsere Angelegenheiten einmischen und der große Bruder der Häuserblocks – ich meine den Aufseher – davon Kenntnis erhält.«

»Aber die Kirchen sind doch geschlossen, Sylvia.«

»Das stimmt schon, und zwar alle Kirchen, in denen ein soziales Evangelium gepredigt wurde, dessen Botschaft sich mit den kommunistischen Ideen vermischte. Auch andere, welche die kommunistischen Ziele ganz außer Acht ließen. Versammlungen werden noch frei bei Herrn Chao Chu, Ch-uan, Pai Chai, Lin Chen und anderen abgehalten. Du bist uns herzlich willkommen.«

Sobald es Gobi besser ging und er in einem Auto mitgenommen werden konnte, begleitete er Sylvia zu einer Versammlung. Von Anfang an fesselte ihn die Botschaft. Und doch schüttelte er seinen Kopf in heimlicher Opposition. Er würde sich dem Anspruch des Evangeliums nicht unterwerfen und die Erlösung durch Christus nicht für sich persönlich in Anspruch nehmen.

»Ich merke selbst, daß ich mich ändern muß«, beschloß er in seinem Inneren. »Ich werde aus eigener Kraft die notwendige Veränderung vornehmen und mir neue Ziele stecken. Ist das Leben nicht einem Garten zu vergleichen, in dem ich alles Unkraut ausrotten kann, um den anderen Pflanzen die Möglichkeit des Wachstums einzuräumen? Wenn ich mich daran halte, dann werde ich den Frieden finden, nach dem ich mich sehne, und die erwünschte Befriedigung.«

Schon bald erkannte er seine Verblendung. Er sah, daß es keine Anhaltspunkte und Möglichkeiten gab, um die Verfehlungen der Vergangenheit wieder gutzumachen. Er konnte die Makel seines früheren Lebens nicht aus eigener Kraft beseitigen. Beim zweiten Besuch überzeugte ihn der Prediger, daß Selbstzüchtigung und Charakterpflege, das Bemühen um Freundlichkeit und Ehrlichkeit kein Ersatz für die Rettung sein konnten. Er versicherte ihm, daß nicht einmal die Taufe an die Stelle eines neuen Lebens treten könne.

»Ich weiß das ja alles ganz genau«, gab Gobi vor sich selbst zu. »Wenn ich aus mir selbst meiner Bestimmung gerecht werden soll, Frieden und Freude, innere Befriedigung und ein lohnendes Lebensziel finden will, dann kann es sich immer nur um einen oberflächlichen und erfolglosen Versuch handeln. Ich bin wie eine rostige Pumpe, die man zwar frisch anstreicht, aber nicht von Grund auf erneuert.«

Trotz dieser Einsicht verschloß er sein Herz und weigerte sich, sein Leben einem Retter zu übergeben, der ihm die Befriedigung seines Lebens geben konnte.

»Ich bin auf der Suche nach der Pflege und Zucht meines Verstandes«, teilte er Sylvia mit. »Der Herr möchte Erziehung, oder?«

»Erziehung an sich ist die große Täuschung unserer Zeit, Gobi. Erziehung an sich vermittelt nicht die ersehnte Rettung. Erziehung ohne Religion schafft nicht einmal einen Ausgleich im Menschen. Die Mehrzahl unserer Intelligenzschicht sind Skeptiker und Agnostiker.«

Gobi wagte es selten, über das Thema zu sprechen. Aber er setzte sich ernsthaft mit dem Verlangen seiner Seele auseinander.

Er merkte, daß er auf die unbekannte Stimme hören sollte, die so beharrlich und unerschütterlich auf ihn einsprach.

»Erlösung«, so betonte der nächste Prediger, »ist nicht durch Werke oder äußere Zeichen, nicht durch gute Angewohnheiten und Taten zu erlangen. Erlösung ist etwas uns Wesensfremdes. Unser Herz muß in Ordnung kommen. Wir empfangen die Erlösung und Heiligung unseres Lebens nur durch eine andere Macht: Gott. Erst dann sind wir in der Lage, zu arbeiten und unserer Umwelt in der angemessenen Weise zu begegnen. Erlösung ist ein Geschenk der rettenden Gnade unseres Herrn und Heilandes.«

Während der Prediger noch sprach, war es, als ob sich plötzlich der Himmel öffnete und einen solchen Segen ausströmte, daß Gobi nicht alles zu erfassen vermochte. Er erniedrigte sich und lieferte sich dem allmächtigen Herrn aus. Durch die göttliche Macht Jesu Christi empfing er ein neues Sein und erfuhr die Gnade der Wiedergeburt. Seine Bekehrung gründete sich nicht auf irgendeine theologische Begreiflichkeit, sondern hatte ihre Basis in dem schlichten und reinen Glauben an Jesus. Eine unbeschreibliche Freude erfüllte ihn. Er konnte kaum Worte finden, um Sylvia seine Wiedergeburt angemessen und ihrer ganzen Tragweite nach zu erzählen.

»Wie wunderbar! Wie herrlich! Jetzt haben wir eine gemeinsame Aufgabe, einen Ruf, um dein mongolisches Volk aus den Fesseln des Kommunismus zu befreien und ihm den Weg zur rettenden Botschaft von Jesus Christus zu zeigen.«

»Sobald es dir besser geht, werden wir gemeinsam in die Innere Mongolei gehen«, fuhr Sylvia fort. »Ich möchte deinem Stamm so gern helfen und mich einsetzen, damit ihr den Weg aus der Unterdrückung durch die Russen und die Chinesen in die Freiheit findet. Mit Hilfe meiner medizinischen Kenntnisse werde ich einen Zugang zu deinen Stammesgenossen finden. Die Nomaden sind ja ein ruhiger Menschentyp.«

»Ruhig! Nach außen mag es so erscheinen. Ich gebe zu, daß Gefühlsausbrüche bei einem Nomaden eine Seltenheit sind. Er zeigt sein Inneres nicht schnell. Im Herzen liebt er Menschen und Tiere. Er respektiert und bewundert die Tierwelt, und auf der anderen Seite will er jede Kreatur bezwingen und sich mit ihr messen. Oft steht er der Tierwelt näher als der Welt des Menschen. Er fürchtet wohl die Zukunft und den Tod, aber nicht das Leben an sich.«

»Erzähle mir von den Eigentümlichkeiten des Charakters der Nomaden, damit ich sie lieben und verstehen lerne! Dann kann ich ihnen das Evangelium in einer ihnen gemäßen Art bringen und ihnen medizinisch helfen.«

»Ihnen helfen! Das wird allerdings keine leichte Aufgabe sein, da sie weder Hilfe erwarten noch darum bitten. Der Nomade glaubt, sich selbst helfen zu können. Er ist mit sich selbst und seiner Umwelt zufrieden und kennt normalerweise nicht die Bedeutung eines Wortes wie ›Ehrgeiz‹. Er findet es einfach absurd und unwichtig, wenn die Kommunisten ihm jetzt beibringen wollen, wie wesentlich im menschlichen Leben die Aufgabe ist, nach neuen Ideen zu ringen. Er hält es für lächerlich, seinen Beitrag zur Vervollkommnung des Lebens zu leisten. Er hat keine phantastischen Pläne und idealistischen Vorstellungen. Der beste Herrscher ist für ihn derjenige, der ihn am meisten in Ruhe läßt und sich selbst überläßt.«

»Aber der Nomade glaubt doch an die Autorität einer Gottheit?«

»Natürlich. Er bringt jedem Götterbild die angemessene Bewunderung entgegen, wenn dieses ihn wirklich für sich einzunehmen vermag. Außerdem liegt ihm viel daran, daß er persönliche Befriedigung erfährt. Er liebt das Spiel des Handels, das Spiel mit dem Preis. Er kann einen ganzen Tag damit zubringen, über ein Geschäft nachzudenken, ohne das Gefühl zu haben, daß er den Tag sinnlos verbracht habe.«

»Bin ich sicher und außerhalb von Gefahren, wenn ich ganz allein bei Nomaden bin?«

»Auf jeden Fall. Es kommt bei uns eigentlich kein schwerwiegendes Verbrechen, nicht einmal ein geringfügiges Vergehen vor. Wir kennen vorsätzlichen Mord im Grund nicht. Ich habe auch nie von Wahnsinnigen in der Wüste gehört. Allerdings muß ich dich auf die Gier des Nomaden aufmerksam machen, die sehr tief und anhaltend ist, wenn sie erst einmal geweckt wurde.«

»Welches ist denn der schwierigste Charakterzug, dem ich begegnen kann?« fragte Sylvia mit gerunzelter Stirn.

»Daß der Nomade nur selten sein Inneres enthüllt und seine wahren Gedanken preisgibt. Oft führt er Gespräche, die eher von seiner wahren Überzeugung wegführen.«

»Haben die Nomaden dem Kommunismus gegenüber eine positive Einstellung? Sind sie mit seinen Zielen einverstanden?«

»Im Gegenteil. Sie halten die russische und die chinesische Spielart des Kommunismus für gleich schlecht. Sie hassen das schreckliche, eintönige Leben unter einer Regierung, die mit den Methoden des Terrors und der Überwachung arbeitet. Die Technik der Chinesen, gegenrevolutionäre Aktivitäten auszurotten, ist dem sowjetischen System entlehnt. Die beiden Systeme unterscheiden sich darin, daß Stalin im Geheimen sein Werk vollführt, Maos Terror jedoch in voller Öffentlichkeit geschieht. Er arbeitet mit Fanfaren, Massenverhören. Bei diesen fließt viel Blut, und sie werden auf den bekanntesten Sportplätzen durchgeführt. Hier werden die Opfer in aller Öffentlichkeit denunziert und auf der Straße erschossen.«

»Ich bewundere den Einsatz vieler Kommunisten aufrichtig«, fuhr Sylvia fort. »Sie zeigen eine fast religiöse Entschlossenheit zur persönlichen Änderung. Die Menschen sollen sich nicht nur ihrer Herrschaftsform unterwerfen, sondern sie hoffen auf deren positive Hinwendung zu ihrer Überzeugung. Ihre ›Hsueh hsi-Gruppen‹ – formierte Gruppen –, die auch in ländlichen Gebieten eine weite Verbreitung gefunden haben, besitzen eine verwandelnde Kraft. Sie wirken ganz gezielt auf die Wertvorstellungen der Jugend ein. Eine neue Generation wird mit neuen Gesellschafts- und Geschichtsvorstellungen und mit einer anderen Einstellung von Gut und Böse konfrontiert. Die ältere Generation hat sich mehr oder weniger ihrem Anspruch untergeordnet, aber die Jüngeren sind von der Richtigkeit des Konzepts wirklich überzeugt und setzen sich dafür ein. Es ist höchste Zeit, dagegen den wahren christlichen Glauben zu stellen. Denn die Revolution der Tugend, die hier den Anspruch erhebt, kann aufgrund des natürlichen, sündigen Wesens des Menschen überhaupt nicht durchgeführt werden.«

»Wie soll ich das verstehen?« erkundigte sich Gobi.

»Die Revolution will ein Dreifaches erreichen. Da ist die physische Revolution mit der besonderen Betonung der Gesundheitspflege und Hygiene. Weiter die politische Revolution, die bemerkenswerte Ergebnisse in der Erziehung, in der Entdeckung neuer Kommunikationsmöglichkeiten, in Handel und Industrie erzielt hat. Und schließlich die moralische Revolution mit der Liquidierung des jahrhundertealten korrupten Bürokratismus und volksweiten Drucksystems. Der patriotische Eifer war früher unbekannt. Ich gebe zu, daß man schon viele Erfolge verbuchen konnte. Jedem steht die Inanspruchnahme von zwölf kostenlosen Haarschnitten und 20 freien Bädern im Jahr zu. Aber durch das alles wird der Mensch ja nicht in seinem innersten Wesen umgestaltet, wie es die Erlösung durch Christus vermag.«

Als Gobi gründlich untersucht worden war, durfte er das Krankenhaus verlassen, körperlich geheilt und innerlich voller Freude. Schon am folgenden Tag klopfte ein Mongole bei ihm an und überreichte ihm einen Brief. Er las und las ihn wieder, um jedes Wort in seinem Bedeutungsgehalt genau zu erfassen. Dann ließ er seinen Chauffeur kommen: »Fahren Sie mich auf der Stelle zu Dr. Lin!« Ganz erregt kam er dort an. Ohne sich durch äußere Umstände stören zu lassen, übersetzte er sogleich den Brief aus dem Mongolischen ins Chinesische.

»Verstehen Sie nicht, was hier gemeint ist? Es handelt sich um eine Falle!«

»Ich ersehe daraus, daß sich einige Ihrer Stammesgenossen in Peking aufhalten, um Pelze zu verkaufen. Und diese bitten Sie um die Leitung irgendeines Treffens.«

»Ein Treffen! Es ist eine kleine Schlinge, um mich zurückzuholen. Es handelt sich um eine Versammlung, in der unsere Götter angebetet werden. Man hat den Leuten vermutlich erzählt, daß ich ein christliches Mädchen und zudem eine Chinesin heirate.«

»Warum lehnen Sie die Einladung nicht einfach ab?«

»Das geht eben unter keinen Umständen. In der Abwesenheit meines Vaters habe ich die Verpflichtung, zu amtieren, wenn man mich darum bittet.«

»Können Sie denn mit der Verehrung der Götter und Ihrer Vorfahren noch etwas anfangen?«

Gobi erinnerte sich an eine Kulthandlung, deren er im Camp seiner Stammesgenossen beigewohnt hatte. Vor seinen Augen tauchten Bilder aus der Vergangenheit auf: Aufgebaute Altäre, die aus einfachen Tischen bestanden und inmitten von Schafen, Pferden und Sätteln außerhalb des Zeltes errichtet worden waren. Er gedachte an sonderbare Lamas, welche die Leute mit ihren langen Tempelhörnern herbeigerufen hatten.

Er stellte sich die Situation ganz bildlich vor, wie die Menschen vorwärtsgedrängt und vom Rauch des Kameldungs aus ihren Zelten weggelockt wurden.

Dann erfolgte seine Antwort:

»Nein, denn seitdem ich meinen Herrn und Retter gefunden habe, glaube ich nicht mehr an die Götter und nicht mehr daran, daß die Toten auf die Lebendigen angewiesen sind, damit diese ihren Unterhalt im Himmel gewährleisten. Ich würde mich sehr freuen, wenn Sie mich zu der Versammlung begleiten würden.«

»Haben denn Ihre Stammesgenossen nichts dagegen einzuwenden?«

»Sie werden Sie willkommen heißen.«

»Dann komme ich mit.«

Am Nachmittag gingen die beiden in chinesischen Gewändern zu dem vereinbarten Treffen. Sie wurden am Tor des Gästebezirks, der zum Tempelbereich gehörte, von einigen Mongolen empfangen und in ein Haus geführt, das nur aus einem einzigen Zimmer bestand. Dieses war kaum eingerichtet und besaß weder Sessel noch Stühle. Stattdessen hatte man Matten auf einem großen Bett aus Ziegelsteinen, das die ganze Länge der nördlichen Wand einnahm, ausgebreitet und viele Kissen daraufgelegt. Auf den Kissen waren verschiedene Szenen dargestellt. Kleine Porzellanfiguren lagen auf Armen und Knien und boten ihren Rücken als Unterlage für die schlafenden Köpfe an.

Ein winziger Pekinese sprang auf einmal auf und bewegte freudig seinen Schwanz zur Begrüßung. Er sah aufgeregt zu, wie Gobi und

Dr. Lin Buttertee und Sesamkuchen gereicht wurden. Sobald die Begrüßungsformalitäten erledigt waren, lehnte sich die farbenfrohe Gesellschaft von Gobis Stammesgenossen zurück. Sie lockerten dabei ihre Muskeln, und es schien so, als ob sie ihre Sinne von jedem sie belastenden Gedanken befreien wollten.

Ein Junge wandte sich an Gobi: »Heute vor einem Jahr ist mein Vater gestorben. Seitdem er mich verlassen hat, habe ich die Tage in grenzenloser Trauer zugebracht.« Er weinte, und Gobi tröstete ihn solange, bis er wieder lächeln konnte.

Einer von den Anwesenden nach dem anderen zog seine Lippen zusammen und klagte: »Ich bin so unruhig, weil mich die Furcht übermannt hat, wohin ich auch immer gehe. Es gibt so viele unbekannte Gefahren in dieser großen Stadt. Ich habe davor mehr Angst als vor wilden Tieren in unserem Wandernden Sand. Ich komme mir einsam und verlassen vor. Daher fühle ich mich auf den Schutz der Ahnen angewiesen. Führe uns zu ihrer Anbetung, Prinz, denn du bist unser zukünftiger Führer, auch wenn die Kommunisten die Macht in ihrer Hand haben.«

»Das ist allerdings etwas schwierig für mich. Früher wäre es mir eine große Ehre gewesen. Jetzt aber betrüge ich mich selbst und bin nicht aufrichtig, wenn ich eurer Bitte nachkomme. Ich bin Christ geworden, und mein Leben hat sich grundlegend verändert. Ich glaube an den alleinigen Gott und Erlöser. Daher kann ich unsere Vorfahren nicht mehr um ihren Schutz bitten. Ich will aber gern einen christlichen Gottesdienst mit euch halten.«

»Warum hast du dich vom Lamaismus abgewandt und bist Christ geworden?« fragte ein Ältester. »Das ist doch eine ganz ungewöhnliche Entscheidung.«

»Der Herr hat mich gerufen und zu meinem Herzen gesprochen. Er hat mich aus der Dunkelheit ins Licht geführt. Das ist ein großes Vorrecht und ein unbeschreibbarer Segen, von dem ich gern auch andern sagen möchte. Ich habe allerdings auch schon die Erfahrung gemacht, daß ein solches Vorrecht Gefahren mit sich bringt, die man vorher nicht überschauen konnte. Ich habe in dieser kurzen Zeit herausgefunden, daß man die Christen in vier Kategorien einteilen kann. Als erste möchte ich die Herbstchristen anführen, die zwar nach außen hin schön und farbenfroh erscheinen, aber in Wirklichkeit ausgetrocknete, rissige und gelbe Blätter haben. Sie haben kein Leben, keine Frucht und keine Begeisterung mehr in sich. Sie führen kein persönliches Leben mit Jesus und scheuen sich, seine Zeugen zu sein. Sie besuchen die Versammlungen als Scheinchristen, darauf beschränkt sich ihr ganzes Christsein. Meine Braut Sylvia und ich möchten niemals solche Herbstchristen werden.

Die zweite Art, zu der wir auch nicht gehören möchten, sind die Winterchristen. Diese sind gleichgültig, kalt und wie gefrorenes Holz. Sie äußern immer kalte Kritik, so daß jeder unwillkürlich friert, mit dem sie in Berührung kommen. Die dritte Gruppe, die ich kennengelernt habe, sind die sogenannten Frühlingschristen. Sie sind mir zu enthusiastisch und wachsen nicht langsam und beständig. Ihr Dasein ist ein ständiger Wechsel von sonnigen und regnerischen Tagen, von Höhen und Tiefen. Sylvia und ich streben danach, Sommerchristen zu werden, die im natürlichen Wachstumsprozeß begriffen sind und auf die Ernte Gottes leben, die er verheißen hat. Wir wollen für Christus Frucht bringen. Wir werden später Unterricht erteilen, Kranke heilen, soziale Reformen einführen, deren unser Land so dringend bedarf, und vor allem das Evangelium predigen. Unser Glaube ist eine Kraft, die uns durchdringt, wir möchten ihn gern mit anderen teilen.«

Zu Beginn der Kulthandlung trat Gobi an den kleinen Tisch, auf dem sich eine Reihe hölzerner Täfelchen befanden. Hierauf waren die Namen der Toten geschrieben. Er zündete zwei Kerzen an. Der Älteste der Anwesenden stellte einen tragbaren Ofen vor die Kerzen, auf dem ein Topf mit Hammelfleisch kochte.

Anschließend überreicht er Gobi eine Unzahl Rollen aus farbigem Papier, die Stoff für die Kleidung der Verstorbenen darstellen sollten.

»Eure und meine Vorfahren haben keinen Bedarf und keine weitere Verwendung für diese Kleidung aus Papier«, sagte Gobi ohne Umschweife. Aber der alte Mann blieb beharrlich bei seiner gegenteiligen Meinung. Er gab Gobi nun Papiergeld für die Ahnen. Dieser fuhr fort:

»Seht doch endlich ein, daß dieses Scheingeld nur wertloses Papier ist! Eure ›Versorgung‹ der Ahnen ist ja ehrlich gemeint, aber ihr könnt damit nicht in die Ewigkeit hineinwirken.« Nacheinander las er die Namen der Verstorbenen vor, währenddessen wurden die Scheinkleider und das Scheingeld verbrannt. Die Verwandten traten einzeln nach vorne, nahmen die Weihrauchstäbchen in Empfang, knieten nieder und berührten dreimal den Boden mit ihrer Stirn.

Als man jedem Verstorbenen die gebührende Ehre erwiesen hatte, war der kultische Teil der Zusammenkunft vorbei. Die Ahnen waren wieder zufriedengestellt worden.

Alle waren äußerst überrascht, daß Gobi am Altar stehenblieb. Jeder sah ihn verwundert und gleichzeitig fragend an. Keiner sprach ein Wort, als sie mit Ehrerbietung auf den Thronnachfolger sahen. Er stand vor ihnen, mit den Täfelchen ihrer Vorfahren im Rücken. Nun nahm er aufs neue das Wort:

»Hätte ich doch eine so durchdringende Stimme wie eine Trommel, damit ich mir Gehör verschaffen kann, und zwar weit und breit. Meine zukünftige Frau und ich haben Gott unsere Herzen übergeben und ihm unser ganzes Dasein geweiht. Wir wollen mit seiner Hilfe unser Land mit dem Christentum vertraut machen. Ich habe mich aus den Klauen des Kommunismus befreit und weiß jetzt, daß der Russe Petrosky eine Persönlichkeit ist, von der eine große Wirkung ausgeht. Man kann ihm wenig moralische Verfehlungen nachsagen. Vor wenigen Tagen erreichte mich ein Brief meines Vaters, in dem er mir die Mitteilung machte, daß Petrosky die restlichen Lamatempel als Unterkünfte für seine Guerillas beschlagnahmt hat. Nur zwei oder drei Tempel dienen noch ihrer ursprünglichen Bestimmung, und hier hat Petrosky riesige Portraits von kommunistischen Führern aufgehängt. Die meisten Lamas hat er nach Sibirien in Zwangslager abtransportieren lassen. Ein wütender Bär vermag nicht ein solches Unheil wie er anzurichten.«

Die Kerzen brannten noch und beleuchteten Gobis Gesicht in scharfen Konturen. Die Männer blickten ihn an und schenkten ihm ein instinktives Vertrauen. War er nicht der Erbe des Fürsten, ihr Befehlshaber, besonders in kritischen Zeiten?

»Dein Pferd soll uns vorausgehen, Prinz«, meinte einer der Ältesten. »Wir kennen das Christentum nicht, aber wir sind bereit, in diese Richtung zu gehen, wenn du unser Führer sein willst. Wir folgen dir.«

»Wenn ihr mich ernsthaft unterstützen wollt, bin ich bereit, den von mir als richtig erkannten Weg auch weiterhin zu beschreiten. Petrosky hat mich genauso wie euch durch seine Versprechungen geblendet, wenn er davon sprach, uns mehr Geld und Nahrung und bessere Kleidung zu geben. Aber leider hat sich alles als ein bloßer Trug herausgestellt. Ich werde meinen Kurs solange durchhalten, bis ich euch auf den Weg der Erlösung geführt habe.«

Mit diesen Worten entfernte er sich vom Altar und setzte sich mitten unter die Männer. Es herrschte Schweigen. Als Gobi sich nach einer geraumen Zeit erhob, dankten ihm seine Landsleute: »Komm bald zurück! Wir freuen uns, wenn du dich in unserer Mitte aufhältst. Wir möchten Genaueres über deine Pläne und Zielvorstellungen erfahren.«

»Was für nette und freundliche Menschen!« sagte Dr. Lin auf dem Heimweg zu Gobi. »Ich liebe ihre strahlenden Gesichter und ihr aufrichtiges Lachen.«

»Unsere Nomaden sind die glücklichsten Menschen der Welt. Man hat mir einmal gesagt, daß man in Ulan Bator auf wesentlich mehr lächelnde Gesichter stöße als in New York. Sie stellen keine besonderen Ansprüche an das Leben und arbeiten härter als jedes andere Volk. Ihre angeborene Intelligenz überrascht die Außenstehenden, wenn man an ihren geringen Erziehungsstand denkt. Niemand kann sich mit ihrer körperlichen Ausdauer messen. Dabei sind sie unübertroffen höflich und haben Humor.«

»Sind Sie nicht in Sorge, daß sie sich in die Netze der vielen Versprechungen des Kommunismus verfangen haben?«

»Oh, nein, sie klagen über dieses Regime und können sich mit seinen Methoden nicht einverstanden erklären.«

»Worüber klagen sie denn?«

»Über die furchtbare Plackerei. Über die Eintönigkeit, das Kontrollsystem, das Fehlen jeglichen Humors, die Stumpfsinnigkeit der Schlagworte und besonders über die Lautsprecher, die tagein und tagaus nur das dumme Geschwätz von sich geben: Amerika ist eine Ratte, ein Polyp. Dabei haben sie doch überhaupt keine Vorstellung vom Wesen und von der Bedeutung Amerikas.«

»Einige scheinen aber doch von den Versprechungen der Kommunisten angezogen und überzeugt worden zu sein«, stellte Dr. Lin fest.

»Die Vorrechte, die den Mitgliedern der kommunistischen Partei eingeräumt werden, sind natürlich eine Versuchung für unsere Leute. Die Streitkräfte genießen ein besonders hohes Ansehen. Jeder, der freiwillig in die Armee eintritt, erhält höchste Bezahlung, ausgezeichnete Verpflegung und vielseitige Unterhaltung. Wenn ein Nomade in die kommunistische Partei eintritt, wird er automatisch Mitglied in zahlreichen Vereinigungen und mit manchen Privilegien ausgestattet. Auf jeden, der sich hervortut, warten weitere Annehmlichkeiten, und er darf an Kursen über sinnvolle Freizeitgestaltung teilnehmen.«

»Treten viele Nomaden in die russische Armee ein?«

»Nein. Ihnen widerstrebt eine straffe Militärausbildung. Sie sind gegen Exerzieren mit Holzwaffen ohne Munition und gegen eine gelenkte Organisation. Falls jedoch eine Gruppe den Versuch unternehmen sollte, sich zu widersetzen und zu rufen: ›Wir exerzieren nicht mehr!‹, dann kann man Maschinengewehre und Kugelgeschosse vernehmen, die durch das Schreien der aufgebrachten Nomaden unterbrochen werden. Einige von diesen werden mit gefesselten Händen und geschlossenen Augen auf den Paradeplatz gezerrt und erschossen. Aus diesem Grunde leuchtet es wohl ein, daß die Nomaden nur in stillschweigendem Widerstand leben und sich nicht in der Öffentlichkeit widersetzen.«

»Wer wird denn besonders unterdrückt?«

»Journalisten und Schriftsteller. Ihnen versucht man beizubringen, daß sie sich zu ducken und keine persönliche Meinung vorzutragen haben, die sich nicht mit den herrschenden Ideen deckt. Außerdem stehen sie fast gar nicht unter dem Schutz des Gesetzes. Jeder beliebige Beamte kann Anzeige gegen sie erstatten. Amtliche Zensur ist bei uns auf der Tagesordnung. Es darf kein Funktionär der Korruption beschuldigt werden. Irgendwelche Informationen darüber dürfen nicht durchsickern. Das alles hat natürlich zur Folge, daß die wenigen Zeitungen, die wir haben, keinen Wert als objektive Nachrichtenquelle haben.«

Als Gobi zu Hause angekommen war, rief er sofort Sylvia an: »Sollen wir nicht irgendwo zu Abend essen? Das Peking-Hotel hat einen großen Speisesaal, wo man uns nicht so gut beobachten könnte und wir einigermaßen ungestört wären. Dir gefällt es bestimmt dort.«

Sylvia stimmte zu. Bevor Gobi sie abholte, hielt er unterwegs kurz an, um am Tung Au Shih Chang ein Sträußchen gelber Rosen zu kaufen. »Sieh mal, Sylvia, die Knospen sind genau richtig, um dein Haar zu schmücken. Sie passen einfach wunderbar zu dir.«

Er brachte ihr öfter kleine Geschenke mit. Einmal war es ein Taschentuch mit eingesticktem Namen, ein anderes Mal ein kleiner niedlicher Vogel mit bunten Federn, der auf ihrer Schulter thronen sollte. Diese Kleinigkeiten vermittelten ihr das Gefühl seiner einfallsreichen Liebe. Als sie ins Hotel fuhren, spürte sie seine wohltuende Nähe. Gobi fragte den Kellner, ob er einen etwas abseits gelegenen Platz zwecks ungestörter Unterhaltung für sie reservieren könne.

Sie sahen sich gemeinsam die Speisekarte an, und Gobi neckte und scherzte mit Sylvia, weil sie eine panische Angst um ihre schlanke Linie hatte. Wie gewöhnlich gab er sich fröhlich und ausgelassen und amüsierte sich über ihren gewitzten Humor. Sie antwortete ihm stets in einer Art und Weise, die noch mehr Anziehungskraft auf ihn ausübte. Dann erzählte er ihr von der kultischen Feier mit den Stammesgenossen und von dem Brief seines Vaters, der sich im besonderen auf Petrosky bezog.

Daraufhin sagte Sylvia: »Immer wenn ich an die kommunistische Infiltration und deine gutgläubigen Nomaden denke, werde ich von einer entsetzlichen Furcht gelähmt. Du solltest zurückkehren, Gobi, um Petrosky und seinem Kommunismus eine offizielle Absage zu erteilen und ihm freimütig zu gestehen, worauf wir unser Leben bauen.«

»Du hast Recht, Sylvia. Ich werde Petrosky und seine Ideologie bis zum bitteren Ende bekämpfen.«

»Die Kommunisten reden von Brot und setzen den Leuten Steine vor, Gobi. Hier in China kontrollieren sie alle Schulen, Zeitungen und Radios. Wenn man Petrosky den kleinen Finger reicht, wird er die ganze Hand ergreifen und mit euch in der gleichen Weise verfahren.«

»Als Petrosky in unser Land kam, hat er uns eine sofortige Hilfe angeboten und uns Hoffnung für eine bessere Zukunft gemacht. Aber er hat den Leuten ein Märchen aufgetischt, das wie ein heller Meteor am Horizont aufkreuzte. Und in ihrem kindlichen Vertrauen nahmen sie seine Versprechungen für bare Münze und folgten ihm.«

»Wenn wir beide im Wandernden Sand sind, werden wir ihnen etwas Besseres zu bieten haben, Gobi. Uns erwartet eine große Aufgabe.«

Durch Sylvias Einsatzbereitschaft angespornt, hatte Gobi in wenigen Tagen die nötigen Vorbereitungen für seine Rückkehr in die Heimat getroffen. Seinen Eltern berichtete er sofort von seiner Lebensaufgabe, das Evangelium zu verbreiten.

»Dein Ziel berührt mich zutiefst, Gobi. Wenn es doch Petroskys Gier Einhalt gebieten könnte, der nur darauf aus ist, die Diktatur in unserem Land einzuführen und uns aller Rechte zu berauben.«

»Ich glaube schon, Vater. Wir müssen unserem Volk die Augen öffnen, damit es die Zielsetzung des Kommunismus erkennt, der nichts anderes als unsere totale Unterjochung beabsichtigt.«

»Und wie soll das geschehen?«

»Wir müssen ihnen die gegenwärtige tragische Situation im Osten vor Augen führen. Rußland beherrscht schon die Mandschurei, Teile Koreas und die Innere Mongolei. Und es wird nicht mehr allzu lange dauern, dann werden die Russen den gesamten Orient unter ihrer Regierungsgewalt haben.«

»Rufe die Ältesten unseres Stammes zusammen, Vater. Ich werde zu ihnen sprechen und in ihnen eine solche Liebe zu unserem Land entfachen, daß sie sich von den Kommunisten endgültig lossagen.«

Juchi wägte die Konsequenzen ab und starrte nachdenklich ins offene Feuer. Er spuckte in die Flammen und lauschte dem zischenden Geräusch, daß er dadurch verursacht hatte. »Wir müssen vorsichtig sein, mein Sohn. Petrosky hat eine weite Machtbefugnis und kann uns jederzeit umbringen lassen. Er darf von unserem Vorhaben keinen Wind bekommen.« Eine tiefe Furche grub sich zwischen seine Augen. Plötzlich faßte er einen Entschluß: »Wir könnten uns in unserem ehemaligen Kloster zusammenfinden. Petrosky wird bestimmt nicht den Verdacht hegen, daß ein leerstehendes Lamakloster einer politischen Zusammenkunft, die auf seinen Sturz bedacht ist, als Unterschlupf dienen könnte.«

»Schicke unsere Vorreiter voran, Vater! Sofort! Du kannst dich auf sie verlassen. Sie haben Jahre bei dir zugebracht und würden dich auf keinen Fall verraten.«

»Das kann man in der heutigen Zeit nie mit absoluter Sicherheit behaupten, Gobi. Ich weiß nicht, ob ich ihnen noch trauen kann. Denn die Belohnungen, die die Kommunisten für jede Information aussetzen, sind wie der Duft von Hammelfleisch für einen hungrigen Wanderer.«

»Gibt es denn auch den Fall, daß sich Freunde gegenseitig anzeigen?«

»Freunde? Sogar Familienbande werden zerrissen. Aber ich werde die Reiter trotzdem ausschicken. Ich werde das Treffen für die übernächste Nacht ansetzen. Unsere Leute haben somit die Möglichkeit, sich zu versammeln, ehe Petrosky davon erfährt.«

Schon lange bevor der erste Hahn krähte, machten sich die Boten auf den Weg. Sie waren gegen die Kälte gewappnet. Die Ältesten erschienen im Schutz des matten Mondscheins von nirgends und überall im alten Kloster zu der angesetzten Zeit. Sie nahmen auf den Kissen in der großen Halle Platz und sprachen kein Wort miteinander. Das Schaföl in den Tempellämpchen erleuchtete den weiten Raum nur schwach.

Sobald alle in der Nähe des Feuers Platz genommen hatten, wandte sich Fürst Juchi an Gobi: »Jetzt bist du an der Reihe, ich übergebe dir das Wort. Teile uns mit, was du über die Kommunisten, die in Peking und ganz China an der Macht sind, in Erfahrung gebracht hast.«

Gobi hatte eine aufregende Geschichte zu erzählen: »In der Theorie verspricht der Kommunismus den Menschen den Himmel auf Erden. Aber in der Praxis bringt er durch seine totale Organisation und das Mittel des Polizeistaates die Qualen der Hölle mit sich. Der Kommunismus ist eine der Revolutionen, von denen China schon einige hinter sich hat. Es begann 1911–1912, als Sun Yat-sen erfolgreich die Mandschu-Dynastie stürzte. Darauf folgten zwei Bürgerkriege, die Nationalisten kämpften gegen verschiedene Landherren. Als Ergebnis bildete sich 1928 eine Nationalregierung unter General Chiang Kai-shek, dem Nachfolger Sun Yat-sens. Zur gleichen Zeit begannen die Auseinandersetzungen zwischen den Kommunisten und den Nationalisten. Die Kommunisten unter der Führung von Mao Tse-tung arbeiteten auf eine kontrollierte Einheit hin, die Nationalisten forderten eine demokratische Regierung. Zu guter Letzt gingen die Kommunisten als Sieger hervor, und die Nationalregierung unter Chiang floh 1949 nach Formosa.

Am 1. Oktober 1949 führte man eine neue Nationalflagge und Hymne ein. Die drei Gewalten im Staat – Regierung, Gesetzgebung und Rechtsprechung – lagen alle in der Hand des Staatsrates mit Mao Tse-tung als Vorsitzendem, dem sechs Vizepräsidenten zur Seite standen. Eine davon war Frau Sun Yat-sen.

Zunächst gaben die Kommunisten noch vor, mit allen gutwilligen Kräften in einer Front zu kämpfen für die Interessen der Bauern, Lastenträger und Unterdrückten.

Bald aber übten sie immer mehr die Alleinherrschaft aus. Alle mußten ihren Kopf hergeben, die sich öffentlich oder heimlich gegen das bestehende System auflehnten. Sie haben schreckliche Liquidationskampagnen miterleben müssen. Tausende wurden getötet. In der ersten Zeit betraf es vor allem die Landherren, deren Besitz die Kommunisten während der Landreform unter den Bauern verteilten. Aber auch Tausende der Intelligenzschicht mußten den Tod erleiden, weil sie als gegenrevolutionär angesehen wurden. Bewaffnete Polizisten befanden sich stets im Einsatz, um jeglichen Widerstand blutig im Keim zu ersticken. Das Massenschlachten erreichte ein solches Ausmaß, daß ganz China bis in die Wurzeln von dem Terror erschüttert wurde. Als Folge davon setzte sich verständlicherweise immer noch die weitverbreitete Ansicht durch, daß Widerstand sinnlos sei und man sich lieber stillschweigend unter das System beugen solle, wenn einem das Leben lieb sei. Eigentlich war die Vernichtungskampagne gegen die ausbeutenden Landherren gerichtet, aber in Wirklichkeit wurden unglaublich viele Menschen hingerichtet, einfach weil sie die Meinung der Landherren, Intellektuellen, Dorfältesten oder andere Ansichten vertraten, die dem Kommunismus im Wege standen und nicht zu ihm paßten. Das angekündigte Ziel bestand angeblich in der Verteilung des Landes unter die Bauern. Doch der wirkliche Zweck lag in der Abschaffung einer jahrhundertelangen Tradition der sozialen Schichtung und Gruppenzugehörigkeit.«

Gobi blickte auf seine Zuhörer. Ihre Gesichter hatten einen Ausdruck, als ob vor ihnen eine halbtote, vergiftete Schlange läge. Er fuhr fort:

»Die Kommunisten schwören darauf, daß sie von der Geschichte erwählt seien, die Propheten der Zukunft zu sein, und die Gerechtigkeit auf Erden zu verwirklichen. Alle anderen seien Verschwörer und Anwälte der Vernichtung. Mit diesen Leuten müßte endgültig abgerechnet werden, damit sie nicht noch größeren Schaden in der menschlichen Gesellschaft anrichten. Heute ist China ein einziges Gefängnis, von Stacheldraht umgeben, überall mit Maschinengewehren und Wachtürmen besetzt. Es ist ein Kerker mit relativ guter Verpflegung trotz des sonst einfachen Lebens.

Die kommunistischen Parteiführer machten kleine und große Fehler. Einer der schlimmsten bestand darin, daß man 90% der Bauern in 25000 Kommunen von je 2000–10000 Mitgliedern zusammenschloß. Ein Familienleben gab es danach nicht mehr. Männer, Frauen, Kinder und alte Menschen wurden zusammengepfercht und in vier verschiedene Baracken aufgeteilt. Einige zehn Millionen Frauen wurden ihrer Lebensaufgabe entledigt, den Haushalt zu führen, ihren Mann zu versorgen und die Kinder aufzuziehen. Sie wurden als nicht unterscheidbare Teile in die große menschliche Maschine gepfercht. So haben es einige wenige Führer geschafft, zwar Millionen friedlicher Menschen mit Nahrung, Schlaf und Arbeit zu versorgen, sie aber als Individuen auszulöschen und zum integrierten Bestandteil einer festgefügten Gesellschaft zu machen. Das normale Leben eines Bauern, wie es in China über 5000 Jahre lang verlaufen war, war über Nacht verschwunden.«

»Worüber haben sich die Leute denn am meisten beschwert?« erkundigte sich Juchi.

»Über das System der ›Nacht zum Sonntag‹. Es trägt diesen sonderbaren Namen, weil die Frauen nur an bestimmten Nächten die Erlaubnis erhalten, mit ihrem Mann allein zu sein. Sie bekommen einen Ausweis, damit man ihnen ein kleines Zimmer zur Verfügung stellt. Wenn ein Mann in einer anderen als der festgesetzten Nacht in die Baracke der Frauen schleicht, um seine Frau zu sehen, wird er erschossen. Am schlimmsten sind allerdings die Folgen: es gibt kaum noch Kinder.

Überall trifft man Enttäuschung und Verzagtheit an. Der Weizen verrottet auf den Feldern, weil das Land allen und damit niemandem gehört. Beim Vieh ist es genauso: es wird nicht ordentlich versorgt. Auch die Maschinen werden nicht repariert.«

»Liegt darin das Hauptproblem?« fragte Juchi.

»Das würde ich nicht behaupten. Es besteht eher in der Entwurzelung der Familie und der Abschaffung der alten Sitten. Die Parteiführer haben inzwischen dem Prozeß Einhalt geboten, Millionen Menschen in Baracken zu zwängen, um die Rentabilität der Produktion wieder zu gewährleisten.«

Ein Ältester konnte seine Entrüstung nicht länger verbergen. Er merkte allerdings nicht, wie Petrosky den Vorhang zur Seite schob und plötzlich bedrohlich auf der Schwelle stand. Das Gesicht des Ältesten verzog sich, und wutentbrannt äußerte er sich zu Gobis Informationen: »Das System ist uns von der Geheimpolizei aufgezwungen worden. Daher klappt es auch. Denn sie foltern jeden, der ihre Partei nicht befürwortet und zwingen ihn, ein Bekenntnis zu unterschreiben. Sie verbrennen, brandmarken und durchstechen die Menschen.«

»Was haben Sie da behauptet, eh?« ließ sich die Stimme Petroskys höhnisch aus dem Hintergrund vernehmen.

Wie von einem Schlag in den Nacken getroffen, duckte sich der Älteste, er konnte kein Wort mehr hervorbringen.

Die Empörung stieg in ihm hoch. Dann überwand er seine Furcht und sprang auf die Füße: »Ihr . . .! Ihr . . .! Ihr schwingt große Reden über die Hinwendung zum einfachen Bürger und terrorisiert auf der anderen Seite jeden, der es wagt, sich gegen den Kommunismus aufzulehnen.«

Die Ältesten erhoben sich, als ob sie von einer unsichtbaren Macht dazu getrieben würden: »Ihr mordet! Ihr bringt die Menschen um! Euer Kommunismus verfolgt sein Ziel mit barbarischen Methoden! Er hat keinen Respekt vor dem Leben des einzelnen! Ihr habt nichts anderes als Parolen zu verkaufen!«

»Ruhe . . .! Ruhe . . .!« gebot Gobi. Die Ältesten hetzten sich gegenseitig gegen Petrosky auf, und ihre Opposition wuchs zu einer offenen Revolte an. Petrosky war noch nie auf einen solch heftigen Widerstand gestoßen. Er stand in der Tür und kochte innerlich vor Wut. Er wußte nur noch nicht, wie er mit der Lage fertig werden sollte.

»Seit Ihrer Ankunft wird unser Lager beständig von einer entsetzlichen Furcht heimgesucht!« rief ein Ältester. »Keiner weiß, ob der andere nicht ein Geheimagent ist, der von den Kommunisten den Auftrag erhalten hat, uns genau im Auge zu behalten. In jedem Zelt bangt man vor nächtlichen Überfällen. Wenn ihr erst einmal einen Mann von uns fortgeschleppt habt, dann hört man nie wieder etwas von ihm.«

Schneller als ein Gewitter stürzte Juchi auf den Ältesten zu. Er ließ seine geballte Faust niedersausen und stieß ihn auf sein Kissen:

»Zurück auf den Boden! Setzt euch!«

Sie gehorchten ihm, obwohl sie innerlich dem Befehl widerstrebten. Eine dunkle Wolke überschattete Petroskys Augen. Ein grimmiger Hohn umspielte seinen Mund. Seine anmaßende Haltung machte den Umsitzenden kenntlich, daß ein Ton auf seiner Flöte genügen würde, um seine Soldaten zur Hilfe zu rufen. Gobi benutzte die augenblickliche Ruhe, um nach vorne zu treten.

»Als ich Ihnen zum erstenmal im Zelt begegnet bin, glich ich einem Schilfrohr, das sich in der Nähe des Wassers befindet. Ein Schilfrohr, das unsere jungen Nomaden pflücken, um daraus eine Flöte zu machen. Ich gebe zu, daß ich vom Wind hin und her bewegt wurde und mich eine tiefe Abscheu davor erfüllte, ein Lamamönch werden zu müssen. Trotz allem war ich aber stets in der Lage, das Lied der Freiheit anzustimmen. Dann machte ich Ihre Bekanntschaft und ging auf Ihren Vorschlag ein, mich von den alten Sitten zu befreien. Sie haben mich aber nur als Mittel zum Zweck benutzt, um Propaganda für den Kommunismus zu machen, damit mein Volk Ihnen Gefolgschaft leiste. Dann ereignete sich ein unvorhergesehener Zwischenfall. Um den Anspruch Ihrer totalitären Herrschaft durchzusetzen, haben Sie auf das Schilfrohr – auf mich – getreten, so daß es zersplitterte und ein unbrauchbares Instrument wurde. Ich war von nun an ein gespaltenes Wesen, von der Tyrannei des Kommunismus zu Boden geworfen.

Während meines Aufenthaltes in Peking hat sich meine Enttäuschung nur noch vertieft. Als ich ganz zerschmettert war, bin ich Jesus, dem Arzt der gebrochenen Herzen, dem Retter der Welt begegnet. Ich habe erfahren, daß er die Menschen nicht vernichtet, sondern die am Boden Liegenden heilt, ihnen alles Verlorene wiedergibt und ihre Seele zu einem Instrument stimmt, das er für wertvoll genug erachtet, in das Lob des himmlischen Vaters miteinzustimmen. Jetzt habe ich ein Lied, Petrosky, ein Lied der Hingabe, das ich unsere Nomaden lehren will, um ihnen den Weg der rettenden Botschaft von Jesus Christus zu zeigen. Von nun ab können Sie keine Macht mehr über unser Land ausüben. Solange ich lebe, werden Sie unseren Wandernden Sand nicht mehr als Sprungbrett benutzen können, von wo aus Sie ganz Asien in Besitz nehmen möchten. Sie können Ihrem russischen Gott mitteilen, daß es ihm nie gelingen wird, den Orient unter die Herrschaft des Kommunismus zu bringen.«

Petroskys Augen blitzten auf. Unter dem Mantel einer gewissen Zurückhaltung schlummerte in ihm noch immer ein großes Gefallen an dem Prinzen. Wenn dieser ganz auf seine Seite treten würde, dann wäre er durchaus zu einigen Zugeständnissen bereit.

»Mein Gott, eh? Sie haben vollkommen Recht, Gobi. Das Haupt unserer Partei ist unser Gott! Er hält das Schicksal der ganzen Welt in seiner Hand. Alle Gewalt muß sich auf eine Person und dessen Helfer konzentrieren.«

Juchi legte den Arm um Gobis Schultern und schrie Petrosky an: »Machen Sie, daß sie davonkommen! Sie haben Hunderte unserer Leute umbringen lassen und Tausende in Arbeitslager verschleppt. Weg mit Ihrem Terror!«

Von der furchtlosen Haltung ihres Führers angespornt, standen die Ältesten von ihren Plätzen auf. In ihrer Erregung stießen sie sich gegenseitig zur Seite, um Hand an Petrosky zu legen:

»Wir werden gegen euch kämpfen! Wir werden eine eigene Armee aufstellen! Wir lassen uns nicht von den Kommunisten einschüchtern, und wenn es eine Million wäre!«

Juchi und Gobi konnten die Männer nicht länger im Zaum halten.

Eine Art Wahnsinn hatte sie ergriffen, und in der allgemeinen Erregung schoben sie einander vorwärts.

Ein Ältester sagte: »Wir werden unsere schwarze Magie gegen Sie in Anspruch nehmen. Wir werden das Trinkwasser Ihrer Soldaten vergiften und Ihr gesamtes Lager verseuchen. Wir haben unsere Medizinorakel! Uns stehen die geheimen Kräfte der Natur zur Verfügung! Wir werden Sie für immer in die vereisten Regionen der Welt schicken!«

Juchi stieß ihn beiseite und rief in großem Ernst, mit erhobener Hand Petrosky zu: »Kraft meiner Autorität verweise ich Sie auf der Stelle aus unserem Land. Ich verbanne Sie aus allen Lagern, die Sie besetzt haben.« Dann erteilte er den Ältesten den Befehl: »Wendet die Verbannungsformel an und verweist ihn des Landes!«

Sofort legten die Ältesten ihre Hände an die Stirn und sangen mit leiser, summender Stimme die Verfügung auf Vertreibung. Petrosky war sich der Lage voll und ganz bewußt. Mit dieser Handlung war er zum öffentlichen Feind erklärt worden. Ein bohrendes Gefühl verschnürte ihm die Kehle. Er taumelte, als ob ihn eine Kugel getroffen hätte. Gobis scharfes Auge bemerkte, wie er wankte.

»Heute abend sollt ihr es büßen!« rief Petrosky Juchi zu. »Ich werde euch aller Kamele berauben und Sie an den erstbesten Baum hängen!« Dann drehte er sich um und schrie die Ältesten an: »Ich werde meinen Soldaten den Befehl erteilen, euch bei lebendigem Leibe in diesem Kloster zu verbrennen!«

Sein Blick traf Gobi, und er konnte nicht weitersprechen. Es war eine peinliche Lage, als er so auf den schönen Prinzen starrte, um ihn noch einmal unter seinen Einfluß zu bringen. Es gelang nicht mehr. Wie von selbst verflog seine Wut. Er vermochte Gobi einfach keine Verachtung entgegenzubringen. Ohne ein weiteres Wort ließ er den Vorhang hinter sich fallen. Schon in der folgenden Nacht verließ er sein Lager wie ein Vogel, der in den Süden zieht und keine Spur hinter sich zurückläßt.

Petroskys plötzliche Flucht brachte Gobi in arge Verlegenheit. Hatte sich dieser von der Kühnheit eines Leoparden zur Schlauheit eines Fuchses gewandelt? Wenn nicht, warum war er dann auf seinem Pferd und im Gefolge seiner Soldaten und Yanas, die er in aller Eile geheiratet hatte, weggestürmt? Hielten sie sich irgendwo im Gebirge verborgen? Petrosky, der mutige und unerschrockene Soldat, sollte sich versteckt haben? War sein Stamm jetzt von der Diktatur des Kommunismus befreit? Gobi konnte es kaum glauben. Eine Wolke verdunkelte die aufgehende Sonne seiner Hoffnung. Solange Petrosky lebte, würde er die Mongolen im Wandernden Sand nicht in Ruhe lassen.

Gobi verließ sein Lager, ohne ein Wort von seinem Vorhaben verlauten zu lassen, Petroskys Fährte aufzuspüren und mit ihm bis zur bitteren Neige zu kämpfen. Er nahm den Geruch des Windes in sich auf, als er tagelang im Land herumschweifte, aber nirgends konnte er eine Spur von ihm entdecken. Schließlich kehrte er zurück.

»Ich bleibe hier, Vater, um den Nomaden das Evangelium zu predigen und eine Untergrundarmee aufzustellen.«

»Es ist höchste Zeit, zu handeln, Gobi. Wir müssen jetzt die Macht des Kommunismus brechen.«

Gobi konnte noch unmittelbar nach Peking zurückkehren. Der Sommer sprach in den lauen Nächten von seinem sehnlichen Verlangen, auch die Vögel sangen davon, und die Insekten summten den Wunsch in seinen Ohren. Auch in der Stille der sternenklaren Nächte der Wüste. Die anderen fielen in den sternklaren Nächten bei diesem einschläfernden Klima sofort in den wohltuenden Schlaf, Gobi hingegen konnte keine Ruhe finden. Bei dem geringsten Geräusch war er hellwach und sich seiner Aufgabe bewußt, die Angehörigen seiner Familie und seines Stammes für Christus zu gewinnen. Wenn sie abends draußen mit ihm vor dem Zelt saßen, boten sich viele Gelegenheiten, ihnen von seinen Zielen zu erzählen. Wo er auch hinkam, scharten sich die Menschen um ihn, und lauschten seiner Botschaft. Es war ein schwieriges Unterfangen, die Nomaden zu Christus zu führen, viel schneller gelang es ihm, eine Untergrundarmee aufzustellen. Wie von selbst wurden eine Reihe Gruppen ins Leben gerufen.

Sooft eine Karawane an ihrem Lager vorüberzog, sandte Gobi einen Brief an Sylvia. Es wurde Herbst. Die wilden Tauben riefen von ihrem Dach, als ob die Liebe damit ihren letzten Anspruch anmeldete. Aber trotz allem ermunterte Sylvia Gobi, seiner Bestimmung nachzukommen und seiner Aufgabe im Wandernden Sand gerecht zu werden.

Sogar im Winter ritt Gobi in der eisigen Kälte über den Wandernden Sand, um Gottesdienste in den verschiedenen Lagern abzuhalten. Seine Glieder wurden dabei oft steif vor Kälte, und die eisige Luft schnitt wie ein scharfes Messer durch seine Kehle. Diese Versammlungen waren weit und breit bekannt, und daher erschien es Gobi recht sonderbar, daß er nie mit Petrosky in Berührung kam. Als die ersten Anzeichen den Frühling ankündigten, wurde Gobi von seiner Liebe überwältigt und reiste einige Male nach Peking. Wieder einmal hatte er sich auf die Reise begeben und war gerade in der Stadt der »Goldenen Dächer« angekommen. Gleich fuhr er mit seinem Chauffeur zum Haus von Sylvias Eltern.

Sie erwartete ihn in der offenen Tür. Die Frühlingssonne schien durch die Weidenlaube. Die violetten Blüten bewegten sich hin und her. War das Gobis Schatten, der sich im Garten bewegte? Sylvia strich die Haare glatt und legte eine Strähne an die richtige Stelle. Ihr Herz schlug so aufgeregt wie das eines erschreckten Vogels. Sie lief ihm entgegen und nahm seine Arme unter einem alten Apfelbaum in ihre Hände.

»Oh, Gobi, wie freue ich mich, daß du wieder da bist!«

Ein Monat verging. Aus der unendlichen Freude erwuchs bei beiden ein noch sehnlicheres Verlangen, den Mongolen das Evangelium zu bringen, und ihr Leben gemeinsam in der Wüste zu verbringen.

Eines Tages rief Gobi Dr. Lin an: »Raten Sie mal, was passiert ist? Meine Eltern sind gekommen, um Sylvia eine Überraschung zu bereiten.«

»Führe sie in unser Haus!«

Sie kamen in einem Wagen, den Juchi für den Aufenthalt in Peking gemietet hatte. »Wir wollten Gobi überraschen«, erklärte er Dr. Lin, als sie sich am Tor trafen. Sie gingen durch den weitläufigen Garten. »Wir haben auch ein Hochzeitsgeschenk für Sylvia gefunden. Ich möchte ihnen gleich verraten, um was es sich handelt. Wir haben ihr ein Schlafzimmer gekauft, das in einem gesonderten Zelt aufgestellt wird.«

»Ein Schlafzimmer?«

»Sogar ein großes mit zwei Betten, einem Frisier- und Waschtisch. Es enthält viel Silber und ist mit Drachen aus Kupfer verziert. Die Anregung dazu haben wir aus einem alten amerikanischen Katalog entnommen. Allerdings haben wir die Bilder in Silber anstatt aus Holz anfertigen lassen und haben dieses gelb angestrichen, damit die Kommunisten nicht herausfinden können, aus welchem Material das Schlafzimmer hergestellt worden ist.«

Gobi war sprachlos. Seine Gedanken wandten sich Sylvia zu. Er fühlte instinktiv, daß ihr diese prahlende Zurschaustellung des mongolischen Reichtums nicht gefiel.

»Das Schlafzimmer ist komplett.« Juchi war sich der Bestürzung seines Sohnes nicht im geringsten bewußt. »Wir haben sogar eine Wiege aus Silber besorgt, in die kupferne Wolkenmotive eingefügt sind. Sie ist natürlich gelb bemalt.«

»Eine Wiege?« fragte Dr. Lin.

Er schüttelte sich innerlich vor Lachen, aber er biß die Zähne zusammen, um seine Stimmung unter Kontrolle zu halten. Er bemerkte gleichzeitig, wie Gobis gute Laune sich zusehends verschlechterte. Wahrscheinlich dachte dieser an Sylvia und ihre Freunde. Ehe Gobi etwas erwidern konnte, fuhr sein Vater schon fort: »Ich habe alles so schnell wie möglich erledigt, weil ich immer in der Angst lebte, irgendein kommunistischer Spion könnte das kostbare Material entdecken. Ich selbst habe das Schlafzimmer genau begutachtet und finde es ausnehmend gut. Es ist nur schade, daß wir es nicht nach Peking transportieren lassen können, damit es bei der Prozession der Brauteltern mitgeführt wird. Solche Paraden sind in der heutigen Zeit strengstens verboten, wie ich gehört habe. Die Kommunisten haben viele gute alte Sitten beseitigt.«

»Allerdings, diese Art Paraden sind vollkommen unzulässig«, ergänzte Gobi schnell. »Die Zeit der Prozession von Hochzeitsgeschenken ist vorbei.«

Als seine Eltern weggefahren waren, eilte er ins Krankenhaus, um Sylvia zu sprechen und sie über den plötzlichen Besuch zu informieren.

»Eine öffentliche Schau eines Schlafzimmers, das aus Silber und Kupfer besteht! Und eine silberne Wiege! Für eine Braut! Oh, Gobi, das wäre ein Stadtgespräch geworden! Die Kommunisten haben uns einen großen Dienst erwiesen, daß sie den Prunk verboten haben.«

Gobi sah ganz entmutigt aus, so daß Sylvia ihre Hand in die seine legte: »Werde wieder fröhlich! Ich weiß die gute Absicht deiner Eltern zu würdigen, wenn ich ihre Einstellung auch nie im Leben teilen kann. Es handelt sich sicher um eine mongolische Eigenart, die Prunk und äußeren Glanz liebt.«

Während des Besuches entstand eine gegenseitige Sympathie zwischen Gobis und Sylvias Eltern. Diese luden abwechselnd zu einem Essen ein. Sie mußten das natürlich heimlich tun, weil der kommunistische Aufseher des Häuserblocks solche Feierlichkeiten bestimmt untersagt hätte. Juchi und Houlun hielten ihre Banketts in chinesischen Restaurants ab, Dr. Lin und seine Frau gaben dem eigenen Heim den Vorzug. Sie stellten dafür einen Koch ein, der ihre besonderen Delikatessen in aller Heimlichkeit zubereitete.

Sylvia legte Wert darauf, daß die Tafel geschmackvoll und künstlerisch gestaltet war. Mitten auf den Tisch hatte sie eine flache Silberschale gestellt, die den Eindruck eines Teiches in Kleinformat vermittelte. Ein Blumengesteck spiegelte seine Schönheit in der Schale wider. Sylvia hatte sich in ein rosafarbenes, chinesisches Gewand gekleidet und war bereit zum Empfang der Gäste.

Wie es die chinesische Sitte erforderte, erledigte man die höflichen Formalitäten, ehe man zu Tische ging. Der Gastgeber führte seine Gäste in den Speisesaal. Sylvia wies den Herren und Damen ihre Plätze an, die Damen saßen auf der rechten Seite der Tafel und die Herren auf der linken. So konnte man entweder einander ansehen oder aber das andere Geschlecht ignorieren. Alle hatten gerade den angewiesenen Platz eingenommen, als Juchi aufstand und sagte: »Wie breit ist dieser westlich gedeckte Tisch! Wie schwierig, darüber zu reichen!«

Er reichte der ihm gegenübersitzenden Dame die Vorspeise. Diese revanchierte sich sofort und gab ihm ein paar Orangenscheiben. Überall standen Platten in hohen Pyramiden aufgebaut. Als sie eine berührte, fiel sie sofort zusammen.

Zu Juchis Freude hatte man auch chinesische Gerichte auftragen lassen, die das Angebot der westlichen Speisen ergänzten. So wurde man jeder Geschmacksrichtung gerecht. Soeben wurden Haifischflossen gereicht.

»Wie kann man nur solche Delikatessen mit Messer und Gabel essen!« entrüstete sich Juchi. »Das ist doch unmöglich! Kellner, bringen Sie bitte Stäbchen für mich!« Daraufhin legte dieser neben jedes Gedeck ein Paar Eßstäbchen. Es folgte ein Gericht aus gedämpften Fischlippen, wobei viele Gäste zu den Stäbchen griffen. Als eine Schüssel mit Vogelnestsuppe aufgetragen wurde, langten alle wieder zum westlichen Besteck. Entgegen dem alten Brauch wurde jedes Gericht nach dem Abtragen in die Vorratskammer gebracht, was Juchis Argwohn entfachte. Das Übriggebliebene stand doch stets dem Gastgeber zu. Nahmen es die seltsamen Kellner für sich in Anspruch? Wenn dieses zutreffen sollte, mußte er die Angelegenheit auf der Stelle in Ordnung bringen: »Herr Ober, bringen Sie mir bitte den Rest von dem gedämpften Aal! Ich möchte noch einmal davon nehmen. Warum stellen Sie die Schüsseln fort? Sie gehören auf den Tisch!«

Die Kellner waren in einer Klemme. Sie gingen aufgeregt an den Seitentisch, um miteinander Rücksprache zu nehmen. Wenn sie die Platten aus dem Speisesaal trügen, würde Fürst Juchi sie des Diebstahls bezichtigen. Ließen sie alles auf dem Tisch stehen, würden sie sich Sylvias Mißfallen zuziehen. Die kritische Lage mußte schnell geklärt werden. Wenn man die Anweisung einer Frau in der Gewichtigkeit mit der eines Mannes aufrechnete, dann befand sich der Mann immer in der günstigeren Position. Also stellten die Kellner die Schüsseln wieder auf den Tisch. Die halbgeleerten Platten zerstörten zwar Sylvias Farbschema, aber es mußte so sein. Das Essen war ein voller Erfolg, wenn man an all die Delikatessen, Krabben, Taubeneier, Sojabohnenkeime und anderes dachte, die das schwer verdauliche westliche Essen abrundeten.

Juchi bat nach dem Essen um Handtücher, und Sylvia versuchte nicht im geringsten, den Kellner an der Erfüllung dieses Wunsches zu hindern. Sie ließ ihn gelassen die Handtücher in kochendes Wasser tauchen, auswringen und anschließend den Gästen überreichen. Sie bewunderte ihre Mutter, die dem Beispiel Juchis höflich Folge leistete und ihre Hände an dem Handtuch abtrocknete.

Der Mutter des Bräutigams stand die Aufgabe zu, das Brautzelt zu möblieren. Es war von alters her ihr Vorrecht, die Möbel für das junge Paar auszusuchen. Houlun konnte sich aber für die Geschäfte in Peking nicht begeistern: »Die Verkäufer geben sich so uninteressiert. Nirgends bringt man mir den gewohnten Respekt entgegen, der in jedem Geschäft in Ulan Bator selbstverständlich ist. Heute morgen haben mich lediglich zwei Verkäufer zum Wagen gebracht, was doch sonst der Besitzer selbst als seine Pflicht ansieht.«

Gobi verstand es, daß man seine Mutter im kommunistischen Peking nicht wie eine Fürstin behandelte, sondern daß sie nur als eine wohlhabende Dame aus der Wüste angesehen wurde, die aufgrund der zur Schau getragenen Juwelen im Kreuzfeuer kommunistischer Propaganda stand und der man nur mit Vorbehalten begegnete.

»Warum überläßt du das Einkaufen nicht mir, Mutter? Das würde dir manchen Ärger ersparen.«

»Es ist wohl der leichteste Weg in dieser komischen Lage«, gab Houlun seufzend zu.

Vom ersten Augenblick an mochte Juchi seine Schwiegertochter. Er wollte ihr das Leben erträglicher machen und schlug ihr daher eines Tages einen Plan vor, der sie zutiefst erschreckte.

»Bald wird Gobi Präsident eines Bundesstaates Mongolei sein. Ihr solltet ein Haus in Peking besitzen. Man sagte mir, daß der Palast, in dem Gobi zur Zeit untergebracht ist, zum Verkauf freisteht. Ich habe daran gedacht, ihn für euch zu erwerben.«

»Aber er hat doch 120 Zimmer!« warf Sylvia ein.

»Nun, er könnte zum Teil als Bürokomplex ausgenutzt werden. Man könnte die Büros der Regierung und auch die Kontore unserer Kohlen- und Kupferminen dort unterbringen. Gobi könnte seinen Pflichten nachkommen, dabei aber in Peking wohnen.«

»Ich beabsichtige nicht, ein bequemes Leben in Peking zu führen«, gab Sylvia zur Antwort. »Nicht für alles in der Welt werde ich meine medizinische Laufbahn für ein Dasein in der vornehmen Gesellschaft aufgeben. Ich möchte ein sinnvolles Leben führen, und zwar im Wandernden Sand. Ich habe nicht die Absicht, den Menschen nur im medizinischen Bereich zu helfen, sondern wir beide möchten ihnen das Evangelium predigen und ihnen seinen Wahrheitsgehalt im praktischen Lebensvollzug veranschaulichen.«

»Das ist ja wunderbar, Sylvia! Ich hatte Angst, daß du mit unseren Nomaden keinen Umgang haben wolltest.« Dieses Gespräch hatte ein vollkommen anderes Licht auf seine Schwiegertochter geworfen. In froher Stimmung brachen Juchi und Houlun wenige Tage später zu ihrem Lager auf.

Schon kurze Zeit später erhielt Gobi eine Information von seinem Vater, es sei diesem gelungen, eine geheime Organisation zu begründen, und Gobi sei das Amt des Sekretärs anvertraut worden. Aber schon allzu bald wurde Gobis Freude getrübt, denn er erfuhr, daß Petrosky demonstrativ in den Wandernden Sand zurückgekehrt sei. Er habe ein Dokument mitgebracht, in dem der Vorschlag eines militärischen Bündnisses zwischen der Mongolei und Rußland gemacht worden sei, das China ausschlösse. »Ich muß jetzt handeln«, sagte Gobi entschlossen zu Sylvia. »In meiner neuen Machtbefugnis werde ich jede Zusammenarbeit mit den russischen Kommunisten ablehnen.«

Er glaubte, daß jetzt der Zeitpunkt ihrer Hochzeit gekommen sei. Er setzte den Termin für die folgende Woche in der Grenzstadt Paotow an, weil es hier weniger Beschränkungen als in Peking gab.

Einige Tage vorher bezogen Juchi und Houlun mit einer Anzahl Verwandter und Bediensteter ein Gasthaus in Paotow. Zwei Tage vor der Hochzeit erreichten Sylvia und ihre Eltern die Grenzstadt. Sie hatten eine besondere Erlaubnis einholen müssen, um mit ihrer neuen Verwandtschaft zusammentreffen zu können. Man betrachtete Fürst Juchi als Regent der Mongolen unter dem Schutz des chinesischen Kommunismus.

Anläßlich des Besuchs des Fürsten wurden viele Feierlichkeiten veranstaltet. Immer wenn sich die Hochzeitsgesellschaft traf, stand der traditionelle mongolische Fleischtopf auf dem Tisch und bildete eine gute Harmonie mit den auserlesenen chinesischen Speisen. Dr. Lin konnte sich allerdings mit dem mongolischen Spezialgericht nicht so recht befreunden. Sylvia spielte bei den ganzen Festlichkeiten nur eine untergeordnete Rolle, wie es ihr als Braut zukam. Sie erschien lediglich auf den Familienfeiern, die in kleinem Rahmen begangen wurden. Außerdem ließ sie sich mit zwei mongolischen Frauen sehen, die jeden unverschämten Störenfried abweisen mußten.

Mit strahlendem Sonnenschein brach der Hochzeitsmorgen an. »Beeilt euch!« rief der Zeremonienmeister den Kellnern zu. »Gestaltet den Bankettsaal zum Hochzeitssaal um. Stellt die Ahnentische in die vordere Hälfte und laßt das Portrait Mao Tse-tungs bis zur allerletzten Minute hier stehen. Laßt bitte in der Mitte einen Kreis frei, damit wir einen Ort für die Empfänge haben.«

Die Wände wirkten richtig fröhlich, als die Bediensteten sie mit den Hochzeitsgeschenken ausstaffiert hatten. Es handelte sich um die Geschenke von Freunden, alles gute und brauchbare Sachen, die sich ausgezeichnet ausstellen ließen und später als Hochzeitsgeschenke für andere weiterverwendet werden konnten. Gobi nahm überhaupt keine Notiz davon. Er hetzte überall und nirgends herum, damit er einen größeren Raum um die Tische aussparen konnte und die Diener nicht alles in ihre Ausschmückung einbezogen.

»Ich möchte nicht, daß man Sylvia neugierig anstößt«, erklärte er seinem Vater. »Bei unseren Hochzeiten versucht immer wieder die eine oder andere Frau, die Qualität des Hochzeitskleides zu überprüfen. Oder aber ein Kellner geht mit einer Teekanne vor der Braut her. Sylvia soll sich nicht beengt oder in irgendeiner Weise belästigt fühlen.«

»Wie willst du denn das verhindern?« fragte Juchi.

»Das ist meines Erachtens recht einfach. Ich habe einen Schutzwall aus den roten Körben und den künstlichen Blumen errichtet und einen Gang bis zum Altar und einen Halbkreis um den Altar freigelassen. Auf diese Art und Weise hoffe ich, dem üblichen Ansturm neugieriger Gäste Einhalt zu gebieten.«

Viele Gäste waren zu der Hochzeit eingeladen worden, aber Sitzplätze gab es nicht. Bei einer mongolischen Hochzeit steht man die ganze Zeit wie bei einem Tempelgottesdienst. Ehrfurcht oder Ruhe wird nicht von den Teilnehmern erwartet, Anstand spielt überhaupt keine Rolle. Schon um zehn Uhr trafen die ersten Gäste ein. Obwohl die Hochzeit auf elf Uhr festgesetzt war, nahm niemand an, daß sie vor zwölf Uhr stattfinden würde. In der Zwischenzeit begutachteten die Frauen die ausgestellten Geschenke. Die Männer standen nur herum, nippten an den kleinen Tassen mit heißem Wein und warteten geduldig auf das Essen, das nach der Eheschließungszeremonie eingenommen werden sollte. Juchi und Gobi hielten sich am Eingang der Halle auf, um die Gratulationen entgegenzunehmen. Im hinteren Teil des Saales empfing Houlun die weiblichen Gäste. Jeder Eintretende trat an den kleinen Tisch und verbeugte sich oder kniete dreimal nieder, um den Ahnen der Familie und dem Portrait des kommunistischen Führers die nötige Ehrerbietung zu erweisen. Jedesmal mußte Gobi dann nach vorne eilen, um sich in gleicher Weise vor dem Gast zu verneigen oder zu knien.

»Mein Rückgrat kommt mir wie ein Bambusrohr vor«, klagte er seinem Vater, nachdem er sich so oft vor den Gästen, die bis dahin erschienen waren, verbeugt hatte. »Ich kann Sylvias Eltern nirgends ausfindig machen. Suche sie bitte und nötige sie hereinzukommen!«

Es war inzwischen höchste Zeit, um mit dem Festakt zu beginnen. Juchi bahnte sich einen Weg durch die umherstehenden Gäste, um Familie Lin aufzuspüren. Endlich fand er sie in einem Nebenraum. Er brauchte geraume Zeit, um sie davon zu überzeugen, sie müßten den Saal betreten und an der Feier teilnehmen.

»Ich fühle mich hier nicht am richtigen Platz«, äußerte sich Frau Lin. »Die Leute werden über uns reden und uns neugierig betrachten.«

Schließlich willigten sie in Juchis Bitte ein und schlüpften in den hinteren Teil der Halle. Als der mongolische Älteste, der anläßlich der Hochzeit amtierte, sie hatte hineingehen sehen, schritt er langsam und würdevoll in den Saal. Gobi folgte ihm mit unbeweglicher Miene. Er und sein bester Freund warteten an einer Seite des Altars auf die Braut. Gobi verneigte sich tief vor dem Ältesten und wartete auf das, was ihm jetzt bevorstand.

Sylvia trat ein. Zwei chinesische Brautführer in Rot gingen voran, und zwei chinesische Brautjungfern in Pastellgrün folgten in angemessenem Abstand. Sie selbst trug ein enganliegendes Kleid aus schimmernder Silberspitze, das sie schnell übergeworfen hatte und ebenso schnell ausziehen konnte, falls ein kommunistischer Aufseher plötzlich auftauchen sollte. Sie schleppte einen Schleier aus rotem Tüll hinter sich her und trat langsam auf den Altar zu. Gobi nahm den Platz an ihrer Seite ein. Der Älteste redete die beiden in chinesisch an und erklärte sie zu Mann und Frau. Damit hatte er den zeremoniellen Teil der Hochzeit vollzogen.

Gobi bot Sylvia seinen Arm an, die beiden verließen den Saal und traten nach draußen in den herrlichen Sonnenschein. Auf ihren Gesichtern konnte man ihre tiefe, innere Freude ablesen. Es war der glücklichste Tag ihres Lebens.

Draußen flüsterte Gobi seiner jungen Frau zu: »Willst du wirklich mit mir in den Wandernden Sand gehen, um den Menschen das Evangelium zu predigen und in der Untergrundbewegung zu arbeiten? Ziehst du nicht ein Leben in Peking vor? Jetzt kannst du dich noch entscheiden.«

Ihre Augen strahlten vor Liebe zu ihm, als sie ihm leise antwortete: »Von jetzt an, Gobi, ist dein Volk mein Volk und dein Land mein Land. Wir leben und arbeiten zusammen, erzählen den Menschen von der Erlösung durch Jesus Christus und unterstützen sie auf dem Weg zur Freiheit.«

Das jungvermählte Paar verbrachte die Nacht in einem Gasthaus. Schon am nächsten Morgen verließen sie die Stadt, um sich auf den Weg nach Peize Miao zu begeben, wo sie wohnen wollten. Seit den Zeiten Dschingis-Khans hatte die Stadt Paotow nie wieder eine solch eindrucksvolle Karawane zu Gesicht bekommen. Vorne trug ein großes, weißes Kamel auf seinem Rücken eine Sänfte aus gelbem Satin, in der Gobi und Sylvia saßen. Eine lange Reihe Kamele mit Dienern, Zimmerleuten und Maurern folgte ihnen. Jeder paßte auf seine besondere Ladung Haushaltsgüter, Bauholz und Ziegelsteine auf. Auf der anderen Straßenseite marschierte ein Abteilung mongolischer Soldaten, die die Karawane vor einem etwaigen Angriff kommunistischer Guerillas schützen sollte. Sie nahmen sich sehr wichtig in ihrer Rolle, für die Sicherheit des jungen Paares zu sorgen.

Schon am selben Tag, als die Neuvermählten ihren Bestimmungsort erreicht hatten, legten sie den Grundstein für ein Haus, eine Kirche und ein Krankenhaus. In den ersten Monaten lebten sie wie die anderen Nomaden in einem Zelt. Als das Haus zum Einzug fertig war, staunte jeder Stammesangehörige über das entstandene Bauwerk. Nun gab es ein neues Problem: Wie konnte das glückliche Paar seinen privaten Bereich vor den Nomaden retten? Gobis Gefährten unterzogen nämlich jedes Zimmer einer eingehenden Besichtigung und schreckten auch nicht vor einer verschlossenen Tür zurück. Zu jeder Tages- und Nachtzeit kamen sie herein.

»Ich hoffe nur, daß wir unser Schlafzimmer abschließen können«, meinte Sylvia.

»Das geht auf keinen Fall, Liebling. Die Leute wären zutiefst verletzt. Vor allem möchten sie doch unsere Schlafzimmerausstattung sehen und betasten. Unser Haus ist nun einmal ein kleines Juwel.«

Der dauernde Besucherstrom und die Verwandten, die sich ohne zu fragen auf den Fußboden legten und dort schliefen, brachten Sylvia fast zur Raserei. Gobi hatte in der Toilette eine Spülung mit fließendem Wasser eingebaut, was den Nomaden so fremdartig erschien, daß sie es immer wieder begutachten mußten. Die Besucher füllten sich ihre Lederbeutel mit Erdnußöl in den Waschschüsseln aus Porzellan und ihre Schaffelle mit Butter in der Badewanne. Sylvia hatte einen kleinen Raum herrichten lassen, wo sie den Besuchern das Leben Jesu unter Zuhilfenahme von Anschauungsmaterial und Dias erläuterte, sie in Hygiene unterrichtete und ihnen zeigte, wie die anderen Völker auf der Erde in festen Gemeinschaften leben.

Bald war auch das Krankenhaus fertiggestellt, wo Sylvia von nun an ihre Patienten behandelte. Die meisten von ihnen hatten noch nie eine ärztliche Betreuung erfahren.

Als nächstes wurde eine Schule gebaut. Sylvia unterrichtete die Kinder und Gobi die Erwachsenen. Schon nach kurzer Zeit hatte ihre Arbeit solche Ausmaße angenommen, daß sie Ärzte, Evangelisten, Krankenschwestern und Lehrer aus Peking verpflichten mußten. Dank ihrer Einsatzbereitschaft hatten sie in einem Jahr Fortschritte erzielt, für die man gewöhnlich mindestens zehn Jahre veranschlagen muß. Häuser und Fabriken schossen wie Pilze aus der Erde.

Jedesmal wenn Gobi nach Peking reiste, war Dr. Lin von seinem Idealismus fasziniert und freute sich über seine glänzenden Augen. Er hatte offensichtlich den richtigen Weg und die angemessene Aufgabe für sein Leben gefunden. Dr. Lin stellte sich vor, welche bedeutenden Stellungen junge Mongolen wie sein Schwiegersohn in der Zukunft des Landes und der modernen Entwicklung des ganzen Ostens einnehmen würden. Unendliche Besitztümer standen den fürstlichen Familien zur Verfügung: die ungehobenen Schätze, die irgendwo unter den weiten Flächen versteckt lagen. Gobi konnte hoffnungsvolle Berichte und Perspektiven geben:

»Heute entwickelt sich im ganzen Land die Industrie. Wir haben eine höhere Stufe erreicht und leben nicht mehr wie in den vergangenen Jahrhunderten. Volksschulen und technische Einrichtungen werden eröffnet. Wo man früher fast ausschließlich auf Analphabeten traf, planen wir heute immer mehr Schulen, um der Bevölkerung die Möglichkeit einer guten Ausbildung zu gewährleisten. Unser Krankenhausnetz, tierärztliche Versorgung und große Anbauflächen stehen zum Wohl unserer Bevölkerung und der Herden zur Verfügung. Bald werden die Mongolen wieder eine einflußreiche Position einnehmen, ihre riesigen Steppen werden zu intensiv ausnutzbarem Land kultiviert. Unsere Nomaden werden Siedler, die in festgefügten Gemeinschaften leben und nicht mehr von Weideplatz zu Weideplatz ziehen.«

Gute und erfreuliche Nachrichten! Dr. Lin war über den Erfolg des jungen Paares richtig stolz. Aber wenige Wochen später tauchte Juchi plötzlich mit einer weniger erfreulichen Botschaft auf. Furchtbares war geschehen. Am Dienstag der vergangenen Woche brach plötzlich Petrosky ins Lager ein und umkreiste es mit seinen Soldaten. Sie stiegen sofort von ihren Pferden und stürzten in Gobis Wachhaus, banden und knebelten seine Diener und erzwangen den Zugang zu seinem Wohnzimmer, wo Gobi und Sylvia gerade in ein Buch vertieft waren. Gobi sprang auf, so daß das Buch zu Boden fiel.

»Was soll das bedeuten? Warum haben Sie nicht unseren Hausdiener gebeten, Sie anzumelden?«

»Steigen Sie doch von Ihrem hohen Roß herunter, Gobi!« erwiderte Petrosky. »Meine Soldaten haben Ihre Diener in Sicherheit gebracht und ihnen etwas Festeres als eine Portion gekochtes Hammelfleisch in den Mund gesteckt. Sie hatten überhaupt nicht mehr die Möglichkeit, uns bei Ihnen anzumelden. Ich bin aus folgendem Grund gekommen: Ich möchte Ihnen eine Stelle in unserer russischen Armee anbieten. Unser Oberbefehlshaber hat sich bereit erklärt, Ihnen den Rang eines Generals zu verleihen. Wenn Sie mir Ihre Zustimmung geben, werden wir zusammen abreisen. Falls Sie aber das Angebot ausschlagen sollten, werde ich mich anderer wirksamerer Methoden bedienen.«

»Niemals werde ich mit Ihnen zusammenarbeiten oder in die kommunistische Partei eintreten. Ich habe mich einem anderen Herrn zur Verfügung gestellt.«

So erzählte Juchi. Dr. Lin war stolz auf das Verhalten Gobis. Aber seine Freude wurde sofort gedämpft, als der Fürst fortfuhr, Petrosky habe ganz betont gesagt: »Nun erheben Sie sich so, junger Prinz. Aber langsam! Ich habe die Befugnis, Sie umbringen zu lassen, wenn Sie sich nicht meinem Befehl fügen!« Doch irgendwie mußte ihn erneut ein Gefühl der Sympathie für Gobi ergriffen haben, seine Nasenlöcher weiteten sich, und er atmete tief: »Doch möchte ich Ihnen nicht das Leben nehmen. Unser Oberbefehlshaber hatte Sie als einen der kommunistischen Führer für Asien vorgesehen wie mich.«

Sylvia hatte in ihrem bisherigen Leben noch nicht die Bekanntschaft mit Petrosky gemacht, aber sie erkannte ihn sofort. Bei seinem Eintreten stand sie auf, rannte zu Gobi und starrte den Russen mit feindseligen Blicken an: »Sie . . .! Sie sind für die Macht wie geschaffen! Das kann ich aus Ihrem Gesicht ganz deutlich entnehmen. Sie verachten uns und verbieten uns die Redefreiheit. Sie erzwingen unseren Gehorsam wie ein Tierbändiger, der einen Löwen einschüchtert und sich dann fragt, warum er so verachtet wird. Ihre Partei weiß nicht anders zu regieren als mit den Mitteln der Gewalt. Wenn Sie politischen Schwierigkeiten gegenüberstehen, dann lösen Sie das Problem so, daß Sie Menschen ohne Ausführungsbefehl verhaften und unser Land beschlagnahmen, ohne jemals an eine Wiedergutmachung zu denken. Anschließend wundern Sie sich, daß sogar der einfachste Nomade jegliche Zusammenarbeit mit Ihnen verweigert.«

Petrosky biß die Zähne wie ein knurrender Hund zusammen: »Mit Frauen führe ich keine Gespräche!« Er wandte sich wieder an Gobi: »Ich bin in die Mongolei gekommen, um die Zukunft Asiens nach einem bestimmten Plan zu gestalten und um ein Schlachtfeld für den nächsten Weltkrieg vorzubereiten. Seid ihr uns freundlich oder feindlich gesonnen?«

Allmählich öffnete Gobi seine geballte Faust. Er blickte Petrosky in die Augen und gab ihm zur Antwort: »Im nächsten Weltkrieg werden Sie uns sicher nicht auf der Seite Rußlands antreffen!« Ein boshafter und höhnischer Ausdruck huschte über Petroskys Gesicht, und er stieß ein kurzes, gellendes Lachen aus. Dann hob er die Hand, als wollte er zu einem Schlag ausholen, hielt aber auf halber Höhe inne. Mit einer kurzen Bewegung des Kinns befahl er seinen

Soldaten: »Bindet ihn und führt ihn ab!« Er ließ seine Hand fallen, als er hinzufügte: »Aber verletzt ihn nicht!«

Die kommunistischen Guerillas stürzten sich auf Gobi und Sylvia, überwältigten sie, warfen sie zu Boden, banden und knebelten sie. Sylvia ließen sie auf dem Boden liegen, Gobi trugen sie nach draußen und banden ihn auf ein Pferd. Sie machten sich auf der Stelle davon und verschwanden mit ihrem Opfer in die dunkle Nacht.

7. Kapitel

Zwei Menschen kämpfen gegen die Tyrannei

Später erzählte Sylvia selbst ihrem Vater von der Flucht in der ihr eigenen anschaulichen Art und Weise: »Eine unheimliche Stille erfüllte den Raum, als ich so gefesselt und geknebelt auf dem Boden lag. Die Luft war von der Ahnung einer Katastrophe erfüllt. Ich lauschte, meine Nerven waren bis zum Zerreißen gespannt. Plötzlich hatte ich einen Einfall. Wie eine Katze rollte ich auf die Küchentür zu und erreichte nach einiger Mühe und Anstrengung den Abfalleimer. Ich hatte mich an seinen messerscharfen Rand erinnert. Ein Koch hatte sich sogar einmal recht gefährlich geschnitten, als er den Eimer entleeren wollte. Ich preßte meinen Körper gegen die Wand und schwang mich zu einer sitzenden Lage auf, so daß ich das um meine Handgelenke gelegte Seil an dem scharfen Rand des Mülleimers reiben konnte. Mit den Nägeln zerschnitt ich meine Haut und merkte kaum, wie das Blut meine Finger rot färbte. Endlich zersprang das Seil, meine Hände waren wieder frei! Jetzt durfte ich mir eine kurze Pause erlauben. Als ich meine Füße der Fesseln entledigt hatte, befreite ich sofort die Diener und stieß sie beinahe nach draußen.

›Lauft! Beeilt euch und teilt Fürst Juchi mit, was uns widerfahren ist!‹«

Das alles berichtete Juchi und fuhr fort: »Rechtzeitig erreichte ich das Hauptzelt und sah, wie die Männer sich in den Sattel warfen, um die Entführer zu verfolgen. Ich rief ihnen zu: ›Macht voran! Jagt hinter ihnen her! Bringt Prinz Gobi zurück!‹«

»Hast du lange warten müssen?« fragte Dr. Lin ganz besorgt.

»Am nächsten Abend kehrten die Männer zurück – aber ohne Gobi.«

Hinterher berichtete Gobi seinem Schwiegervater von den furchtbaren Qualen, die er hatte erleiden müssen, und welche Glaubensanfechtung ihm diese schwere Zeit bedeutet habe:

»Nachdem wir das Lager hinter uns gelassen hatten, machten wir kurz Halt. Die Soldaten setzen mich auf einen Sattel und banden mich auf ein Pony. Sie hielten mich unter strengem Gewahrsam, während wir in die Weite unserer Wüste ritten. Sie ließen mich keinen Augenblick aus den Augen.

Die Gruppe nahm ihren Weg in die Bergwelt. Bei Einbruch der Nacht erreichten sie ihre Lagerstätte, die auf einer Hochebene verborgen lag. Ehe sie abstiegen, kamen viele Mongolen – Männer, Frauen und Kinder – aus ihren Höhlen gestürzt und begrüßten die Ankommenden in froher Erwartung. Sie zündeten einige Fackeln an, und bald war die Luft von einem bunten Treiben erfüllt. Die Männer hatten schnell ein paar Schafe geschlachtet, und die Frauen hingen die Kochtöpfe auf ihren eisernen Dreifüßen über das Feuer. Bald war das Fleisch zu einem festlichen Mahl zubereitet.

Am nächsten Morgen, die Luft war noch sehr frisch, näherte sich Petrosky meinem Zelt und summte fröhlich ein Lied. Als er noch im Freien stand, rief er selbstbewußt: ›Gobi, kommen Sie heraus! Kommen Sie doch! Wenn Sie mit mir zusammenarbeiten, werde ich Ihnen wieder Ihre Freiheit geben.‹

Es hätte nicht schlimmer sein können, wenn ich einen heulenden Wolf vor meinem Zelt gesehen hätte. Nichts hätte mich grausamer aus meinem Schlaf erschrecken können als die Stimme Petroskys. Ich sprang auf ihn zu und versetzte ihm einen Schlag ins Gesicht.

›Treten Sie bei uns ein! Das kommt überhaupt nicht in Frage! Ich würde lieber tausendmal sterben als mich mit Ihnen verbünden, denn das wäre die sichere Vernichtung für mein Volk und Land.‹

Ganz verwirrt taumelte Petrosky zurück. Für einen Augenblick schien es, als ob er das Bewußtsein verlöre. Sein Blick blieb dann aber an den Wachtposten, die ihn beobachteten, haften. Er trat wieder nach vorne und machte seiner Wut Luft: ›Sie Scheusal! Sie Ekel! Ich werde Ihnen zeigen, wer hier Herr ist!‹ Vier Männern rief er zu: ›Bringt ihn an den steilen Abhang! Mein Kerkermeister soll ihm dort dreißig Schläge versetzen! Das wird ihn zur Vernunft bringen!‹«

»Haben sie dich wirklich geschlagen?« wollte Dr. Lin wissen.

»Die Peitsche knallte auf mich, aber ich habe keinen Laut von mir gegeben. Meine Muskeln zuckten vor Schmerz, ich atmete schwer und biß auf die Lippen. Die Peitsche prasselte immer wieder auf mich nieder.

›Zwölf . . . dreizehn . . .‹! zählte der Kerkermeister. Der Schweiß tropfte ihm von der Stirn in die Augen. Plötzlich vernahm ich eine Frauenstimme, die das rauhe Murmeln der Menge übertönte.

›Laßt mich durch! Geht zur Seite!‹ Die Herankommende stieß ihre Ellenbogen in die Rücken der unnachgiebigen Soldaten. ›Geht mir aus dem Weg!‹

Ich erkannte die Stimme. Es war Yana, sie forderte ihr Recht. Die russischen Soldaten und die mongolischen Frauen gehorchten Petroskys Frau, die bei ihnen im Lager wohnte. Als ich sah, wie Yana mir zur Hilfe eilte, löste sich von meinen Lippen ganz gegen meinen Willen ein leiser, gebrochener Laut. Sie war zutiefst gerührt, nahm meinen Kopf in ihre Hände und stöhnte, was die anderen aber kaum hören konnten. Es wurde ganz still. Der Kerkermeister stand unschlüssig da und wußte nicht, was er im Augenblick tun sollte. Zwei Wachtposten stürzten sich auf Yana und versuchten, sie wegzureißen.

›Hände weg!‹ ließ sich eine befehlende Stimme vernehmen. Petrosky bahnte sich einen Weg durch die Menge, faßte Yana in rasender Wut an den Handgelenken und zwang sie, vor ihm niederzuknien. ›Warum ergreifst du für ihn Partei? Was bedeutet er dir?‹

Ganz verstört fing Yana an zu schluchzen. Petrosky sah sie scharf an und wies sie zurecht. Er erinnerte sich unwillkürlich an ihre Hingabe und ihr unbefangenes Interesse an den Menschen. Er trat auf sie zu und hob ihr Kinn ganz langsam mit seiner gewölbten Hand. Dann stellte er mir die Frage: ›Sind Sie bereit, ein Bündnis der Zusammenarbeit mit mir einzugehen? Bitte tun Sie es, Gobi!‹

Ich konnte vor Erschöpfung kaum antworten, aber in einem letzten Aufbäumen meines inneren Widerstandes zischte ich: ›Niemals! Nie in meinem Leben! Ich bleibe meinem Erlöser treu und sehe meine Aufgabe in der Untergrundbewegung!‹ Als ob ich meine letzte Energie in diese Verweigerung investiert hätte, fiel mein Kopf auf die Seite. Ich vergaß alles um mich her und fiel in Ohnmacht.

›Bindet ihn los!‹ muß Petrosky daraufhin befohlen haben. Die Soldaten lösten die Fesseln, und ich verharrte lange in einem Zustand tiefer und barmherziger Ohnmacht. Dann kam ich wieder zu mir.

Fünf Tage vergingen. Es waren Tage schwerster Schmerzen und Einsamkeit, in denen aber mein Glaube wuchs und gefestigt wurde. Die Zeit schien stehenzubleiben. Und dennoch weiß ich, daß mein wunder Rücken in diesen Tagen heilte.

Petrosky hatte mich in einen abgeschlossenen Raum bringen lassen.

Die Wächter haben mir später erzählt, daß Yana trotz des Verbotes zweimal vorbeigekommen und sich nach meinem Befinden erkundigt habe. Am Morgen des sechsten Tages kam Petrosky in mein Zelt: ›Ich bin endlich Ihrer stolzen Ablehnung überdrüssig. Ich frage Sie noch einmal, ob Sie meiner Aufforderung freiwillig zustimmen. Oder muß ich Sie wirklich zu diesem Schritt zwingen?‹

Ich erhob mich und glättete meine Kleider. Mit bedächtiger Ruhe nahm ich eine kleine weiße Feder von meinem Ärmel, dann hob ich meinen Kopf und schaute in Petroskys Augen. Ich wartete eine Weile, um meinen Spott noch verächtlicher wirken zu lassen: ›Ich werde meinen Namen niemals mit dem des Kommunismus in Übereinstimmung bringen. Ich diene einem anderen Herrn und Gott. Ich sehe auch keine Notwendigkeit, daß wir uns weiter über dieses Thema unterhalten. Ich bin gegen jede Form von Unterdrükkung!‹

Ruckartig bewegte Petrosky seinen Kopf: ›Ich werde ihren Stolz brechen. Ich werde Sie in einer Art und Weise umbringen lassen, an die Dschingis-Khan nicht im Traum gedacht hat. Und jetzt wird mir keine Yana mehr dazwischenfahren!‹

Wutentbrannt stürzte er aus dem Zelt, weil ich seine Machtpläne und die Befehle aus Rußland durch ein eindeutiges und klares ›Nein‹ durchkreuzt hatte. Er schickte in kühler Berechnung Yana auf einen Botengang und übergab mich anschließend seinem Henker und dessen Helfern. Sie gruben ihre Fäuste tief in meinen noch schmerzenden Rücken und schleiften und zerrten mich zum Abhang. Dort schlugen sie mich nieder und hielten mich am Boden fest. Ein furchtbares Gefühl überfiel mich in diesem Augenblick, als ich einen Stapel von Wasserbeuteln aus Schaffell sah. Ich wußte, was mir jetzt bevorstand. Zwei Männer drückten meinen Kopf zu Boden, zwei knieten auf meinen Armen, und zwei saßen auf meinen Beinen. Der Henker preßte die Wasserflasche zwischen meine Lippen. Ich setzte mich mit allen Kräften zur Wehr, aber schon in kurzer Zeit hatten sie meinen Magen gefüllt.

›Sind Sie jetzt endlich bereit, sich mit mir zu verbünden?‹

Meine Augen sprühten Funken, als ich den Kopf schüttelte. Sofort schütteten sie mir wieder Wasser in meine Kehle. Bald wurde dieses zu einer grausigen Flut, die nicht nur meinen Magen aufblähte, sondern ebenso meinen Hals anschwellen ließ. Schon wurde die nächste Flasche an meinen Mund gesetzt. Die Qual der folgenden Marter ließ mich in einen gnädigen Trancezustand versinken. Zwei Soldaten schleppten mich dann an den Füßen wie ein geschlachtetes Tier in meine Höhle.

Petrosky zeigte sich immer satanischer im Ersinnen neuer Grausamkeiten, mit denen er mich endlich zur Zusammenarbeit zwingen wollte. Wiederholte Schläge brachten mich an den Rand des Todes. Aber trotz allem vermochte er meinen Willen nicht zu brechen.

Eines Nachmittags – die Sonne strahlte – brachte mir ein plötzliches Ereignis die langersehnte Freiheit. Am blauen Himmel tauchte auf einmal eine Formation von fünf Flugzeugen der mongolischen Regierung auf, die auf Bitte meines Vaters hin auf die Suche geschickt worden waren. Den Piloten gelang es, das Lager der Kommunisten ausfindig zu machen, und sogleich prasselten die Schüsse hernieder. Viele Guerillas fanden den Tod. Petrosky war einer der ersten, der in Stücke gerissen wurde. Yana stand neben ihm und erlitt schwere Verletzungen. Jeder, dem es eben möglich war, rannte zu seinem Pferd und machte sich in die Wildnis auf, ohne auf seine Wunden zu achten. Nur der Gefahr entkommen und sich in Sicherheit bringen!

Ich taumelte aus meiner Höhle, atmete die frische Luft ein und sog den Duft des Grases in vollen Zügen ein. Meinen zerbrochenen Körper durchdrang neue Kraft. Ich mußte vor der Rückkehr der Entflohenen verschwunden sein. Ich mußte ein Pferd aufspüren. Ich konnte zwar nicht weit gehen, aber ein Pferd würde mich schon nach Hause bringen. Irgendwo mußte doch eins zurückgelassen worden sein, an einem Pfahl oder Felsen festgebunden.

Ich stolperte über die Trümmer auf dem Weg und suchte ein Pferd. Ich war noch nicht weit gekommen, als ich stehenblieb. Konnte ich meinen Augen trauen? Sah ich richtig? Die Frau da drüben, die unter den Verwundeten lag . . .! Ich sah genauer hin. ›Yana! Yana!‹ Ich kroch auf Händen und Füßen über ein totes Kamel und räumte ein ineinandergefallenes Zelt beiseite. So taumelte ich zu ihr hin. Als ich neben ihr kniete, wußte ich nicht, ob ich lachen oder weinen oder beides zur gleichen Zeit tun sollte. Ich beugte mich über sie und nannte immer wieder ihren Namen.

Ein Dämmern der Erinnerung überzog ihr Gesicht, sie schloß die Augen und schwieg. Ich wischte das Blut aus ihrem Gesicht. Als ich sie berührte, bewegten und öffneten sich ihre Augen. Sie hob ihren Kopf ein wenig, ergriff meine Hände und begann zu schluchzen: ›Wie habe ich dich vermißt! Von dem Augenblick an, als ich Petrosky heiratete, habe ich mir immer vorgetäuscht, daß er du wäre.

Wie habe ich mich nach dir gesehnt!‹ Ihr Gesicht fiel auf den Felsen zurück, und sie weinte bitterlich.

›Still, Yana! Schweig! Sprich nicht von alten Gefühlen! Du bist verletzt und mußt viel Ruhe haben.‹ Aber sie richtete sich wieder auf: ›Du hast keine Schuld, Gobi. Zuerst hat mein Mutwillen dich zur Verzweiflung gebracht, dann hat dich meine wahnsinnige Eifersucht fortgetrieben. In beidem hat mein Herz gehandelt.‹ Ihre Finger spielten mit den Juwelen an ihrem Kopfschmuck. Sie suchte einen bestimmten Stein, konnte ihn aber nicht finden. Ihre Hand sank daher müde und enttäuscht zur Seite. ›Ich habe dich so leidenschaftlich geliebt, daß ich gegen alles, das unsere Liebe bedrohen konnte, in Haß entbrannte: deine Wege in die Stadt, deine chinesische Kleidung, dein Studium.‹ Sie schloß die Augen und sank zurück. ›Als ich dann eines Tages erfuhr, daß du . . . ein chinesisches Mädchen aus der Stadt liebtest, wurde ich fast wahnsinnig. Ich tat so, als ob ich eine Kommunistin sei und heiratete . . . Petrosky. Jenen Mann, der wie ein wildes Tier in unser Lager eingedrungen war. Er war verrückt und machte tausend andere Pferde wild. Und jetzt . . . ist er tot, und ich sterbe.‹

Das Sprechen strengte sie sehr an. Allmählich verlor sie das Bewußtsein. Voller Angst nahm ich ihre Hände, um sie ins Leben zurückzurufen. ›Yana! Yana! Wach auf! Ich bringe dich auf meinem Pferd zu meinem Vater.‹ Sie schlug ihre Augen auf und krampfte die Lippen zusammen. ›Es hat keinen Sinn mehr. Jetzt ist es zu spät. Vergib mir, Gobi. Vergib mir alles, was Petrosky und ich dir angetan haben. Bitte, vergib mir!‹ – Eine plötzliche Angst durchzuckte ihren Körper. Sie setzte sich entschlossen aufrecht. ›Laß mich allein, Gobi. Verlaß mich, bevor die russischen Soldaten zurückkommen . . . und dich wieder gefangennehmen. Gehe jetzt!‹

›Aber Yana . . .!‹ – ›Widersprich mir nicht, Gobi. Nimm mein Pferd – es ist das weiße, das hinter dem Zelt angebunden ist. Reite, so schnell du nur kannst, tue es um Sylvias willen. Siehst du denn nicht, daß ich auf mich selbst aufpassen kann? Ich brauche nur einen Arzt, der meine inneren Schmerzen heilen kann. Geh bitte!‹

Ungeduldig stieß sie mich beiseite und trieb mich zum Aufbruch. Ich schwankte noch, ging ein Stück zurück und willigte schließlich ein. Ich suchte ihr Pferd. Ich wandte mein Gesicht aber noch immer ihr zu, sogar als ich über die Leiche eines Soldaten stolperte, der mir den Weg versperrte.

Ich kann mich nicht mehr erinnern, wie ich den Weg nach Hause fand. Der endlose Ritt über die sonnige und heiße Wüste, der Hunger und Durst! Die Qual betäubte mich und ließ mich die Situation nicht mehr richtig wahrnehmen.«

Dr. Lin teilte Gobis Leiden. Ein junger Mann, der allein gegen die Tyrannei und Grausamkeit des Kommunismus angekämpft hatte! Gobi erzählte weiter:

»Eines Abends – der Himmel leuchtete so schwach wie ein Amethyst – erreichte ich mein Zuhause und schreckte Sylvia aus ihren Sorgen durch die Hufschläge auf. Sie hörte mich ihren Namen rufen und stürzte aus dem Haus. ›Gobi! Gobi!‹ Sie war außer sich vor Freude.

Ich fiel aus dem Sattel und zog sie an mich. Allerdings war ich dermaßen erschöpft, daß sie im Grunde diejenige war, die mich stützte. Als ich auf dem Sofa lag, ließ sie meine Eltern rufen. Ich berichtete ihnen von den Qualen, die ich erlitten hatte. ›Ich werde sie töten!‹ schrie mein Vater in der ersten Wut. ›Ich werde eine Armee von Ulan Bator anfordern, um sie anzugreifen und ihr Handeln an dir zu rächen.‹

›Sylvia und ich verfolgen andere Absichten‹, versuchte ich meinen Vater zu beruhigen. ›Wir haben schon beschlossen, ihr Lager aufzusuchen. Sylvia wird Yana und die anderen Verwundeten pflegen. Ich werde unseren Leuten, die sich dem Kommunismus verschrieben haben, das Evangelium predigen. Ich muß einfach ihre Augen vor der Tatsache öffnen, daß Petrosky sie nur als Mittel zum Zweck benutzt hat, um den Kommunismus in Asien auszubreiten. Ich werde ihnen die Notwendigkeit ihrer Mithilfe im Untergrund vor Augen stellen.‹

›Sie werden dich erschießen, quälen und foltern. Sie werden dich nicht mehr freilassen.‹

›Wir nehmen das Risiko in Kauf.‹

›Dann erlaube mir wenigstens, dir ein Geleit von Soldaten mitzugeben, die stark genug sind, um eure Sicherheit zu garantieren.‹

›Unsere Botschaft würde dadurch unglaubwürdig‹, erwiderte ich.

Fürst Juchi konnte nicht mehr umhin, seine Zustimmung zu geben. Dr. Lin versicherte man am gleichen Tag, daß Gobi wieder zu Kräften gekommen sei und die Fahrt gut überstehen könne. Die beiden begaben sich auf den Weg zum Lager der kommunistischen und mongolischen Guerillas. Zwei Diener begleiteten sie, um die nötigsten Dinge zu tragen.

»An einem Nachmittag erreichten wir unseren Bestimmungsort«, berichtete Sylvia später ihrem Vater. »Ich bin allein zu Yanas Zelt gegangen. Sie lag sehr schwer verwundet auf einem Lager aus Leopardenfellen. Meine Augen blickten erstaunt auf die Lumpen, den Wasserkrug und das mongolische Dienstmädchen. Ich fiel vor Yana auf die Knie und brachte die Felle in Ordnung. Dann legte ich eine Decke aus Fuchspelz enger um ihre Schultern.

›Ich heiße Sylvia und möchte Ihnen helfen.‹ Als ich sie berührte, zuckte sie zusammen. Ihre Augen starrten auf den großen Kerzenhalter, der neben ihrem Lager auf dem Boden stand. Sie maß schnell die Entfernung ab, die ihre Hand davon trennte. Sie zitterte mehr aus innerer Erregung als von dem Fieber, das ihren Körper allmählich aufzehrte. Ich konnte ihre Gedanken lesen. Aber dann merkte ich, daß sie ebenso schnell, wie der gefühlsmäßige Konflikt sie überwältigt hatte, ihre Rachegedanken aufgab. Ein Schauer lief über ihren Rücken, sie grub ihr Gesicht noch tiefer in die Kissen und bedeckte es zusätzlich mit ihren Händen.

›Sie lieben Gobi, ich auch.‹ sagte ich zu ihr. ›Unsere Liebe zu demselben Mann sollte uns nicht zu Feinden, sondern zu Freunden machen.‹ Yana setzte sich auf, als ob eine unsichtbare Macht sie emporgehoben hätte. ›Sie haben recht. Wir sollten Freunde sein. Wir haben eines gemeinsam – unsere große Liebe. Ich habe das noch nie von dieser Sicht her bedacht.‹

Ich sah sofort, daß sie ihre Kraft überschätzt hatte. Sie fiel in die Kissen zurück. ›Ich bin gekommen, um Sie gesund zu pflegen.‹

›Das ist jetzt nicht mehr möglich. Mein Leben nähert sich dem Ende.‹

Tage- und nächtelang habe ich alles getan, um Yanas Leiden zu lindern und sie mit der Botschaft von Jesus Christus vertraut zu machen. Am dritten Tag – die Sonne verfärbte sich zu einem roten Ball am Abendhimmel – sprach sie mit letzter Kraft: ›Tragt mich ins Freie!‹ Es war eher ein Befehl als eine Bitte. ›Ich möchte als Mongole in der Wildnis sterben.‹

Das Dienstmädchen und ich trugen Yana nach draußen und legten sie auf einen Lumpenhaufen. – ›Rufen Sie Gobi! Sagen Sie ihm schnell Bescheid!‹ Er kam angelaufen, und Yana sagte zu ihm: ›Ich gehe nun in die Weidegründe meiner Vorfahren. Gib mir meinen . . . Kopfschmuck. Ich möchte mit den Juwelen sterben.‹ Sie suchte den Schmuck und setzte ihn auf ihren Kopf.

Helfen Sie mir bitte, Sylvia, daß ich mich aufrecht setzen kann. Legen Sie einige Kissen in meinen Rücken. Ich möchte in dieser Lage sterben . . ., aufrecht.‹ Mit letzter Kraft tastete sie den Kopfschmuck ab und legte die Juwelen vor ihre Augen. Sie konnte wegen der Anstrengung kaum noch atmen, ihre Stimme verwandelte sich in ein stockendes Flüstern, heiser und schnell, aber sie fuhr fort: ›Ich bin jetzt bereit, Gobi. Sylvia hat mir zugesichert, daß jemand für mich gestorben ist, daß es für mich eine Heimat oben . . . gibt, eine Heimat . . . wir ihr sie schon auf Erden habt.‹ Wieder ergriff sie die Juwelen. ›Ich kann meine beiden Amethyste nicht finden? Gobi, siehst du sie? Suche sie . . ., suche sie . . . Du hast sie mir einmal an einem Silvesterabend überreicht. Ich habe sie immer getragen . . . vor meinen Augen.‹

Sie machte eine Handbewegung, um sich Aufmerksamkeit zu verschaffen, und flüsterte: ›Begrabt mich . . .! Werft mich nicht vor die Hunde! Versprecht ihr mir das? Wirklich?‹

›Wir werden dich beerdigen, und zwar in einem Sarg, wie es bei uns Christen üblich ist. Ich werde dir dein bestes Kleid anziehen und Blumen in dein Haar stecken.‹

Keine Blumen im Haar . . . Begrabt mich . . . mit meinen Amethysten . . .!‹ Ein letzter tiefer Atemzug, und Yana lebte nicht mehr.

Am nächsten Morgen wurde die Beerdigung in der Nähe des Lagers abgehalten. Viele mongolische Guerillas waren der Einladung Gobis gefolgt und nahmen daran teil. Sie erschienen sicher auch aus Neugierde, um zu sehen, wie eine solche Beerdigung vonstatten ging. Aber der Hauptgrund ihres Kommens war doch wohl ihr Respekt vor der Haltung Gobis. Er hatte das Wagnis nicht gescheut, erneut ihr Lager aufzusuchen. Nachdem der Sarg in die Erde gesenkt worden war und ich einen Kranz, der aus Gräsern und Blumen gewunden war, auf das Grab gelegt hatte, sprach Gobi zu den Versammelten. Er zeigte ihnen, daß der Kommunismus ein weites Intrigennetz webte, um Asien zu erobern, und er wies sie darauf hin, daß man nur in Jesus die wahre Freiheit finden könne. Er sei für alle Menschen gestorben und dann auferstanden, um ihr Erlöser und Herr zu sein.

›Kehrt in eure Weidegebiete zurück. Ich werde euch ausgebildete Männer zur Seite stellen, die euch zeigen, wie man einen Brunnen gräbt, Heu für den Winter speichert und Häuser und Scheunen baut. Ich lasse für euch Krankenhäuser, Schulen und Kirchen errichten, wo ihr die gute Nachricht von der Rettung hören könnt.

Meine Frau und ich haben unser ganzes Leben Gott zur Verfügung gestellt, um euch auf den Weg der Rettung und der Freiheit zu führen.‹«

An dieser Stelle ist die Geschichte von Gobi noch nicht zu Ende. Sie findet ihre Fortsetzung in den Herzen junger Männer und Frauen, die Gobi gleichen; bei Leuten, die auch die Erfahrung gemacht haben: »Wenn euch nun der Sohn frei macht, so seid ihr recht frei« (Joh. 8, 36). Auch die Macht des gottlosen Kommunismus kann die Liebe Christi nicht auslöschen. Das Evangelium ist ein kleines Samenkorn, das Felsen zerschmettert und zu einem mächtigen Baum heranwächst. Das Evangelium ist der gute Same, der, wo er in fruchtbaren Boden gelegt wird, die Macht der Tyrannen und Widersacher bezwingen wird.

EDITION C

C = Allgemeine Themen

1 Friedrich Hauß, Die uns das Wort Gottes gesagt haben
2 Curtis C. Mitchell, Jesus als Beter
3 Martha Pampel, Wer in der Liebe bleibt
4 Erich Schnepel, Wie sieht die Zukunft der Menschheit aus?
5 Martin Schacke, Der Brief an die Kolosser
6 Paul Humburg, Keiner wie ER
7 Richard Kriese, Hand in Hand durchs Leben
8 Hellmuth Frey, Handkommentar Jesaja, Bd. II
9 Anny Wienbruch, Adelheid, Königin und Kaiserin
10 Erich Schnepel, Gemeinde aktuell
11 Gerald S. Strober, Ein Tag in Billy Grahams Leben
12 Eckart zur Nieden, Mit anderen Worten
14 Christuszeugnis im Nebel des Zeitgeistes
15 Dr. Gerhard Maier, Die Hoffnung festhalten
16 Arno Pagel, Er weiß den Weg
19 James P. Leynse, Gobi
22 Zduzek, Das unsichtbare Band
23 Fritz Binde, Vom Geheimnis des Glaubens
25 Green/Ladd, Die Auferstehung Jesu Christi von den Toten

W = Werkbuchreihe »Wege zum Dienst«

1 Marie Jürgenmeyer, Frohes Feiern um die Bibel
2 Hermann Traub, Zum Leben eingeladen
3 Ada Lum, Befähigt zu lehren
4 Marie Jürgenmeyer, Frohes Feiern in der Advents- und Weihnachtszeit